가정신앙교육설명서
악천고투하는 부모들에게

_____에게

초판 1쇄 인쇄 2018년 12월 19일
초판 2쇄 발행 2020년 7월 29일

지은이   박신웅
펴낸이   박신웅
펴낸곳   도서출판 생명의 양식
등록번호 서울 제 22-1443호(1998년 11월 3일)
주소   06593 서울시 서초구 고무래로 10-5(반포동)
전화   02-533-2182
팩스   02-533-2185
홈페이지 www.edpck.org
디자인   박다영

ISBN   979-11-6166-050-9

값은 뒤표지에 있습니다.

이 책은 저작권법에 의해 보호를 받는 출판물입니다.
기록된 형태의 출판사의 허락이 없이는 무단 전재와 복제를 금합니다.

가정신앙교육 설명서
악천고투하는 부모들에게

박신웅 지음

추천사 1.

지금 우리시대의 절박한 화두(話頭)는 '자녀 신앙교육'입니다. 내가 낳은 내 자녀이니, 나만큼 자녀를 잘 교육시킬 수 있는 사람이 누가 있겠습니까? 그러나 현실은, 부모는 한없이 무력감을 느끼면서 좌절합니다. 하나님께서는 소중한 자녀를 부모에게 맡기셨는데, 부모는 한계에 부딪혀 두 손을 놓고 있습니다. 그럼 포기하고 말아야 할까요? 결코 그래서는 안 됩니다.

이번에 박신웅 목사께서 『가정신앙교육 설명서 : 악전고투하는 부모들에게』라는, 참으로 시의적절하고 훌륭한 책을 내놓았습니다. 박 목사께서는 가정교육과 교회교육 분야에 전문가로서 우리 한국교회의 소중한 보배입니다. 모든 독자들은 이 책을 다 읽고 나면 자녀 신앙교육에 용기와 희망을 찾게 될 것임을 확신합니다.

김철봉 목사
(사직동교회 담임목사, 고신 전임총회장)

추천사 2.

여기 신자의 자녀 양육을 도울 아주 좋은 책이 나왔다. 저자는 자녀 교육을 강 건너 불구경하듯 서술하지 않는다. 최정예 소방관의 자세로 불같은 잠재력을 지닌 자녀들을 불 다루듯 존중하고 그들이 이로운 불로 이글거리게 한다. 저자는 자녀 교육을 하나님께 사명으로 받고 바로 실천하려고 고민하며 기도하고 겪는 실제적인 문제를 같은 사명을 실천해야 하는 부모들에게 조곤조곤하게 쓴 아주 따뜻한 보고서를 선물로 제시한다.

본서는 이론과 실천의 균형을 잘 겸비한 책이다. 그래서 자녀들을 하나님의 자녀로 양육하기를 원하는 모든 부모들에게 성경 말씀에서 부모의 사명을 바르게 확인하고 지혜로 사명을 잘 감당하도록 도울 것이다. 간혹 고사(古事)로부터 꼭지를 시작하는 재치는 읽는 재미를 더한다.

어떤 부모라도 혼인과 출산, 자녀 양육과 그들의 혼인을 돌아보면 겪었던 많은 시행착오가 떠오른다. 만약 지금 다시 시작하면 더 좋은 부모가 되어 더 잘 할 수 있겠다는 자신감도 든다. 과연 다시 잘 할 수 있을까? 자녀교육에는 정답이 없다. 다만 자녀들이 믿음으로 삼위 하나님을 사랑하고 사람을 사랑하도록 기도하고 양육하는 중에 비로소 제대로 부모가 되고 자녀들도 하나님의 언약 자녀로 자라게 할 수 있다.

초보 부모 시절에 이런 책이 나왔다면, 나는 더 좋은 부모가 되어 내 자녀들을 더 잘 양육하였을 것이다. 그래도 다행이다. 좋은 부모가 되기를 원하는 나의 자녀들에게 선물하고 싶은 책이다. 이 책이 많은 독자들을 찾아가서 기독교 가정이 언약 공동체로서 단란하고 단단하여져 이 땅의 교회가 계속 건강하게 건재하도록 도울 것이다.

유해무 교수
(고려신학대학원)

추천사 3.

어느 날부터인가 누군가에게 자녀교육 특강을 부탁받으면 괜히 주저하게 된다. 아이를 낳아 기르기 전에는 성경적 자녀양육에 대해 온갖 이론을 가져와 화려한 언변을 덧붙여 열정적으로 강의했던 것 같다. 그런데 하나 둘 셋 아이를 낳고 자녀들을 키우면서 사람들 앞에서 자녀교육을 이야기하는 것이 참 두렵다. 기독교교육을 전공했지만 자녀신앙교육 앞에서는 나 역시 한없이 작아질 수밖에 없었다. 그래서 그런지 "자녀신앙교육 설명서: 악전고투하는 부모들에게"라는 책은 그 제목만으로도 위로가 되는 귀한 책이다.

  저자는 자신이 자녀를 양육하면서 겪었던 다양한 이야기들을 기독교교육 전문가로서 체계적으로 분석하여 자녀 신앙교육의 이슈와 그 대안들을 자세하고 실천적으로 독자들에게 제공해 준다. 본서는 자녀 신앙교육에서 가장 중요한 원리가 무엇인지, 한국 교회와 기독교 가정에서 자녀 신앙교육이 왜 실패했는지, 그렇다면 무엇을, 어떻게 가르쳐야 하는지에 대한 구체적인 지침을 우리에게 제시하고 있다.

  저자가 강조하는 가장 중요한 자녀 신앙교육의 핵심은 그 주도권을 하나님께 두고 부모가 목숨 걸고 자녀의 신앙 성장을 위해 교육해야 한다는 것이다. 그리고 이 자녀신앙교육은 일회성 프로그램이 아닌 평생을 걸쳐 수행해야 할 긴 과업이라는 사실을 강조한다. 그러나 안타깝게도 우리 부모들은 자녀신앙교육의 골든타임을 놓치고 있는 것 같다. 저자가 지적한대로 우리 부모들은 자녀의 학교성적과 대학입시에 함몰되어 다른 사람에 비해 우두머리가 되는 것에 집중하고 있다. 그러나 이제야말로 본서가 강조하는 것처럼 부모가 자녀의 신앙성장을 자녀를 위해 해야 할 과제 중 우선순위로 두어야 하며 이를 위해 모든 역량을 다 집중해야 할 때이다. 저자의 말처럼 부모와 자녀 모두 다 죄인임을 인식하고 말씀과 기도 훈련을 통해 좋은 부모, 좋은 자녀가 되기 위해 애써야 한다.

이러한 일들을 잘 수행하기 위하여 저자는 부모들이 자신의 자녀를 어떠한 방법으로 지도해야 할지에 대하여 실제적인 지침을 제공하고 있다. 자녀 신앙교육은 답이 없는 것처럼 보이지만 그 정답은 하나님의 말씀 속에 있음을 본서는 우리에게 명확하게 보여준다. 하나님의 교육이 우리의 가정에 이루어지기를 기대하며 자녀 신앙교육의 방향성을 찾기를 원하는 부모님들과 부모교육의 플랫폼 역할을 해야 할 교회의 교육지도자들에게 본서를 적극 추천한다.

함영주 교수
(총신대학교)

프롤로그
시작하며,

> 어느 날 정신을 차리고 보니 두 아이의 아빠가 되어 있었다(비록 지금은 세 아이의 아빠이지만). 믿음의 아버지가 된다는 것, 참으로 어려운 문제다! 특별히 이 글을 쓰는 오늘 더욱 그렇다. 좀 괜찮은 줄 알았던 아들이 또 말썽이다. 어릴 적 나의 아버지는 별 어려움이 없었던 것 같은데, 나는 이 분야에 아는 게 별로 없었고, 지금도 별반 다르지 않다. 그냥 어느 날 아빠가 되어 있었다. 예수님을 믿는 것과는 별개로.
>
> 믿음의 아빠로 내가 해야 할 일이 뭔지 도무지 알 수 없었다. 누구도 가르쳐주지 않았다. 그저 주일에 아이들을 데리고 교회 가는 것과 가끔 성경 이야기를 해 주고, 자기 전에 기도해 주는 정도의 일을 하고 있었다. 아니, 보다 정확히 말하면 그것도 제

한적으로 해 줄 때가 많았다. 이외에 믿음의 부모로서 내가 할 수 있는 일이 뭔지, 해야 하는 일이 뭔지 도무지 모르고 있었다.

과연, 나는 믿음의 부모가 맞을까? 믿음의 부모는 어떤 일을 하고 어떻게 신앙으로 가르쳐야 할까? 이런 질문을 던질 때쯤 다행히도 스스로 답하는 시간을 가지게 되었다. 감사하게도 유학의 기회가 주어져 한국 사회의 각박하고 빈틈없는 삶에서 약간은 비켜난 시간을 보낼 수 있었고, 그를 통해 아이들과 좀 더 깊은 관계를 맺으며 신앙적인 씨름을 할 기회가 있었다.

그 기회를 통해 가정에서의 신앙교육에 대해 공부하며 나름의 논리와 내용을 조금씩 만들어 갈 수 있었다. 그리고 지금도 아이들과 함께 공부하고 훈련하며 조금씩 신앙교육이 무엇인지 알아가고 있다. 그러던 차에 강의 부탁이 한두 군데서 있었고, 강의가 제법 호응을 얻으면서 그 내용을 정리해 소개하면 좋겠다는 주변 사람들의 권유에 못 이겨 이 책의 집필을 시작했다.

주위를 둘러보면 여전히 오늘도 나의 신앙과 부모로서의 책무에 대해 생각하게 하는 아이들이 있다. 아이 셋 중에 만만한 아이 하나 없고, 어제는 신앙이 있어 보였던 아이가 오늘 돌아보면 또 아닌 것 같은 도돌이표가 연속되는 상황처럼 보인다. 여전히 오늘도 나는 신앙교육을 위해 악전고투 중이다. 완료형이 아닌 현재진행형으로 오늘도 씨름하지만, 그래도 이 글을 준비하며 조금은 진전된 형태로 나아가고 있는 것도 사실이다.

미리 일러두지만, 이 글은 순전히 필자의 생각만으로 기록된 것은 아니다. 많은 성경의 인물들, 신앙의 선배들, 그리고 숱한 믿음의 부모들의 도움을 받아 기록된 내용이 대부분이다. 그렇다고 필자의 경험과 자녀들과의 씨름이 배제된 것이 아니라 오히려 그것을 중심으로 이전 선배들의 고민을 함께 담으려 노력했다. 혹여 내용에 부족함이 있다면 대부분은 필자의 문제이고, 도움이 되었다면 그것은 오로지 하나님의 은혜와 신앙 선배들의 도움 덕이라 하겠다. 아울러 프롤로그에서는 '나' 혹은 '내가'로 시작하지만, 본문에서는 편의상 '필자'라는 표현을 사용하였으니 양해해 주시기 바란다.

이 글은 애조에 믿음의 부모들이 자신을 돌아보고 자녀들을 이해하며 신앙교육을 어떻게 해야 하는지 큰 그림을 그릴 수 있도록 기획되었다. 하여, 1장은 신앙교육의 점검을 위한 세 가지 중요한 질문을 던짐으로 시작한다. 2장은 신앙교육이 무엇인지 정의를 자세하게 설명하고, 3장과 4장은 한국교회에서 신앙교육을 하려다 실패한 전략들을 들고 그에 대한 대안으로 바른 신앙교육의 전략이 어떠해야 하는지 설명한다. 5장에서 7장까지는 신앙교육의 내용이 인지적인 가르침에 그치면 곤란함을 말하면서 복음의 제시와 구원의 확신에 대한 점검, 그리고 내려놓기를 통해 부모가 먼저 신앙 훈련이 되고 자연스레 그 내용이 자녀에게로 전달되는 과정에 대해 설명한다. 마지막으로 8장과 9장은 신앙교육의 방법으로서의 대화법과 신앙코칭과 멘토링에 대해 설명하며 그 예를 들고 있다.

  이 책은 신앙을 인지적으로 가르치는 것에 대한 반성에서 시작했다. 그리고 믿음의 부모들이 자주 보이는 '신앙'과 '성공'을 함께 꿈꾸는 이중적인 태도에 대한 경계를 바탕으로 진정한 신앙교육은 부모의 내려놓음에서 시작하며, 자녀는 부모의 말을 듣고 배우는 것이 아니라 부모의 삶을 보고 배운다는 지극히 당연한 명제를 반복해서 강조한다. 혹여 책을 읽다 신앙교육에 관해 생각을 달리했다면 이 책의 전제 자체가 그러하니 독자들의 넓은 양해를 부탁드린다.

아울러 이 책의 출간을 위해 수고해 주신 분들에 대한 감사의 말을 남기고 싶다. 출판 실장으로 섬기는 김은덕 목사님은 이 글을 끝까지 교정해주며 수고해 주셨고 디자이너 박다영 간사님도 좋은 그림과 아름다운 편집으로 수고해 주셨다. 매일 밤늦게까지 야근을 밥 먹듯 하면서도 불평 하나 없이 섬겨준 총회교육원 모든 식구도 이 책이 출간되는 데 많은 도움을 주셨다. 무엇보다 매일 밤늦게까지 글을 쓰느라 함께 시간을 보내지 못한 나의 가족들, 특별히 아내에게 고마움과 미안한 마음을 전한다. 부족한 글을 읽고 추천을 해 주신 전 총회장이신 김철봉 목사님, 은사이신 유해무 교수님, 학회에서 만나 우정을 나누는 함영주 교수님께도 감사의 마음을 전한다.

마지막으로 신앙교육에 있어 가정예배가 차지하는 비중이 상당한데 책의 분량과 시간의 제약으로 인해 이 책에서는 그 내용을 다루지 못해 죄송한 마음이 많다. 하지만 다음에 기회가 된다면 신앙교육의 기초인 언약에 대해, 가정예배에 대해, 그리고 오늘날 한창 불거지고 있는 미디어 교육의 이슈에 대해, 마지막으로 4차 산업혁명의 도래에 따른 바른 기독교적인 인간상과 미래의 준비에 대해 다루어 보면 어떨까 생각한다. 모쪼록 이 책을 통해 이 땅에 신앙 전수를 위해 악전고투하는 믿음의 부모님들에게 하나님의 크신 은혜와 위로가 있기를 기도하며 이 책이 작으나마 도움이 되길 소망해 본다.

"

목차

추천사   5
프롤로그   11

1부 신앙교육의 점검과 정의

1장 신앙교육 점검: 부모 테스트(test)   24
- Test: 세 개의 질문
- 질문 1 아이는 선하다? vs 아이는 악하다?
- 질문 2 우리 집의 주도권은 누가 쥐고 있나?
- 질문 3 신앙교육은 전문가의 일인가?

2장 신앙교육의 정의: 알아야 면장을 하지!   42
- 알아야 면장을 하지!
- 착각1 교회에 보내면 저절로 신앙교육이 된다?
- 착각2 우리 어릴 때는 안 그랬는데…….
- 그래서 신앙교육은 (　　　) 이다!

2부 신앙교육의 전략

3장 신앙교육의 전략 1: 실패한 전략   72
- 가도멸괵(假道滅虢)
- 필패전략 1: 신앙교육을 내일로 미루기
- 필패전략 2, '머리가 될지언정'의 기도
- 아버지의 기도

4장 신앙교육의 전략 2: 일관성과 똑똑한 아이 콤플렉스   98
- 아이를 보며 나를 보다!
- 최선의 방책, 일관성!
- 지식전달 vs. 인격적 감화
- 일관성 갖기 1, 코람데오 정신 회복하기
- 일관성 갖기 2, 똑똑한 아이 no, 신실한 아이 yes!

3부 신앙교육의 내용

5장 신앙교육의 내용 1: 복음, 내 아이는 구원받았는가?   128

- 일고작기(一鼓作氣)
- 아이의 기본값, 죄인
- 기본 값 청산, 회개
- 새로운 기본값 매기기, 꼬리표 떼기

6장 신앙교육의 내용 2: 내려놓기 1   158

- 동심파괴(童心破壞)
- 내려놓기 훈련
- 하나님 향한 내려놓기 1: 말씀 훈련
- 하나님을 향한 내려놓기 2: 기도 훈련

7장 신앙교육의 내용 3: 내려놓기 2   188

- 말보다 행동!
- 자녀를 향한 내려놓기: 실수 인정
- 자신을 향한 내려놓기 1: 시간 쓰기 훈련
- 자신을 향한 내려놓기 2: 미디어 훈련

4부 신앙교육의 방법

8장 신앙교육의 방법 1: 당신의 메시지는? — 230
- 경천동지(驚天動地)
- 대화 아닌 대화
- 너-메시지(You-Message)로 길러진 나!
- 나-메시지(I-Message)가 좋다는 교육학자들
- 하나님-메시지(G-Message)가 필요한 때

9장 신앙교육의 방법 2: 제자 훈련 — 260
- 우선순위(優先順位)
- '하나님-메시지'를 넘어 '제자 훈련'으로
- 제자 훈련의 두 가지 방법: 신앙 코칭과 신앙 멘토링
- 신앙 코칭
- 신앙 멘토링
- 내 삶이 곧 유언이다!

에필로그 — 303

주 — 309

가정신앙 교육 설명서

악전고투하는
부모들에게

가정신앙
교　　육
설　명　서

―

악전고투하는
부모들에게

제1부

신앙교육의
점검과
정의

제1장 신앙교육 점검:
부모 테스트(Test)

- Test: 세 개의 질문
- 질문 1 아이는 선하다? vs 아이는 악하다?
- 질문 2 우리 집의 주도권은 누가 쥐고 있나?
- 질문 3 신앙교육은 전문가의 일인가?

가정신앙교육설명서

악전고투하는 부모들에게

Test: 세 개의 질문

유학할 때의 일이다. 아파트 단지에 같은 학교로 유학 온 분이 계셨는데, 하루는 아이들을 학교 버스에 태워주고 내려오는 내게 이러는 거다. "사실, 저도 교육학을 공부하지만, 제 아이들을 어떻게 키워야 할지 모르겠어요. 제 아이 문제만큼은 답이 없는 것 같아요." 자녀의 문제에서만큼은 교육학 공부가 그다지 도움이 안 되고 있었나 보다. 사실, 교육의 원리가 거의 유일하게 적용되지 않는 곳이 가정일 것이다. 그분만 그런 것이 아니니. 우리 가정의 경우도 예외는 아니다. 부모의 집착과 자녀의 불순종이 어우러지는 공간, 가정. 그래서 더욱 신앙교육이 어려운 공간, 가정. 특별히 한국의 입시제도 아래 신앙교육이 거의 불가능에 가까운 곳, 가정.

이런 면에서 사실, '내 자식을 보라! 나는 이렇게 키웠노라.' 자신할 부모가 별로 없어 보인다. 비록 있다 해도 대부분은 '나는 이렇게 아이를 좋은 학교에 보냈고, 좋은 직장을 갖게 했다.' 정도의 성공담이 대부분이지, '나는 이렇게 신앙으로 양육하여 내 자녀가 지금 섬김의 아이콘이 되었다.', '내가 이렇게 신앙으로 양육하여 내 자녀는 지금 이렇게 하나님 나라에 쓰임 받고 있다.'는 식의 신앙 전기적 스토리는 여전히 듣기 어렵다. 사실, 이런 스토리를 가진 사람은 별로 그렇게 자랑스레 떠벌리는 것 자체를 하지 않아서도 그렇거니와 자녀를 신앙으로 양육하는 데 딱히 어떤 특별한 '노하우'나 특효약이 없기 때문일 것이다. 이 말에 오해 없기를 바란다. 이 말은 신앙교육의 원리가 없다는 말이 아니다. 오히려 원리는 있되 단번에 이를 수 있는 지름길이나 혹은 어떤 순서를 따라 하면 된다는 식의 특별한 '비법'이 없다는 말이다.

이쯤 설명하면 부모들은 '에이, 그게 뭐야? 그럼, 이 책도 별무소용이겠네.'라고 생각할지 모르겠다. 맞다. 이 책은 비법을 말하기보다 지금 고민하는 여러분과 비슷한 사람이 많다는 것을 보여주려 하는 것이 그 목적이다. 그리고 그렇게 고민한 한 부모가 다른 부모에게 이렇게 하면 좋겠다는 것을 나누며 자신이 가진 고민도 나누려는 장이다. 그렇기 때문에 펜을 꺼내놓고 줄 그어가며 읽고 밑줄대로 해 보기보다 이 책을 읽고 부부가 서로를 돌아보고, 어떻게 하면 좋을지 함께 기도하며 고민해 보면 좋을 것 같다.

자, 이제 스스로 물어보자. '우리 부부는 지금 잘하고 있나? 자녀 양육을 위해 어떻게 하고 있나?' 물어보면 좋겠다. 일명 신앙교육 '평가'를 해 볼 차례가 되었다는 말이다. 신앙교육의 '평가', 이것이 그리 쉬운 일은 아니다. 자녀가 신앙으로 잘 자랐는지 알아보는 기준도 모호할뿐더러 기준이 있다 해도 가정의 상황과 환경에 따라 각양각색이니 바르게 평가하기도 쉽지 않기 때문이다. 그러나 내가 믿음의 부모로서 잘하고 있는지를 살펴볼 최소한의 기준을 제시하는 것은 필요하리라. 조금은 보편적이고 쉬운, 그러나 누구나 적용 가능한 질문으로 사용할 수 있는 그것 말이다.

세 가지 정도, 부모 스스로 '내가 지금 잘하고 있나?' 물어볼 수 있는 테스트, 즉 리트머스 시험지 같은 질문을 던질 수 있다.

> ① 아이는 선하다? vs. 아이는 악하다?
> ② 우리 집의 통제권은 누구에게 있나?
>   (아이가 우리 집의 대장은 아닌가?)
> ③ 신앙교육은 전문가의 일인가?

" 질문 1 아이는 선하다? vs 아이는 악하다?

첫째 질문은 간단하다. '아이는 선한가, 혹은 악한가?' 이 문제는 일명 성악설, 성선설을 묻는 것이라기보다 아이를 향한 나의 태도를 묻는 말이다. 동시에 신앙교육에 대한 부모들의 태도를 묻는 근원적인 질문이기도 하다. 여러분은 어떻게 생각하는가? 아이는 선할까, 아니면 악할까? 어떻게 보면 선한 것 같고, 어떻게 보면 그렇게 영악할 수 없다. 사실, 아이들은 순수의 결정체이다. 어른들보다 때가 덜 묻고 더 정직하며, 더 직설적이다. 그래서 아이들은 지난밤에 엄마 아빠가 다툰 것을 교회에서도 스스럼없이 말한다. "선생님, 어제 엄마, 아빠가 싸웠어요, 그래서 엄마가 많이 울었어요." 듣는 사람 민망한지도 생각지 않고 그냥 내뱉어 듣는 선생님도, 아이를 데리고 온 부모도 당황케 한다. 그게 아이다!

그렇게 보면 아이는 천진무구, 순수의 결정체 같다. 맞다. 하지만, 어디 아이가 그렇기만 하던가. 동생 것을 뺏기 위해 심하게 괴롭히고 때려 기어이 손에 쥐고서도 저는 그런 적이 없었다고 박박 우기는 게 또한 아이다. 그래서 그 손에 든 것을 보여줘도 아니라고 떼를 쓰고, 그게 통하지 않으면 금세 울며불며 눈물 삭선으로 보면하려는 게 아이기도 하나. 그렇다. 아이는 영악하다! 그래서 '이 아이를 어쩌나?' 하는 마음이 들 때도 많다. 이렇게 보면 또 선과 악의 양면성, 순한 양의 탈을 쓴 악한 늑대가 그

안에 숨어 있는 것 같은, 야누스의 얼굴을 한 것이 또한 아이가 아닌가 싶다.

아이도 예수 그리스도가 필요한 죄인이다!

부모들은 자주 헛갈린다. 순진무구한 얼굴과 간사하고 고집 센 얼굴 중 어느 얼굴이 진짜 아이의 얼굴인지. 잊지 말자. 분명히 이 둘 다 아이의 얼굴이다. 그들은 아직 다듬어지지 않은 원석같이 순진하고 또한 따뜻함을 가졌다. 반면, 자신의 이익을 위해 뿌리 깊은 이기심을 보이기도 한다. 그래서 성경은 분명히 '모든 사람이 죄를 범하였으매 하나님의 영광에 이르지 못한다.'고(롬 3:23) 한다.

여기서 '모든 사람'에 해당되는 헬라어 '판테스'에는 단순히 성인 어른만 이야기하는 것이 아니다. 유대인만 말하는 것도 아니다. 헬라인도 포함되고, 종도, 자유자도, 심지어 아이도 포함되는 전(全) 인류를 말한다. 그런 의미에서 아이도 또한 죄를 지었고, 죄성을 가진 존재이다. 그래서 아이도 악하다! 비록 우리보다는 뒤끝도 없고 순수하지만. 그래서 성인들보다는 때가 조금 덜 묻었지만 그러나 그들도 때가 묻기는 심하게 묻은 존재, 그래서 예수 그리스도가 필요한 존재이다.

하여, 우리는 담대히 다음의 분명한 명제를 알고 가르쳐야 할 것이다.

> "아이도 죄인이다.
> 그래서 아이도 예수 그리스도가 필요하다."

비록 순순해 보이는 아이일지라도 결국은 구원받아야 할 죄인이다. 우리 집 아이도 예수 그리스도를 만나지 못하면 영원한 형벌을 받게 된다. 성도의 가정에서 자라났다고 해서 죄인의 대열에서 벗어날 수 있는 것이 아니다. 비록 복음을 들을 기회가 없었다고 용서가 되는 것도 아니다. 그래서 모든 아이에게 복음을 전해야 하고 그들도 예수 그리스도가 필요함을 전해야 한다. 심지어 목사의 가정에서도.

필자가 미국에 있을 때 미국 할머니 집에서 잠시 지낸 적이 있는데, 그 할머니가 통탄하며 해 주셨던 이야기가 하나 있다. 인근의 유명한 교회의 목회자이자 신학교의 교수인 분의 장례식이 열렸다고 한다. 거기에 참석한 그분의 3명의 자녀 중 한 명도 신앙이 없어 주위 사람들을 더욱 슬프게 했다고 한다. 목회자 가정에서 나고 자란 자녀들, 특별히 유명한 신학자의 자녀들이었지만, 지역의 유명한 유지였지만, 그 아버지의 영적 감화력과 영향은 전혀 받지 못했던 모양이다. 참으로 슬픈 일이 아닐 수 없다. 그래서 필자를 향해 "너도 그렇게 될 수 있으니 정신을 바짝 차리고 양육하라."고 일러주었다. 목회자 가정이라고 해서 예외일 수 없다는 말이다. 이런 면에서 참으로 무겁고 두려운 마음으로 이 글을 쓰고 있다. 부디, 우리 모두 각고의 노력을 기울여 우리 자녀들을 믿음으로 이끌도록 해보자. 그들도 예수 그리스도가 필요한 죄인이기에.

❝ 질문 2 우리 집의 주도권은 누가 쥐고 있나?

집안의 주도권, 즉 권위를 누가 쥐고 있나 하는 질문은 신앙교육에 있어서 긴요한 질문이다. 예전에는 그 집 텔레비전의 리모컨을 누가 가졌는가를 보면 그 집의 주도권을 가진 사람을 가늠할 수 있었다. 사실, 당시 리모컨은 대부분 아버지의 손에 쥐어져 있었고, 그것을 이상하게 생각하지도 않았다. 그러다 보니 자연스레 아버지를 설득하여 자신들이 원하는 채널을 보려는 눈물겨운(?) 노력도 참 많이 했었다. 그래서인지, 어릴 적 기억으로는 "너, 자꾸 그러면 ○○○ 프로(그램) 못 보게 한다." 이런 엄포가 통했던 것 같다. 한 마디로 아버지가 집안의 '갑'이었던 것이다. 이처럼 한때 아버지가 주도권을 가졌던 시절이 '있었다.' 그렇다. 과거형이다! 지금은 그렇지 않다는 말이다. 요즘은 리모컨으로 엄포를 놓는다고 해서 통하지도 않거니와, 그걸로 주도권을 확인할 길도 요원하다.

오히려 현재 가정의 주도권은 다른 곳에서 확인할 수 있다. 예전에는 주도권을 아버지들이 가지고 있었지만, 오늘은 그것이 다른 이에게로 벌써 넘어갔다. 그렇다면 어머니들? 아니다! 필자가 알기로 안타깝게도 지금까지 어머니들은 권위와 주도권을 가진 적이 한번도 없다. 어머니들을 건너뛰어 진즉에 자녀에게로 넘어갔다. 어떻게 알 수 있을까? 자녀가 유아 때는 그 아이의 돌잔치, 생일잔치, 심지어 어린이집의 행사에 집안 식구들이 총동원된다. 그 자녀가 서서히 중심이 되어 간다. 그러다 자녀가 학교에 들어갈라치면 자녀의 시험 기간을 피해 가정의 중요 행사를 치르기 시작한다. 이제 본격적으로 자녀가 주도권을 쥐게 된다. 그러다 자녀가 대학입시라도 치르게 되면 그 한 해 모든 가정의 중요 행사를 줄이거나 혹은 그 자녀 없이 진행한다. 심지어 가족들 모두가 그 자녀의 심기를 건드릴까 봐 조신하게(?) 행동하도록 교육받는다. 엄마로부터. 입시 위주의 한국 사회가 낳은 슬픈 자화상이다.

현실이 이렇다보니, 자녀가 점점 주도권을 행사하기에 이른다. 그래서 자녀가 휘두르는 가장 무서운 한마디. "그럼, 나 공부 안 해!" 그 말에 모든 것을 들어주고 모든 것을 용납한다. 사실, 한국 사회에서 공부만 잘하면 무엇이든 용서되는 상황이 되고 나서, 어느 순간엔가 신앙교육에도 이것이 통하기 시작한 것 같다.

자녀의 입시도 하나님의 손에 달려있다!

신승범 교수의 논문에 의하면 아이들이 주일 아침에 시험 기간이라 교회 대신 학원이나 학교에 간다고 했을 때, 부모들이 어떻게 답을 했을까? 놀랍게도 응답한 부모 중 일반 성도들의 절반

이 넘게, 집사님 가정에서는 40% 이상이, 심지어 목회자 가정에서도 4분의 1 이상이 "그래라."라고 용인한다고 답했다.[1] 충격적인 답변이 아닐 수 없다. 그 속을 들여다보면 신앙의 연륜이나 직책에 따라 조금의 차이는 있지만 많은 수의 신앙의 부모에게 있어 자녀의 공부가 최우선의 주도권을 가지고 있음을 알게 된다. 누군가 말했듯이 '대학교'가 최대의 종교가 되어가는 한국의 현실을 말해 주는 것이다.

그래서 우리 신앙의 부모들은 스스로 물어야 할 것이다. 우리 집의 주도권이 누구에게 있는가? 아버지인가? 아니면 자녀인가? 무엇보다 자녀의 입시인가? 아울러 다음의 분명한 명제를 놓고 고민해야 하며 결론을 내려야 한다.

> "자녀의 입시도 하나님의 손에 달려있다!
> 그래서 우선순위를 하나님께 두어야 한다!"

잊지 말아야 한다. 많은 신앙인이 신앙을 잘 지키다가 자녀 문제에 있어 멈추는 경우가 많다. 자녀 문제만큼은 하나님께 맡기지 못하고 내 힘으로, 자녀를 닦달해서 해결하려 한다. 하지만 한 치 앞도 내다보지 못하는 인생에서 과연, 하나님 없이 자녀교육이, 신앙교육이 가능할까? 자녀에게 주도권을 뺏기는 순간, 그 가정의 신앙도, 신앙교육도 어려워진다. 그래서 자녀의 입시도 하나님의 손에 달려 있음을 믿고 우선순위를 정하고 부모가 바르게 권위를 세우도록 해야 할 것이다.

  서울의 강남에서 오랫동안 사역을 하신 목사님 한 분을 알고 있다. 이분이 사역하는 교회에는 제법 교회를 오랫동안 다닌 중고등학생들이 있다. 하지만 고등학교 3학년이 되니 아무도 교회에 출석하지 않고, 오직 자신의 자녀만 남았더라고 넋두리하는 것을 들었다. 심지어 직분자의 자녀들도 예외 없이 주일에 빠지더라고. 잊지 말자. 이것은 작전을 잘못 세워도 한참 잘못 세운 것이다.

  신앙교육과 관련된 강의를 하다 보면 너무도 많은 눈물 흘리는 믿음의 부모님들을 보게 된다. 신앙교육을 내일로 미루는 작전을 세워 당장 보이는 공부에 전부를 걸도록 자녀들을 채근해 공부만 하게 만들었다가 나중에 신앙을 떠난 자녀를 허망하게 바라만 보는 그런 부모들, 그들의 슬픈 뒷모습을 너무도 많이 보고 있다. 자녀들에게 '공부, 공부, 공부'하면서 공부만 시켰다가 세속적으로는 성공했는데 영적으로 실패한, 신앙교육에 실패한 너무도 많은 어머니, 아버지들을 본다. 그리고 피눈물을 흘리며 후회하는 것을 본다. 자녀의 입시도 하나님의 손에 달려있다! 그러니 제발 주도권을 자녀의 공부에 빼앗기기 말자!

질문 3 신앙교육은 전문가의 일인가?

마지막 질문은 '신앙교육은 전문가의 일인가?' 하는 것이다. 우리는 전문가의 시대에 살아간다. 주변을 둘러보면 온통 전문가들이다. 의료 전문가, 법률 전문가, 경영 전문가, 요리 전문가, 심지어 반려견 전문가까지. 자연스레 전문가들의 의견을 듣고 그들의 판단에 따라 우리 몸도, 제도도, 심지어 반려견도 내어 맡긴다. 즉, 남에게 맡기는 외주화(outsourcing)가 자연스럽게 되어 버렸다. 그러다 보니 심지어 교육도 전문가에게 맡긴다.

사실, 성경의 시대에 교육은 철저히 아버지들의 몫이었다. 비록 회당이 있고, 율법 선생들이 있기는 했지만 대부분의 유대인 아버지들은 자신의 자녀들을 직접 집에서 양육했다. 철저히 아버지들에 의해 '교육'이 이루어졌다. 초대교회도 예외는 아니었다. 그래서 바울은 에베소서를 통해 아버지들이 가정에서 주의 교훈과 훈계로 양육할 것을 명했다(엡 6:4).

하지만 7세기경, 일명 '스콜라'라고 하는 학교가 생기면서 아버지들을 대신해서 전문가들에게 교육을 맡기는 것이 점차 자연스러워졌다. 물론, 이 시기에도 교회의 지도자 양성을 위해서 일부의 어린이나 청소년들만 학교로 보냈고, 대부분은 가정에서 교육을 받았다. 부모의 직업을 따라 도제 방식으로. 그런데 학교 시스템이 공고화되며 점차 부모들이 자녀들을 '교육' 전문가에게 맡기는 것이 자연스러워졌다. 이제 부모는 재정을 담당하고 학교는 자녀들의 교육을 담당하는 방식으로 전환하였다. 이러다 보니 부모들이 자녀들의 인성과 삶에 영향을 미칠 기회가 자연스레 박탈되었고, 자녀들은 가정보다는 학교에, 학교의 교사와 친구들에게 더 많은 영향을 주고받고 있는 것도 사실이다.

이러한 현상은 신앙교육 영역에서는 더욱 심각하다. 18세기에 등장한 주일학교 시스템(Sunday School System)이 처음에는 산업혁명으로 부모들은 모두 일하러 간 사이 소외되고 방치된 아동들을 돌보는 탁아의 개념으로 시작되었다. 하지만 점차 미국과 독일로 넘어오면서 주일에 신앙교육과 교리교육을 하는 방식으로 변화하였다. 이와 함께 부모들은 점차 주일학교에 자녀들을 맡기며 그들의 신앙 교육도 의존하게 되었고, 근자에는 아예 부모들은 자녀들을 교회학교에 모든 책임을 떠넘기고 있는 것처럼 보인다.

신앙교육의 외주화가 서서히 진행되어 이제는 전문가의 일인 양 주일학교 혹은 교회학교에 전적으로 의존한다. 그러다 보니 주일에 한 시간 신앙 교육하는 것이 대개 신앙교육의 전부가 되었고, 그마저도 이런저런 이유로 빠지거나 외면당하기 일쑤다. 이런 상황에서 건강한 신앙 전수가 이루어지리라 여기는 것 또한 무리가 아닌가 생각한다.

일반적으로 부모들이 자녀들을 주일학교에 전적으로 맡기는 데는 그만한 이유가 있다. 그중 가장 큰 이유가 신앙교육도 다른 일반 교육처럼 전문가의 일이라 여기기 때문이다. 이것에 대해 브라이언 헤인즈(Brain Haynes)는 "부모들이 자녀들을 제자 훈련(disciplining their children)하는 것을 전문가의 일(professional's job)로 간주하고 있다"고 안타까워한다.[2] 그러면 안 된다는 말이다.

이것에 대해 보디 바우컴(Voddie Baucham)은 자녀들을 전문가에게 맡겨 두고 팔짱만 끼고 있는 부모들에게 그렇게 자녀들을 교회에만 맡겨 놓으면 자녀들이 암묵적으로 이렇게 배운다고 지적한다. "교회의 전문 사역자들이 너희의 영적 리더란다. 그들에게 너의 비전과 나아갈 방향과 인도를 구하려무나."[3] 이 얼마나 무서운 이야기인가! 사실, 외주화하면 편하고 비용도 절감할 수 있다. 내가 노력하지 않아도 된다. 하지만 자녀의 교육까지 부모가 외주화하다 보면 그들의 인성과 덕성, 품성은 누가 키워줄까? 무엇보다 그들의 신앙교육을 누가 시켜 줄까?

신앙교육은 부모의 일!

자식은 여호와의 주신 기업이라고 하지 않았던가(시 127:3). 하나님이 부모를 믿고 맡겨 주신 '기업'이다. 어찌 보면 그 가정에서 가장 중요한 가업(家業)이다! 다른 집이나 기관에서 해 줄 수 없는 그 집만 할 수 있는 가업(家業) 말이다.

자녀에게 유아세례를 주고, 그들을 신앙으로 양육하겠다고 부모가 서약한 이후, 부모는 주일학교에 아이를 보낼 때까지만 책임을 지려 한다. 하지만, 주일학교가 그렇게 믿을 만한 곳인지 스스로 생각해야 할 것이다. 오해가 없기를 바란다. 주일학교가 중요하지 않다거나 혹은 주일학교가 신앙교육의 책임에서 완전히 자유로운 기관이라는 말이 아니다. 오히려 주일학교는 좋은 기관이며 아주 훌륭한 신앙교육의 장이다.

하지만, 일주일에 한두 시간 이루어지는 주일학교 교육으로 자녀의 신앙을 성숙시키고 발전시키는 것이 '충분'하다고는 볼 수 없기 때문에 하는 말이다. 즉, 만일 주일학교가 아이의 매일의 삶과 신앙에 영향을 줄 수 있는 상황이면 상관이 없다. 하지만 그렇지 않다면 심각하게 생각해야 한다. 무엇보다 하나님이 구약성경이 기록된 이래로 지금껏 신앙교육의 책임을 교회가 아닌 가정에 맡기셨다는 사실을 분명히 기억해야 한다. 이런 면에서 신앙교육은 전문가의 일이 아니라 부모의 일이다!

> "자녀의 신앙교육은 전문가의 일이 아니라 부모의 일이다."

잊지 말자. 자녀의 신앙교육은 절대로 외주화될 수 없는 영역이다. 왜냐하면 주일학교 교사가 아무리 뛰어나도 부모만큼 자녀를 사랑하고 믿음으로 양육하지 못하기 때문이다. 필자가 늘 교사교육 시간에 묻는다. "여러분은 믿음의 부모가 맞습니까?"라고. "교사는 반에서 믿음의 부모가 되어야 하는데, 믿음의 부모가 맞습니까?"라고 물으면, 대개 그렇다고들 한다.

그때 필자가 한 가지 질문을 더 던진다. "그럼, 여러분 반의 아이가 결석할 때와 여러분의 자식들이 결석할 때 같은 모습입니까?" "여러분의 자식이 신앙적으로 부족해도 똑같이 대하겠습니까?" 물으면 대부분 그렇지 않다고들 한다. 왜냐하면 그들도 알기 때문이다. 내 자식이면 더 신경을 쓰고 더 마음이 갈 것이기 때문이다. 오해가 없기를 바란다. 주일학교 교사들은 참으로 귀하고 사랑스럽다, 거기다 충성스럽기까지 하다.

누가 주일에 그렇게 시간을 내어서 자신의 자녀도 아닌 아이들에게 시달리며 그렇게 애를 쓰겠는가. 하지만 그들에게는 절대적으로 물리적 시간과 에너지가 부족하고, 여러 일로 인해 관심과 사랑도 친부모만큼 보여주기 어려운 것도 사실이다. 그렇지 않은가? 자신의 반 학생이 무엇을 좋아하는지, 지금 영적인 상태가 어떤지, 무엇을 무서워하는지, 사실, 일주일의 한두 시간으로 파악도 안 될뿐더러 그것마저 시간이 줄어 파악하기가 어렵지 않은가. 그런 교사들에게 나의 자녀를 맡겨 놓고 그래도 잘 될 거라고 낙관하는 건, 어쩌면 너무도 무책임한 행동이 아닐 수 없다.

실제로 신앙교육을 전문가의 일이라 여기는 것이 얼마나 허황된 것인지 알빈 레이(Alvin Reid)는 그의 책에서 적나라하게 보여주고 있다. 이미 10년도 더 전에 발간된 그의 책에서 그는 그

때로부터 30년 전부터 미국의 신앙교육 현장에 어떤 일이 일어났는지 소상히 말해 준다. 그에 의하면, 책이 발간되기 전 30년 동안 미국 사회에서 가장 활발하게 청소년 관련 학과와 교회사역자들이 생기거나 배출되었고, 가장 많은 청소년 신앙교육 관련 프로그램이 개발되었다고 한다. 그렇게 전문가들이 활발하게 사역을 했으니 어떻게 되어야 했을까? 당연히 교회에서 청소년들이 가장 많이 회심하고 가장 많이 전도되어야 했다. 하지만 현실은 그와 정반대로 같은 기간에 가장 많은 청소년이 교회를 떠났다고 지적한다.[4]

참으로 통탄할 일이 발생했다. 사역자들은 늘었고, 관련 프로그램과 전문가들도 많아졌지만, 프로그램은 더욱 좋아졌지만, 더 많은 수의 청소년이 신앙을 버렸다. 왜일까? 같은 기간 수많은 믿음의 부모들이 신앙교육을 전문가들에게 맡겨놓고 자신들은 팔짱을 끼고 지켜만 보고 있었기 때문이다. 그리고 이 책이 그런 잘못을 지적하는 데 종종 인용되는 이유도 바로 여기에 있다. 이제 가정에서 부모가, 무엇보다 아버지들이 신앙교육을 해야 한다는 사실을 다시금 주목하고 살펴야 할 것이다.

"

제 2 장 신앙교육의 정의 :
알아야 면장을 하지!

- 알아야 면장을 하지!
- 착각1 교회에 보내면 저절로 신앙교육이 된다?
- 착각2 우리 어릴 때는 안 그랬는데…….
- 그래서 신앙교육은 (　　　　) 이다!

가정신앙교육설명서

악전고투하는 부모들에게

〞 알아야 면장을 하지!

'뭘 알아야 면장을 하지!'라는 말을 하곤 한다. 보통은 무식하면 작은 지방 행정단위인 면(面)의 장(長)도 못 한다는 말로 읽고 이해한다. 한마디로 '뭘 좀 알아야 하지!' 이런 말로 읽는다. 반은 맞고 반은 틀린 이해다. 이때의 면장은 한자로 面牆(또는 面墻)으로 공자의 논어에 나오는 '면면장(免面牆)'에서 유래되었다고 한다. 여기서 말하는 장(牆 또는 墻)은 담벼락을 뜻하는 말로 '면면장(免面牆)'이라고 하면 담벼락을 대하는 것과 같은 답답한 상황을 면한다는 의미로 쓰였다. 즉, 벽에 대고 말을 하는 것과 같은 답답한 상황에서 그것을 면해야 함을 말할 때 비유적으로 쓰는 표현이다.[1] 그러다 점차 앞의 면(免)자를 떼고 면장(面牆)으로 발음하면서 면장(面長)으로 착각하는 사람들이 생겨났고 그렇게 읽곤 한다. 다름이 아니라 필자가 그랬다. 면장(面墻)을 보면서도 면면장(免面墻)을 못했던 것이다.

신앙교육도 예외는 아니리라. 얼마나 많은 부모가 담벼락을 대하는 것과 같은 면장(面墻)의 상황, 막막한 상황을 자주 맞닥뜨리는지 모른다. 그리고 그 상황에 놓였어도 어떻게 해야 할지 모른다. 면면장(免面墻)이 안 되는 것이다. 뭘 모르니. 사실 자녀가 내 맘 같으면 얼마나 좋을까마는 내 맘 같지 않은 자녀로 인해 담벼락을 대하는 것 같은 답답함에 갇혀 있는 부모들이 의외로 많다. 대한민국에서 대부분의 부모는 면면장(免面墻)하기 어려운 상황에 놓였다고 하면 지나친 억측은 아니리라. 오죽했으면 애초에 이 책 제목을 '악전고투하는 믿음의 부모들에게'라고 정했을까. 나중에 '믿음의'는 생략 했지만.

이 답답함을 누가 알까?

벽을 마주하는 것 같은 자녀들과의 대화, 답답함을 넘어 막막함이 앞서는 자녀와의 시간, 이런 것들을 경험한 적이 있는 부모라면 막막함을 넘어 절망감까지 느꼈을지도 모른다. 특별히 믿음이 좋다는 부모라면 자신들을 향해 벽을 더욱 단단히 쌓고 있는 자녀들을 볼 때 이 답답함은 이루 말할 수 없을 것이다. '이를 어찌할꼬.' 가슴을 치며 기도밖에 다른 방법이 없을 때가 많다. 그렇다고 누군가 속시원히 가르쳐주지도 않고 가슴앓이 하듯이 속

병만 늘어나는 경우가 대부분이다.

　이렇게 이렇게 잘 아느냐고 궁금해 할지 모르겠다. 남의 이야기가 아니라 필자의 이야기니 이심전심(以心傳心)이어서 그럴 게다. 그래도 자식들이 어릴 때는 믿음 안에서, 교회 안에서 잘 자라나는 것 같아 어깨 힘 좀 주고 다녔고, 자녀 교육 강의에서도 자식들 이야기도 곧잘 하곤 했는데…. 아이가 자라 고등학교에 들어가면서 이전의 그 아이가 아니라는 사실을 알고는 까무러칠 뻔했다. '우리 아이가 이럴 수가!' 아내와 지금도 놀라고 있는 중이다. 하지만 아직 내 품에 있기에 늦지 않았다 생각하고 지금도 그 아이와 씨름 중이다.

　자, 다시 본론으로 돌아가서 '어떻게 하면 면면장(免面牆)할 수 있을까?' 아이와 대면하여 그 마음의 담벼락(벽)을 뚫고 대화할 수 있을까? 신앙을 전수할 수 있을까? 이 장에서 그것을 고민하기 전에 생각해야 할 두 가지 부모 마음속의 담벼락과 그것을 꿰뚫는 신앙교육의 본질에 대해 생각하는 시간을 가져 보자.

〃 착각1 교회에 보내면 저절로 신앙교육이 된다?

착각의 벽, 패착의 담벼락

우선, 자녀 마음의 담벼락을 생각하기 전에 부모 속에 있는 담벼락, 벽은 없는지 먼저 생각해 봐야겠다. 부모라고 해서 완벽하지도 그렇다고 신앙적으로 온전하지도 않기 때문이다. 어떤 부모들은 부모 스스로 자녀들에게 벽을 쌓아가며 살기도 하고, 어떤 이는 자신에게 있는 벽은 보지 못하고 자녀의 벽에만 집중하기도 한다. 늘 그렇듯 문제는 항상 가까운 곳에 있고, 해결책도 눈앞에 있는 경우가 허다하다.

보통의 부모들이 스스로 만들어 놓은 벽, 혹은 그들의 눈을 가리는 벽을 필자는 '착각의 벽,' 혹은 '패착의 담벼락'이라 부르려 한다. 나는 괜찮은데 '문제는 항상 너!'라는 식의 착각은 많은 문제를 일으킨다. 그리고 이런 착각은 결국, 관계에 큰 상처를 남긴다. 가족 간에는 더더욱 큰 상처와 아픔을 남긴다. 그래서 이 착각의 벽, 특별히 부모들이 쉽게 범하기 쉬운 패착의 담벼락을 살펴보려 한다.

이 착각의 벽 중 가장 도드라진 두 가지가 있다. 그중 가장 근원적이고 큰 착각은 바로 교회에 보내면 아이가 '저절로' 신앙교육이 된다는 생각이다. '저절로'라는 이 말은 참으로 무책임하고 무서운 말이다. 세상에 저절로 되는 것이 어디 있겠나? 그런데 유독 신앙교육은 저절로 될 거라 철석같이 믿는, 무한 긍정의 부모들이 생각보다 많다는 것을 강의를 다니며 알게 되었다.

사실, '교육'이라는 말에 이 '저절로'라는 말은 정말 안 어울리는 단어다. 저절로 운전면허증을 얻을 수 있을까? 저절로 운전 능력을 익히고, 저절로 시험에 합격하고, 저절로 주행시험까지 합격하여 운전면허 자격증을 획득할 수 있을까? 저절로 학교에 입학하고, 졸업하며, 서절로 취식될까? 불가능하다! 결단코 불가능하다! 일부러 시간을 내고 부단한 애를 써야 가능하다. 그런데, 어떻게 된 게 신앙교육의 상황에서는 가능하다고 믿는다. 억측이다. 잘못된 믿음이다! 저절로 세례받고, 저절로 예수님 믿고, 저절로 신앙 생활하며 저절로 믿음이 자란다(?). 착각도 이런 착각이 없다. '저절로'라는 단어는 '교육'이라는 말과는 결코 동행할 수 없는 성질의 것이다. 자녀 교육을 할 때는 아예 '저절로'라는 생각과 말을 버려야 한다.

'저절로' vs '의도적으로'

실제로 교육은 '저절로'의 반대말인 '의도적인' 혹은 '계획적인' 행위다. 그래서 정범모 교수는 교육을 "행동의 계획적 변화"라 하지 않았던가.[2] 이 정의에 대해 여러 이견(異見)이 있을 수 있겠지만 지금까지도 가장 광범위하게 인용되고 가장 고전적인 교육의 정의로 사용되는 것을 보면,[3] 교육이라는 말에 의도성이 깊게 베어 있다는 것을 부인할 수 없다. 의도를 가지고 가르치고, 의도를 가지고 야단을 치고, 의도를 가지고 모른 척하고, 의도를 가지고 어르고 달래는 일, 그것이 교육이다.

'의도성' 즉, 철저히 기획하고 철저히 준비해서 어느 기준에 이르도록 훈련하고 양육하는 과정이야말로 흔히 말하는 '교육'이 아닐까. 그래서 사실 신앙교육에서도 '저절로'라는 말을 붙이면 굉장히 거북하고 어색할 뿐 아니라 무책임하게 느껴진다. 그런데도 많은 그리스도인 부모들은 너무도 쉽게 자녀들을 교회에 맡겨 놓으면 '저절로' 신앙이 자랄 거라 믿는 모양이다. 이 '저절로'의 함정에서 벗어나자. '저절로'라는 착각의 벽을 면하지 못하면 신앙의 면면장(免面牆)은 어려울 수밖에 없다.

'저절로' 되는 신앙교육에 대한 무한 신뢰와 긍정의 태도를 벗자. 공부 못하던 아이가 학원만 가면 어느 날 '저절로' 공부의 고수가 될 수 있다고 믿는 부모가 없듯, 한 아이의 영생이 달린 신앙교육도 큰 노력과 에너지가 필요하다고 인정해야 한다. 무엇보다 신앙교육의 주체인 부모도 '저절로'가 아닌 '의도적으로' 교육하고 애쓰고 힘써야 한다. 그것도 일주일에 한 번, 한 시간 교회에 보내 놓으면 된다는 자기 위안에서 벗어나 각자의 가정에서 '의도적'이고 '계획적'인 노력을 기울여야 한다. 잊지 말자. 교육에 있어 '저절로'는 없다. 같은 원리로 신앙교육에도 '저절로'는 없다! 아니, 신앙교육이기에 더욱 '저절로'는 없다! 그래서 다음의 명제를 마음에 새겨야 한다.

> "신앙교육에 '저절로'는 없다.
> '의도적'으로 '교육'해야 한다. 부모가!"

신명기 6장의 가르침, 의도적으로 기회를 엿보라

성경으로 돌아가 보자. 신명기 6장은 신앙교육의 일명 '바이블'이라 불리는 본문이다. 구약에서 신앙교육과 관련해서 가장 중요한 본문이기 때문이다. 신약의 에베소서 6장과 함께. 신명기 6장은 일명 '쉐마'('들어라'는 뜻의 히브리어에서 온 단어) 본문으로 잘 알려져 있다. 그중 4절부터 9절까지 그 내용이 절정을 이룬다. 그 내용을 옮겨 보면 다음과 같다.

> "이스라엘아 들으라. 우리 하나님 여호와는 오직 유일한 여호와이시니 / 너는 마음을 다하고 뜻을 다하고 힘을 다하여 네 하나님 여호와를 사랑하라 / 오늘 내가 네게 명하는 이 말씀을 너는 마음에 새기고 / 네 자녀에게 부지런히 가르치며 집에 앉았을 때에든지 길을 갈 때에든지 누워 있을 때에든지 일어날 때에든지 이 말씀을 강론할 것이며 / 너는 또 그것을 네 손목에 매어 기호를 삼으며 네 미간에 붙여 표로 삼고 / 또 네 집 문설주와 바깥 문에 기록할지니라."

이 모든 내용을 자세히 들여다 보면, 하나님을 사랑하고 계명을 부지런히 자녀에게 가르치라는 신앙교육 명령이다. 여기서 "부지런히 가르치"라는 말은 '대충,' '저절로'라는 말과는 사뭇 다르게 읽힌다. 오히려 기회를 봐서, 좀 더 구체적으로는 기회를 만들어서 가르치라는 말로 읽힌다. 무엇보다 집에 앉아 있을 때, 길을 갈 때, 누웠을 때, 일어날 때, 이 모든 상황에서 말씀을 가르치라고 한다. 이 말은 어떻게든 말씀을 가르칠 기회를 엿보라는 말로 읽힌다. 틈만 나면 가르치라는 것이다.

나중에 언급하겠지만 이것이 바로 '하나님 – 메시지(G-Message)'의 방식으로 가르치라는 말이라 생각한다. 어떻게든 애를 쓰고, 상황을 억지로라도 만들어서 하나님과 연관 지어 가르쳐야 한다는 말이다. 이 모든 내용을 찬찬히 훑어보면, 신앙교육은 철저히 기획, 준비, 실행의 과정을 거치는 의도적인 행동이 아닐 수 없다. 그런데 '저절로' 될 것으로 생각하는 것은 착각 중에도 큰 착각이다. 물론, 이렇게 철저히 준비한다고 해서 또 생각처럼 다 된다면 얼마나 좋을까마는 그것 또한 쉽지 않다. 하나님의 은혜가 선결 조건이기도 하다.

의도성 있는 학습이 좋은 점

1만 시간의 법칙을 말했던 안데르스 에릭슨은 『1만 시간의 재발견』이라는 책에서 의도성 있는 학습이야말로 효과적이라는 것을 명확히 한다.[4] 애초에 1만 시간의 법칙이라는 것을 그는 천명했다. 누구든 1만 시간을 투자하면 그 분야의 전문가, 즉 대가가 될 수 있다는 내용이다. 이 내용이 그에 의해 처음 알려졌을 때, 많은 사람은 1만 시간을 채우기 위해 애를 썼다고 한다. 그런데 1만 시간을 채워도 대부분은 한 분야의 대가는커녕 평범함을 벗어나지 못하는 것이 아닌가. 그래서 그에게 다시 묻기 시작한다. 도대체 어떻게 된 것이냐고. 이에 그가 내 놓은 답이 이것이다.

> 1만 시간을 의미 없이 투자한다고 해서 변화가 있는 것이 아니다. 세 가지 조건을 갖춰 1만 시간을 보내야 한다.
> - 첫째, **분명한 목표를 정하라.**
>   (목표가 불분명하면 발전하지 않는다.)
> - 둘째, **그 목표에 맞게 의도적인 훈련을 하라.**
>   ('저절로'가 아닌 치밀한 계획을 통해 하루 단위, 한 시간 단위로 발전하고 변화하도록 시도해 보라.)
> - 셋째, 의도적인 훈련 과정에서 **부족한 점이 있으면 피드백을 해 줄 좋은 선생님(코치)**을 만나 훈련 과정을 조절하라.

결국, 시간만 보내면 '저절로' 무언가 학습이 일어나고 변화가 일어나리라는 것은 허상일 수 있다는 말이다. 20년을 진료한 의사나 5년을 진료한 젊은 의사나 별반 다르지 않을 때가 있다. 왜 그런가? 계획적, 의식적 노력을 기울이지 않고 그냥 저절로 발전하기를 바라며 의료행위를 했기 때문이라고 에릭슨은 말한다. 그는 대개 그냥 시간만 보내면 오히려 퇴보할 가능성이 더욱 높다고 한다. 의식적인 노력이 없어서.[5]

이렇게 보면 '저절로'가 아닌 의도적 노력이 없는 교육과 학습은 쉽게 발전할 수 있는 성격의 것이 아님을 알게 된다. 그런데 교회학교에 자녀를 맡긴 부모들은 이 '저절로'를 너무 신봉하는 것 같다. 너무나 신뢰하고 의지하며 자녀를 교회로 보낸다. 그러고는 신앙교육을 교회에서 '알아서' 해 줄 거라 기대한다. 그리고 시간이 지나 별무변화인 자녀들을 보며 '나는 내 할 의무를 다했는데 왜 이렇지?' 의문을 가진다. 어디서 잘못된 것인지 찾기 전에. 그래서 꼭 당부하고 싶은 것은 '저절로'가 아닌 '의식적'인 신앙교육에 노력을 기울이자는 것이다.

> **착각2 우리 어릴 때는 안 그랬는데….**

어제의 경험으로 오늘을 보다

착각 중에 두 번째 큰 착각은 과거와 현재를 단순 비교하는 것이다. 종종 '우리 어릴 때는 안 그랬는데….' 라며 안타까워하는 부모 세대들을 본다. 그들의 눈에 자녀 세대(3~40대)나 그다음 세대(유치부 ~ 중고등부 자녀들)가 맘에 들지 않기 때문이리라. 부모 세대의 눈에는 그들을 너무 유약하고 불성실하게 느끼나 보다. 일견 이해가 가는 부분도 없지 않다.

부모 세대들이 어릴 때, 그들의 부모는 신앙생활하는 것을 반대하거나 사회 또한 교회에 다니는 것에 그렇게 관대하지 않았다. 그러다 보니 어렵게 신앙생활하고 힘들게 믿음을 지켰던 기억이 대부분일 것이다. 그렇게 지금의 교회를 세우고, 자녀들을 길렀건만, 자녀들은 그들의 이런 충심(?)을 이해하려고도 않고 신앙생활도 제멋대로 하는 것 같다. 무엇보다 교회를 중심으로 신앙생활 해도 부족하건만, 저마다 저기 일에 바빠 교회 일은 뒷전일 때가 많은데 그런 자녀 세대들의 모습을 보면 한숨이 절로 난다. 그러다 보니 답답함과 안타까움이 밀려올 것이다. 그러니

'옛날에 우리는 안 그랬는데….' '우리 어릴 때는 안 그랬는데….' 하는 원망의 생각이 물밀 듯 밀려오는 것이리라.

필자의 모친도 가끔 당신의 어릴 적 신앙생활했던 '전설과 같은(?)' 이야기를 해 주신다. 당시에 몇십 리를 걸어 교회에 가셨다는 이야기. 그것도 부족해서 잠을 줄여가며 새벽기도 가신 이야기. 거기다 어머니의 어머니, 즉 외할머니의 이야기는 더욱 레전드급의 이야기들로 가득하다. 시계가 없어 새벽에 일어나는 대로 가서 새벽 2시고 3시고 상관없이 기도하셨다는 이야기 등. 눈물 없이는(?) 듣기 어려운 이야기들이 즐비하다. 그러니 이런 분들이 볼 때 요즘 신앙생활을 장난같이 느낄 수 있겠다 싶다. 백번 이해한다. 그러면서도 백번 다시 생각해야 할 대목이 있다. 그것은 당시의 상황과 오늘의 상황이 그렇게 단순 비교하기가 쉽지 않은 근원적인 차이가 있기 때문이다.

어제와 오늘의 사상적 차이

부모님의 세대와 오늘 세대의 근원적인 차이에는 무엇이 있을까? 가장 큰 차이는 당시와 현재의 사상적인 근저가 다르다는 것이다. 당시에는 누구나 유교적인 틀, 절대적인 것에 대한 신뢰의 틀(framework)을 의식의 기저에 자연스럽게 가지고 있었다. 윤리적, 도덕적, 철학적 심성의 기저에는 '절대적'인 것에 대한 막연한 기대와 동의가 있었다. 다른 말로 하면 모더니즘(modernism)의 시대, 절대가 통용되는 시대여서, 하나님에 대해, 성경에 대해, 절대적인 진리에 대해 말하기 쉬운 시대였고, 그래서 자연스레 천국과 지옥에 대해 이야기하기 쉬웠다.

그러나 지금은 그런 '절대'에 대한 신뢰가 사라진 포스트모더니즘(postmodernism)의 시대, 어쩌면 그것도 철 지난 시대에 살아가고 있다. 그래서 상대적이고 주관적인 실제만 있을 뿐, 절대적이고 객관적인 실제에 대한 논의가 굉장히 어렵다. 이걸 다른 말로 거대담론이 사라진 시대라고도 한다. 삶과 죽음, 천국과 지옥, 영혼과 영생과 같은 보다 큰 거대담론은 비실제적인 것처럼 보여서 더 이상 논의의 대상으로 삼지 않는다는 말이다. 그래서 요즘 세대는 천국이나 지옥과 같은 눈에 보이지 않는 실제에 대해 말하면 피식 웃어넘긴다. 그러다 보니 전도도 어렵고 복음에 대해 말하는 것이 이전보다 절대 쉽지 않다.

교회에서 즐거웠던 경험이 없던 세대의 등장

어디 그뿐인가? 지금부터 3~40여 년 전, 필자가 어릴 적만 해도 재미있는 것이 별로 없었다. 아이들의 흥미를 끄는 것이 별로 없다 보니 교회가 오히려 재미있고 즐거운 곳이었다. 그래서일까? 교회에 오면 학교나 집에서 먹지 못하던 사탕도 먹고, 재미와 즐거움도 얻으니 교회로 자연스레 모였던 것도 사실이다. 그래서 교회에 대한 추억은 대부분 즐겁고 기쁜 것들이다.

그런데 지금은 어떤가? 교회가 그다지 즐겁거나 재미있는 곳이 아니다. 최근에 필자와 함께 사역하시는 분이 한 신학대학에서 강의 시간에 학생들에게 물었다고 한다. "지금까지 교회에서 가장 즐거웠던 적이 언제였나요?"라고. 20대 초반의 그들이 뭐라고 답했을까? 놀랍게도 그들의 일관된 대답은 하나였다. "지금까지 교회에서 즐거웠던 기억이 한번도 없습니다."

놀라운 답변이 아닐 수 없다. 20대가 될 때까지 지금껏 한번도 교회에서 즐거웠던 적이 없다니. 우리 세대는 도저히 이해가 되지 않는 대목이다. 그렇다. 그들은 교회에서 재미있었던 적이 없는 세대다. 다른 말로 하면 교회 밖에 재미있는 것이 너무 많아 교회가 그다지 즐거운 경험을 제공하는 곳이 아니었다. 그러니 교회에 흥미가 없고 실제적인 교육과 훈련이 어려울 터. 당연히 지금 세대에게 제자훈련이나 신앙교육이 어려울 수밖에 없지 않을까.

신앙교육 시간의 절대 부족

여기다 시간의 절대 부족은 지난 세대와의 신앙교육에 있어 가장 큰 교육 환경의 격차를 만든다. 사람이 어디 잘 변하던가. 사람의 변화, 인격의 변화, 신앙의 변화는 많은 시간과 노력이 필요하다. 오랜 시간의 훈련과 은혜를 경험해야 한다. 무엇보다 하나님의 은혜를 깊이 경험해야 비로소 사람이 변하지 않던가. 그런데 오늘의 신앙교육 현실을 보면 대부분 일주일에 한두 시간 주일학교에 의존하는 것이 대부분이다. 신앙이 좋다는 부모들조차 아이들의 입시에 매달려 어떻게 신앙교육을 해야 할지 모른

채 학교로, 학원으로 아이들을 내몰고, 고작 주일 한두 시간 주일학교 프로그램에 보내는 것으로 신앙교육을 대체한다. 일종의 신앙 교육의 외주화(outsourcing)를 통해 한두 시간의 신앙교육에 전부를 건다. 그런데 어디 한 사람의 신앙이 그렇게 쉽게 형성되는 것이던가.

찬찬히 자신의 과거와 대면해 보라. 과거의 추억과 기억을 소환해 보라. 부모 세대들은 그렇지 않았다! 우리 세대는 교회가 좋았다. 그래서 교회에서 노상 살았다. 필자의 경우도 주일 하루가 아니라 시간이 나는 대로 교회 주변을 어슬렁거렸다. 방학이라도 될라치면 아예 교회에서 살았다. 찬양 한답시고 시간 보내고, 기도회며, 문학의 밤 행사, 찬양 페스티벌, 경배와 찬양의 밤 등을 준비하느라 방학 대부분을 교회에서 보냈다. 그뿐인가? 주일이면 새벽기도, 장년 예배, 중고등부 예배에 빠지지 않고 참석하면서 주일 온종일을 교회에서 보내고도 아쉬워했다. 그러다 보니 교회에, 신앙적인 가르침에, 기도에, 신앙적인 환경에 노출된 빈도수가 상당히 많았다.

잊지 말자. 아이들은 노출빈도에 따라 반응을 보이고, 노출빈도가 높은 것을 곧잘 따라 하곤 한다. 모방하고 어느덧 몸에 익어 학습된다. 필자도 그랬다. 교회에서 오랜 시간을 보내다 보니 선배들이 하는 기도를 따라 하게 되고(모방) 그런 나의 모습을 보고 교회 어른들이나 선배들이 나의 어설픈 기도를 조금씩 고쳐 주었다(교정). 그리고 필자도 그들의 기도를 따라 하고 고 치가며 훈련하였다(연습). 그 후 나만의 기도를 하기 시작하고 (성숙) 결국은 기도가 무엇인지 알아가게 되었다. 급기야 새벽기 도에 나가게 되었고, 기도의 맛을 알아가게 되었다(독자적 신앙 훈련). 처음에는 한두 번의 모방에서 점차 학습이 일어나고 이어 주변 스승이나 선배들의 교정을 거쳐 스스로 기도하는 것을 훈 련하고 그것의 맛을 알아가게 된 것이다. 이러한 순서를 나름의 '신앙의 노출빈도의 법칙'이라 명명해 보았다. 전체적인 순서를 정리하면 다음과 같다.

> **신앙의 노출빈도의 법칙:**
> 노출빈도 증가 – 모방 – 교정 – 연습
> – 성숙 – 독자적 신앙훈련

그런데 자신들의 세대는 그렇게 많은 시간을 들여 스스로를 신앙 훈련에 과도하다 싶을 정도로 노출시켜 은혜를 경험하고 주님을 만나 놓고선, 자신들의 자녀들은 기계적으로 일주일에 한두 시간만 노출시켜 신앙 훈련이 될 거로 생각한다? 어쩌면 자신들과는 다른 세대를 살아가는 아이들은 보다 빨리 반응하고 보다 빨리 믿음이 들어갈 거라는 믿음이 좋은 연고인지도 모를 일이다. 그러나 신앙의 세계에서 '빨리빨리'가 어디 그렇게 잘 통 하던가. 조급함은 오히려 신앙 세계에서는 독약과 같지 않던가. 조급할수록 일을 그르치고 하나님의 은혜를 기다리는 것을 방해

하지 않던가.

　더욱이 근래에는 교회 밖에 재미있는 것이 더 많고 우리 자녀들을 유혹하는 것이 더 많지 않은가. 그렇다면 더욱 많은 시간을 신앙훈련에, 성경에, 교회에 노출시켜야 하지 않을까? 될 수 있으면 더 많은 시간을 신앙적 대화에 써야 하지 않을까? 그렇지 않으면서 교회에 한두 시간 보내 놓고 '저절로' 신앙이 자랄 것으로 생각하는 것은 어쩌면 요행을 바라고 복권을 산 그들과 다르지 않다고 한다면 지나친 억측일까? 아니라고 생각한다. 지금이라도 자녀들과 신앙적인 대화를 시도해야 한다.

　무엇보다 신앙의 노출빈도를 늘려야 한다. 그렇지 않으면 오늘과 같이 세상의 가치에 과도하게 노출된 우리 자녀들이 소비사회의 일원으로 예배도, 말씀도 그냥 하루 소비하는 것으로 생각하고 지내게 될 것이다. 세상의 가치와 문화에 흠뻑 젖어 있던 그들이 주일 하루 한두 시간으로 훈련되고 변화될 거라는 허상을 벗지 않는 한 세상의 가치에 녹아난 그들이 우리를 향해 자신들은 '하나님의 자녀'가 아니라 '세상의 자녀'라 외칠지 모를 일이다.

『그래서 신앙교육은 _____이다!

평생과업, 신앙교육

그래서 신앙교육을 바르게 이해해야 한다. 신앙교육을 이야기할 때 몇 가지로 정리해서 생각해 볼 수 있겠다. 첫째, 신앙교육은 평생의 과업(課業)이다! 전술한 것처럼 신앙을 '교육'하는 것은 '저절로' 되는 것이 아니다. 의도적인 사랑의 수고가 필요하다. 자녀를 교회에 데려다 주고 데려오는 운전사 노릇만 한다고 되는 것이 아니라는 말이다. 오히려 하나님의 선하신 인도하심을 구하며 각고의 애를 써야 하는 지난한 과업(課業)이다. 한두 가지 프로젝트로 끝내는 과제(課題)가 아닌, 평생의 과업(課業)이다.

주지하듯 과제와 과업은 천양지차(天壤之差)가 난다. 매일의 작은 과제가 모이고 모여 평생의 과업이 된다. 소위 어떤 일의 업(業)은 한 가문에 대대로 내려오는 것으로 여기기도 한다. 아버지, 아들, 손자에게 대대로 내려오는. 그래서 그리스도인 부모에게 있어 신앙교육은 이와 같은 업(業)이다. 아브라함 – 이삭 – 야곱으로 이어지는 신앙의 대를 잇는 업(業) 말이다.

비록 그들이 이 땅에서 가지는 직책은 각기 다를 수 있다. 어떤 이는 학교의 교사로, 관청의 공무원으로, 회사원으로, 자신의 사업을 하는 자영업자로 각기 다른 직책을 감당하기도 한다. 그리고 그 일은 대부분 먹고사는 문제와 연관되어 있고, 이 땅에서 그 일은 대부분 일정한 시간이 지나면 끝이나고 은퇴하면 그뿐이다. 그런데 자녀를 가진 부모들은 은퇴가 없는 평생의 업이 있는데 그것이 바로 자녀를 신앙으로 양육하는 것이다. 그래서 이것을 평생의 과업이라 해야 할 것이다. 이 업의 결과 또한 놀라운데 영원한 세계까지 연결된다. 그런 면에서 이 업은 이 땅에서 소멸할 일과는 그 성격이 판이하다. 하여, 이보다 귀한 일도 없을 것이다.

특별히 부모들에게 주어진 업은 당연히 자녀를 신앙 안에서 양육해야 할, 대대로 내려오는 가문의 가장 중요한 가업(家業)이다. 그래서 나의 아버지, 어머니가 내게 물려주신 이 아름다운 신앙의 유산을 나의 아들, 딸에게 전달하고 연결해 주는 것, 그것은 단순히 하나의 기술을 가르치는 것, 그 이상의 신성한 임무인 것이다. 그래서 신앙교육은 업이되, 한두 번의 수련으로 끝나거나 청소년기까지만 해야 할 종류의 것이 아닌 평생을 통해 점검하고 확인해야 할 평생의 과업인 것이다.

생각해 보라. 만일 자녀가 내 품을 떠나는 순간, 신앙을 포기했다고, 믿음의 길에서 떠났다고 이내 포기할 건가? 어떤 믿는 부모가 신앙을 저버린 자식을 포기하겠는가. 그런 일은 없다. 있을 수도 없고, 있어서도 안 된다. 비록 자식이 누가복음 15장에 등장하는 탕자와 같이 배은망덕하게 아버지의 재산을 가지고 멀리 떠났다 해도, 그리고 향락에 빠져 그 모든 것을 다 허비했다

해도 아버지(부모)는 그 자식을 기다린다. 언제 돌아올지 몰라 미리 준비된 송아지를 준비하고, 매일같이 마을 어귀까지 나가 기다린다. 그것이 부모의 마음이다!

　같은 맥락에서 부모는 자녀가 신앙 안에서 어떻게든 바르게 자라도록 자신이 하늘나라 갈 때까지 노심초사 자녀를 양육하고 훈련해야 하지 않을까. 그래서일까? 필자의 모친은 40대 중반의 목회자인 필자를 향해 아직도 "기도해라! 모쪼록 기도에 힘쓰라."고 틈만 나면 당부하신다. 왜 그럴까? 이유는 간단하다. 당신이 볼 때, 여전히 신앙이 부족해 보이고 어떻게든 더 나은 신앙인으로 양육하고픈 마음에서 그렇게 하는 것일 게다. 이것이 평생 과업으로서의 신앙교육이 아니겠는가.

필요를 채우며 하나님을 말함, 신앙교육

아이는 말로 부모를 설득하는 법을 배우고 태어나지 않는다. 오히려 본능적으로 자신의 욕구를 온몸으로 표현한다. 배가 고프면 그냥 울거나 칭얼댄다. 기저귀가 불편하면 마냥 운다. 어딘가 아프거나 불편해도 마찬가지다. 불편하면 "엄마, 여기가 불편해요! 여기 좀 봐주실래요?", "엄마 배가 고프니 젖 좀 주실래요?" 공손하게 묻지 않는다. "엄마가 지금 좀 힘드신 것 같으니 잠시 기다렸다 먹을게요." 봐주지도 않는다. 일단 자신의 욕구가 충족될 때까지 칭얼대고 떼를 쓴다. 다른 말로 아이는 이기적으로 태어난다.

이렇게 보면 아이가 떼를 쓸 때는 어쩌면 굉장히 단순한 이유로 그러는 경우가 대부분이다. 아니, 어쩌면 단 하나의 이유 때문일 것이다. 욕구불만! "해 줘!" 이 말 한마디로 모든 것을 표출한다고 하겠다. 채워지지 않는 문제, 불편함을 해결해 달라는 요구다. 갓난아이야말로 표현 못 하니 칭얼대다 울고 떼를 써도 그러려니 하며 넘어갈 수 있다. 그런데 이제 말귀를 조금씩 알아듣는 나이인 2~3살이 되어도 떼만 쓴다면 생각을 좀 해 봐야 한다.

사실, 아이는 그때부터 부모와 환경을 보며 서서히 학습한다. '이럴 때 우리 부모가 내게 어떻게 하더라.' '이럴 때 우리 조부모, 우리 교회가, 우리 교회학교 선생님이 어떻게 하더라.' 이런 경험이 그 아이로 하여금 어떤 행동이나 태도를 강화하게 만든다. 즉, 학습을 통해 좋은 행동 혹은 나쁜 행동을 반복하게 만들고 결국 그것이 습관이 된다. 아이가 요구하고 난 다음 부모나 어른들이 보이는 행동이나 태도가 아이의 학습 기제를 만드는 것이다.

보통의 경우 아이가 무엇을 요구할 때 아래의 선순환 구조를 가지고 진행된다. 이 순서에 따라 아이의 욕구가 채워지면 떼쓰는 것은 사라지고 다시 일상으로 돌아가게 된다. 욕구의 발생과 그에 대한 반응을 보자.

①욕구 발생 - ②욕구 불만 표출 - ③욕구 충족 - ④욕구 불만 표출을 멈춤
과자가 먹고 싶다! - 떼를 쓴다 - 과자를 준다 - 칭얼대기를 그친다

그런데 이 순서에 함정이 있다. 언뜻 보면 순서가 맞는 것 같다. 이 순서대로 되어야 한다고 생각할 수도 있다. 그러나 한 가지가 중간에 빠졌다. 사실, ②욕구 불만 표출과 ③욕구 충족 사이에 부모가 개입할 여지가 있다. 부모의 가치판단과 교육의 기회가 들어 있는 것이다. 보통의 경우 이 사이에 부모는 자신도 모르게 무의식적으로 아이를 가르치고 있다. ②번 후에 바로 ③번으로 넘어가면 아이는 욕구 충족에 대해 당연시할 것이다. 반대로 무시하면 아이는 더 크게 욕구 불만 표출을 하게 될 것이고, 그 강도가 세져야 부모가 반응하면 급기야 떼쓰는 것이 습관화, 일상화될 것이다.

오히려 이 시기에 부모가 부정적으로 반응할 수도 있을 것이다. 많은 엄마, 아빠들이 자녀가 떼를 쓰거나 욕구 불만을 몸으로 표현할 때 지적부터 하거나 부끄럽게 여기기까지 한다. "아니, 너는 매번 이렇게 떼를 쓰냐?", "어떻게 된 애가 조금도 참지를 못하냐?", "자꾸 떼를 쓰니 엄마가 부끄럽잖아!" 이렇게 힐난 투의 말을 하면 아이는 욕구 불만이 잘못된 것이거나 혹은 그것을 들어주는 것을 부모가 싫어한다고 여길 것이다. 상당히 좋지 못한 반응이다. 오히려 말없이 들어주는 것보다 못한 결과를 가져올 수 있다.

반대로 긍정적으로 이렇게 반응해 보면 어떨까? 대화를 시도하고 자녀를 축복하면 금상첨화라 생각된다.

대화 내용	실제 대화의 예
관심과 이해 표명	"우리 조안이가 배가 많이 고팠구나?"
관심과 이해 + 대안 제시	"이렇게 예쁜 조안이가 배가 많이 고파서 그랬구나? 앞으로는 배고프면 떼쓰기보다 엄마에게 웃으며 말하면 어때?"
관심을 돌림 + 신앙적인 대화 시도	"이렇게 보니 우리 조안이 손이 참 예쁘네. 이렇게 예쁜 손을 누가 주셨을까? 그렇지? 하나님이 주셨지."

비록 말귀를 다 알아듣지 못해도 조금씩 시도해 보며 아이와 눈을 마주쳐 주면 어떨까? 반대로 이렇게 생각해 보자. '비록 부모인 나도 힘들지만, 이 아이는 오죽할까?' 한번만 이 욕구불만을 표출할 때 멈춰 서서 생각해 보면 좋겠다. 바로 지금이 ②번과 ③번 사이에 부모가 개입할 수 있는 시간이라는 것을! 바로 쇼 타임, 하나님에 대해 아이와 대화할 기회임을 기억하면 좋겠다. 보다 자세한 내용은 8장의 '하나님-메시지'(G-message) 부분에서 다시 생각해 보도록 하자.

마음 달래기와 신지식 기르기, 신앙교육

신앙교육은 행동의 변화가 아닌 마음의 변화를 추구한다. 종종 믿음의 부모들이 착각에 빠지는 것 가운데 하나가 바로 신앙교육의 목적을 행동의 변화로 여기는 것이다. 어떻게 보면 이보다 안타까운 일은 없다. 아이가 떼를 쓰며 고집을 부린다고 하자. 그러면 아이를 어르고 달래 떼쓰는 것을 없애려 한다. 어떤 부모는 아이가 떼를 쓸 때마다 손쉬운 스마트폰을 아이의 손에 들려준다. 당장 부모 자신들보다 동영상 하나가 더 큰 효과를 발휘하기 때문이다. 이들의 생각 속에는 행동이 변하면, 떼만 멈추면 만사가 해결인 것이다. 그러나 행동이 변화되어도 근원적인 변화가 없으면 그 아이는 다음에 비슷한 상황이 되었을 때 다시 떼를 쓸 것이고 부모를 어렵게 할 것이다.

그래서 에베소서 6장 4절은 아버지들이 자녀들에게 우선적으로 해야 할 것이 그들의 마음에 분노를 쌓지 않는 것이라 한다. "또 아비들아, 너희 자녀를 노엽게 하지 말고 오직 주의 교훈과 훈계로 양육하라." 주님의 훈계와 양육이 먼저인 것 같아도 결국은 노여움이 쌓이면 아무 소용이 없기 때문에 분노를 먼저 다스려야 한다고 가르치는 것이다. 이것은 결국 마음의 문제를 제기한다. 청소년기의 자녀를 보면 이 말이 무슨 말인지 알 수 있다.

청소년 아이들이 집에 올 때를 자세히 보라. 무슨 기분 나쁜 일이 있는지 집에 들어오는 자세가 영 시원치 않다. 아니나 다를까 들어오며 엄마와 눈도 마주치지 않고 인사도 하는 둥 마는 둥 하며 방으로 쏙 들어가 버린다. 그리고는 엄마가 "인사는 해야지!" 소리치면, 나와서 기어들어 가는 소리로 "다녀왔습니…다." 라고 인사하고는 문을 닫아 버린다. '이런, 녀석이 있나?' 싶어 불러 세워 놓고 "앞으로 그러지 마!" 훈계 한번 해 놓으면 아이는 어떻게 할까? "에이 씨" 하든지 아니면 귀찮다는 듯 "알았다고!" 오히려 역정을 부리며 들어간다. 이렇게 되고 보면 오히려 아이를 가르치려다 아이와의 관계만 더 어그러진다. 이미 기분 나쁜 아이에게 아무리 좋은 교훈과 훈계를 해도 먹히지 않는 것이다. 마음이 상한 아이에게는 그 말이 들리지 않기 때문이리라.

이런 상한 마음, 그들의 닫힌 마음을 달래 부드럽게 하고 결국 주의 교훈과 훈계를 듣게 하는 것이 바로 신앙교육이다. 그리고 결국은 신앙교육을 통해 무엇을 해야 할까? 부끄럽지만 필자의 집에 있었던 일을 말하며 본 장을 정리하려 한다.

둘째 아이가 언어치료를 받고 있다. 필자가 미국에서 공부할 때 아이가 말하는 것에 어려움을 겪는다는 것을 알고 그곳에서부터 치료를 받기 시작했고, 귀국하여 작은 언어치료 기관에서 아이를 테스트할 때였다. 교회도, 신앙을 말하는 가정도 아닌 일반 기관에서의 일이다. 아이의 인지 능력이 문제가 있나 싶어 테스트한 모양이다. 아내가 아이와 다녀와서 놀라운 이야기를 했다. 그 테스트 질문지 중에 거짓말하면 안 된다는 내용이 들어 있었나 보다. 그래서 아이에게 물었던 거다. 어떻게 해야 하냐고. 아이가 뭐라 답했을까?

여기서 잠깐! 독자들에게 질문을 하나 하려 한다. 교회에서 거짓말하지 말라는 것을 가르친다. 그리고 학교에서도 가르친다.

그런데 두 곳에서 가르치는 '거짓말하지 말라'는 것이 같을까? 다를까? 각자 답을 해 보라.

이제 다시 앞의 이야기로 돌아가 보자. 둘째 아이가 답을 썼다. "거짓말하면 안 돼요!" 여기까지 보면 학교에서 가르치는 것이나 교회에서 가르치는 것이나 비슷해 보인다. 일반 기관에서 그 아이가 그리스도인인지 알 수 없는 대목이다. 그런데 그다음 답이 놀라웠다. "거짓말하면 안 돼요!" 그래놓고 아이가 답한다. "왜냐하면 하나님이 싫어하시니까요." 와~우, 놀라운 답이다.

지금 이 아이는 신앙적인 분위기가 있는 교회도, 가정도 아닌 제삼의 장소에서 왜 그리스도인들이 거짓말을 하면 안 되는지 잘 보여주고 있다. 그렇다. 그리스도인이 거짓말하지 말아야 할 이유, 그것이 도덕적이어서가 아니다. 하나님이 싫어하시니까, 다른 말로 하나님 때문에 하지 않아야 한다. 이것을 이 아이는 보여주고 있다. 이렇게 하나님 때문에 도덕적인 결정을 하는 것, 이것을 어려운 말로 신전의식이 있다, 혹은 신(神)지식이 있다고 한다. 그렇다. 신앙교육은 이렇듯 자녀들이 도덕적인 판단을 하고 어떤 행동을 할 때 하나님을 늘 의식하게 만들어 주는 것이다. 하나님 때문에 어떤 일은 하고, 하나님 때문에 어떤 일은 하지 않고, 하나님 때문에 이것저것을 하는 것, 그것이 신앙이요, 그것을 가르치는 것이 바로 신앙교육이다.

결국 신앙교육은 한 아이가 자신의 죄로 자기만 아는 이기적인 마음을 달래 마침내 하나님을 만나 하나님을 인정하고 하나님 때문에 마음이, 행동이, 삶이 바뀌어 가도록 돕는 것, 그것이다. 그런데 그렇게 되려면 마음으로 돌이키는 것, 그것이 필요하다. 마음을 알아주고 이해해 주고 나아가 그 마음에서 하나님이 점차 크게 자리 잡도록 도와주는 것, 그것이 바로 신앙교육이다. 이제 우리 가정에도 "거짓말하면 안 돼요. 왜냐하면 하나님이 싫어하시니까요."라는 신지식이 있는 아이들이 많아지길 기도해 본다.

"

가정신앙
교육
설명서

—

악전고투하는
부모들에게

제 2 부

신앙교육의 전략

제3장 신앙교육의 전략 1:
실패한 전략

~~~~~~~~~~~~~~~~~~~~~~~~~~~~~~

◦ 가도멸괵(假道滅虢)

◦ 필패전략 1: 신앙교육을 내일로 미루기

◦ 필패전략 2. '머리가 될지언정'의 기도

◦ 아버지의 기도

가정신앙교육설명서

악전고투하는 부모들에게

가도멸괵(假道滅虢)

발음하기 쉽지 않지만, 꽤 유명한 고사성어 중에 가도멸괵(假道滅虢)이라는 말이 있다. 중국 춘추시대 진(晉)나라가 우(虞)나라에 괵(虢)나라를 치려 하니 지날 수 있게 해 달라 요구한다. 물론, 우(虞)나라 왕에게 좋은 말과 보석을 쥐여 주며 제안한 것이다. 이에 우(虞)나라의 강직한 신하 궁지기가 왕에게 "괵은 우리의 담장과도 같습니다. 괵이 망하면 우리도 함께 망할 것입니다."라며 말렸다. 이때 그 유명한 고사성어인 순망치한(脣亡齒寒) 즉 "입술이 없으면 이가 시린 법"이라는 대목이 나온다. 충성된 신하가 간곡하게 말렸지만 우매 무지한 왕은 그 말을 듣지 않고 길을 열어 준다. 어떻게 되었을까? 괵(虢)나라를 치고 돌아오던 진(晉)나라는 우(虞)나라에 머물러 있다 결국은 우(虞) 나라마저 취하게 된다. 결국 우매한 왕이 서 푼어치 보석에 눈이 멀어 나라를 통째로 내어 준 꼴이 된 것이다.

　가도멸괵(假道滅虢), 이 고사성어에 나오는 그 우(虞)나라 왕은 또 어떻게 되었을까? 얼마 안 되는 보물까지 다 빼앗기고 먼 유배지에서 쓸쓸히 생을 마감하였다. 한 지도자의 잘못된 판단이 나라뿐 아니라 자신까지 망하게 하였다. 그렇다. 이런 어리석은 사람도 있다! 저 죽을지 모르고 길을 열어준 바보 같은 왕, 그런 왕도 있다. 그런데 곰곰이 생각해 보면 비단 이런 일이 나라에만 일어날까? 가정은 어떤가? 가정의 리더인 가장이, 부모가 잘못된 전략과 방책으로 자녀를 이끈다면 자신도 망하고 자녀도 망하는 꼴을 당하지 않을까?

자녀의 영원을 위해 어떤 전략을 준비하고 있는가?
부모라면 누구라도 자녀에 대한 이런 계획을, 인생 전략을 세울 수 있다.

- 우리 집 아이는 이런 교육과정을 거쳐 이런 정도의 학력을 가져야 하겠다.
- 우리 집 아이는 이런 직업 정도는 가져야 하고 이를 위해 이렇게 해야 하겠다.
- 우리 집 아이는 이런 배우자를 만나야 하고, 이를 위해 이렇게 되었으면 좋겠다.

나름 자녀의 인생에 대해 장밋빛 설계와 인생 전략을 준비할 수 있다. 심지어 더욱 구체적인 계획을 위해 이사를 계획하기도 하고 보다 좋은 환경을 위해 타국으로 떠나는 것까지도 염두에 둘 수도 있다. 하지만 이런 계획 정도야 실패하더라도 다시 돌이킬 기회라도 있지 않은가. 학력이 좀 부족하고, 직장이 내 눈에 차지 않아도, 심지어 자녀의 배우자가 썩 내키지 않아도 그렇게 크게 문제될 것이 없다. 이것에 비하면. 무엇일까? 바로 신앙교육의 전략이다.

생각해 보라. 만일 내 자녀의 신앙교육 전략(계획)이 실패하면 어떤 일이 벌어질까? 그의 영원한 삶까지 파멸로 이끄는 전략을 구사했다면 어떻게 될까? 생각만 해도 아찔하지 않은가. 자녀를 영원히 나락으로 떨어뜨릴 수 있는 무시무시한 결과를 동반하게 되는 전략, 이보다 안타까운 전략이 또 있을까. 이보다 어리석은 전략이 또 있겠느냐 말이다. 그래서 신앙교육의 전략을 더욱 잘 짜고 잘 준비하지 않으면 안 된다.

교회 안에서 보면 자녀의 세속적 성공을 위해 힘쓰고 애쓰는 부모들을 많이도 본다. 주일이지만 학원이다, 학교다, 이리저리 아이들을 순례시키는 부모들도 많이 보았다. 그런데 그렇게 열심을 내어 세속적인 성공을 해 본들 그것이 자녀들의 영원한 삶에 조금이라도 영향을 미칠 수 있을까? 단언하건대 일말의 여지도 없다! 조금의 영향도 주지 못한다. 만일 그랬다면 세속적인 성공을 거둔 이들이 모두 다 구원을 얻거나 그 언저리에 앉아 있을 것이다. 하지만 하나님의 나라는 세속적 성공과는 무관하다. 오히려 덜 성공해도 하나님 앞에 겸손한 자들이 지금껏 그 나라를 누려왔고 앞으로도 그럴 것이다.

이렇게 자녀들을 세속적인 성공과 좋은 학교로 내모는 부모들의 본심 혹은 기대가 무엇일까? 모르긴 몰라도 지금 당장 입시가 중요하니 그것부터 집중하고 신앙교육은 나중에라도 기회가 있다고 여기기 때문일 것이다. 그런데 그들의 이 순진한(?) 전략(계획)이 결국은 가도멸괵과 무엇이 다를까? 당장 눈앞에 보이는 재물과 보화에 눈이 멀어 자신의 나라를 통째로 내어 준 것이나, 당장 눈앞의 입시와 세속적인 성공에 눈이 멀어 자녀들의 영혼을 세속적인 가치에 무방비로 내어 준 것이나 별반 다르지 않아 보인다. 이걸 생각하니 등골이 오싹하다. 자칫 믿음의 부모로, 가장으로서 잘못된 계획과 전략을 세워 내 자녀들의 신앙의 보루, 예배의 자리, 은혜의 자리의 담을 헐고 사단이 그들의 영혼을 좀 먹도록 나도 모르게 이끄는 것은 아닐까? 순망치한(脣亡齒寒), 입술이 없으면 이가 시린 법이다!

필패전략 1: 신앙교육을 내일로 미루기

필패전략(必敗戰略)

실패할 수밖에 없는 전략, 이것을 필자는 필패전략(必敗戰略)이라고 한다. 반드시 패할 수밖에 없는 전략, 전략 같지도 않은 전략, 그대로 하면 백 퍼센트 실패하게 되는 전략을 말한다. 가도멸괵(假道滅虢)과 같은 전략이다. '이렇게 하면 신앙 전수에 반드시 실패한다!'는 필패전략. 무엇일까? 바로 신앙교육을 내일로 미루는 것이다. 이 전략에 속아 한국교회는 과거 4~50년간 미래세대를 잃었고, 오늘에 이르러 땅을 치고 후회하고 있다.

이 전략은 부모들이 자주 쓰는 말로 이렇게 바꿀 수 있다. "대학 가서 신앙생활 해!" 바로 신앙교육을 내일로 미루는 전략, 그래서 신앙생활의 기초를 놓아야 할 가장 중요한 시기를 놓치게 만드는 전략이다. 신앙교육을 해서 영적 근육을 길러야 할 시기에 사단이 주는 세속적인 성공과 남을 밟고 일어서서라도 이겨야 한다는 메시지가 가득한 입시 위주의 교육으로 세속적인 근육만 길러주는 전략. 그래서 영혼이 피폐해지고 점점 하나님을 잊어가도록 만드는 전략, 사단에게 길을 훤히 열어준 전략이 바로 이것이다. "대학 가서 신앙생활 해!"

> 필패전략(必敗戰略) = "대학 가서 신앙생활 해!"

필자가 이에 대한 설교나 강의를 하다 보면 다양한 반응을 경험하게 된다. 한번은 어느 교회의 담임 목사님이 충격적인 말씀을 하셨다. "목사님, 목사님이 말씀하신 그 내용 때문에 지금 마음이 불편한 장로님들이 여럿 있습니다. 사실, 장로님들의 자제들 대부분이 교회에 나오지 않거든요." 이러시는 거다. 한둘도 아니고 여럿! 이것도 놀라운데, 그들이 다 신앙이 좋다는 장로님의 자제들이라니…. 이를 어찌할꼬. 지금 그들이라고 이런 현실이 편할 리 없겠지만 참으로 답답한 노릇이다. 그런 그들을 교회의 지도자로 세워, 따라가려고 하니 교인들의 마음은 오죽할까. 그리고 그런 그들을 보며 '내 자녀도 저렇게 될 건데….'라는 절망의 마음을 품고 자녀를 기르고 있을 부모들은 그 마음이 어떨까. 생각만 해도 답답하고 끔찍하다.

신앙교육은 아이일 때!

때로는 '제발 이 현실이 남의 이야기였으면….' 할 때가 있다. 그들의 표정이, 그들의 말이, 그들의 현실이 그랬다. "이 이야기를 30년 전에 들었어야 했는데 후회가 많습니다."라는 장로님의 말을 들을 때면 마음이 아프고 안타까움이 밀려온다. 한겨울 매서운 바람을 맨몸으로 맞고 서 있는 고목처럼 시리고 아파하는 그들의 표정이 역력하다. 그리고 그 일이 남의 이야기가 아니라 내 이야기가 될 수 있다는 생각에 정신이 번쩍 들고 또한 부담과 염려가 되기도 한다.

더 이상 내 믿음을 이해해 줄 다음 세대가 없다는 것, 이보다 암담하고 어이없는 상황이 또 있을까? 돌아오지 않는 자녀들을 떠올리며 울고 있는 어머니들, 아버지들, 그들을 보며 이 글을 다시 쓰게 된다. 가도멸괵(假道滅虢). 나라는 이미 망했고, 눈앞에 보이는 달콤함에 속아 길을 내어주었으니 이제 다른 방법은 없는 것이다. 그때는 이미 너무 멀리 와 버린 것이다. 그래서 미리미리 준비해야 한다. 바로 지금!

그러니 돌이킬 수 없는 현실을 놓고 뒤늦은 후회를 하지 말라며 성경은 우리에게 이렇게 일러준다.

"마땅히 행할 길을 **아이에게** 가르치라. 그리하면 늙어도 그것을 떠나지 아니하리라.(잠 22:6)"

이미 나이가 들어, 자신의 가치관이 형성되어 부모가 무슨 말을 해도 듣지 않는 때가 되면 늦다는 말이다. 그래서 아이일 때, 말귀를 알아들을 때, 부모의 품에 있을 때 가르쳐야 한다. 신앙을 부지런히 가르치고, 말씀에 노출하고, 예배를 함께 드려야 한다. 어려움이 있을 때 기도하는 것을 보여 주고, 함께 기도하고, 어떤 성품이 성령의 열매인지, 어떻게 하나님나라에 봉사할 것인지, 어떻게 이웃을 대하고 사랑할 것인지도 보여 주고 함께 훈련해야 한다. 준비시켜야 한다. 아이일 때! 내 품에 있을 때! 그래서 내일로 미루면 안 된다.

두 개의 질문

이제 이 주제와 관련해서 두 개의 질문을 제시하려 한다. 이 질문에 대해 솔직한 자신의 답을 기록해 보라. 그리고 지금부터 하는 설명을 잘 들어 보라.

> 질문 1. 우리 아이는 공부를 좋아서 할까요?
> 질문 2. 우리 아이가 대학을 가면 우선순위에서 밀리는 신앙생활을 하게 될까요? 아니면 공부보다 더 매력적인 이성(여자, 남자) 친구를 찾아갈까요?

첫째 질문을 보자. "우리 아이는 공부를 좋아서 할까요?" 과연, 우리 자녀 중에 공부가 좋아서 하는 아이가 몇이나 될까? 아마 대부분은 어쩔 수 없이 할 게다. 다른 말로 성적표를 받아든 엄마가 어떻게 반응할지 알기 때문에 마지못해서 하는 것이 공부다. 필자가 부모교육과 관련한 강의를 하면 늘 묻는 말이 바로 이 질문인데 하나같이 해야 하니 하고, 엄마가 무서워 한다고들 말한다. 남들이 하니 하고, 해야 하니 하는 것이 바로 대한민국 초, 중, 고등학생들이 하는 공부다! 슬프지만 이것이 대한민국에 태어난 그들의 숙명이다. 마치 공부하는 기계처럼 그렇게 자녀들은 오늘도 해야 하니 꾸역꾸역 시간을 내어 공부하고 있다.

여기서 잠깐! 이렇게 어쩔 수 없이 해야 하는 공부를 왜 부모들은 억지로 시키고 있으며, 아이들은 아무 소리 없이 하는 걸까? 이런 맹목적인 추구가 오늘의 우리 아이들을 병들게 하는 것은 아닐까. 이제 근원적인 고민을 좀 해 보면 좋겠다. 사실, 공부가 좋아서 하지 않으니 대부분은 공부 자체가 목적이 아니라는 말인데, 그럼 이 지겹고 힘든 공부를 왜 해야 하는지도 모르고 감당해야 하는 이런 현실이 정상적인가? 이렇게 귀한 시간을 목적 없는 공부에 쓰다 보니 정작 그들의 인생의 목적과 방향을 결정하고 인도해 주시는 분을 만나는 시간이 태부족하다. 그리고 인생에 대한 깊은 고민, 삶에 대한 방향 설정, 인생 경영에 대한 숙고의 시간은 대부분 나중으로 밀려난다.

필자가 외국에 있을 때 동료 외국 학생들이 어이없어하던 표정을 아직도 잊을 수가 없다. 필자가 한국에서는 자신의 점수에 맞춰 전공과 대학을 결정한다고 하자 보인 첫 번째 반응이었다. 어떻게 그럴 수 있냐고. 그렇다. 그들이 보기에 어이없는 일이 한국에서는 버젓이 일어나고 있다. 자신의 인생 방향도, 목적도 분명하지 않으면서 단지 취직하기 쉽고 점수에 맞으니 전공과 대학을 결정하는 이런 아이러니한 상황을 언제까지 해야 하는 걸까?

우리 부모들은 다 알고 있지 않은가. 자녀들, 그들의 인생이 우리의 계획대로 되는 것이 아니라는 것을. 그분의 계획과 그분의 인도하심에 달렸다는 것을. 만일 그것을 인정한다면 그분께 내 아이의 인생을 맡겨야 할 것이 아닌가. 그리고 내 아이도 그분을 만나야 할 것이 아닌가. 그런데 당장 치러야 할 시험과 입시가 중하다고 그 아이의 인생을 결정하시는 그분을 만나지 못하게 "대학 가서 신앙생활 해!"라고 밀어붙이는 이 모습은 도대체 어떤 믿음에서 나온단 말인가. 역설도 이런 역설이 없다.

잠재적 교육과정

이제 두 번째 질문을 생각해 보자. "대학 가서 신앙생활 해!" 그러면 아이들이 어떻게 느낄까? 대부분은 '아, 신앙생활은 대학 가서 하는 거구나! 그래, 대학 가서 신앙생활 열심히 해야지! 지금은 공부하고.' 그렇게 생각할까? 아니다. 그들은 안다. '아, 우리 엄마, 아빠가 평소에 신앙이 중요하다고 말했지만 결국 공부가 더 중요하구나!', '말은 신앙이 우선이라고 하지만 공부가 더 우선순위네! 그러니 주일에도 공부하라고 하지.' 그렇게 이해하고 배운다. 학습이 일어난다는 말이다. 이러한 학습의 형태를 교육학에서는 '잠재적 교육과정'이라고 한다.

잠재적 교육과정. 이 말이 참 무서운 말이다. "이것 이것이 중요해!"라고 가르치는 말보다 눈에 보이지 않지만, 잠재적으로(암묵적으로) 보이는 교사나 부모의 행동, 태도를 보고 자연스럽게 배우게 되는 교육과정, 그래서 그들의 삶이나 환경이 더욱 많은 영향을 주는 교육과정을 바로 잠재적 교육과정이라 한다. 일례로 아이에게 "예배시간에 지각하면 안 돼!"라고 가르치는 부모가 있다고 하자. 그런데 그 부모는 매 주일 예배시간에 지각한다. 이런저런 이유로. 그러면 아이는 "예배시간에 지각하면 안 돼!"라고 말하는 부모의 '말'을 배울까? 아니면 그런데도 늘 지각하는 부모를 보면서 '그래도, 지각해도 되지 뭐!'라고 그들의 '삶(행동)'을 배울까?

랠프 월도 에머슨의 말을 기억할 필요가 있다. "당신의 행동이 너무 크게 소리치기 때문에 당신의 말은 들리지 않는다."[1] 말보다 행동이다! 자녀들은 부모의 행동과 태도를 보고 배운다. 그들이 자녀에게 보이는 사랑, 말씀에 대한 진지한 태도, 예배를 통해 하나님을 만나고자 하는 열망, 하나님의 임재 안에서 기뻐하며 감격하는 모습을 보고 배운다. "예배드리면 얼마나 좋은데" "예배는 하나님이 기뻐하시니 반드시 드려야 해!"라는 말보다.

부모가 보인 신앙에 대한 바른 자세와 태도, 그것을 보고 자녀들은 자신을 소중히 여길 줄도 알게 된다. 무엇보다 말씀을 귀하게 여길 줄 알게 되고, 예배에 대한 진지함을 배워가게 될 것이다. 그리고 예배 중에 임재하시는 하나님을 만나고 참된 예배의 감격에 빠지게 될 것이다. 반면에 부모가 "대학 가서 신앙생활 해!"라는 태도를 보이면 부정적인 잠재적 교육과정이 발동하여 그것을 아이는 배우게 될 것이다. 부모가 굳이 말로 표현하지 않아도 그 태도를 보고 "아, 대학이 예배나 신앙생활보다 중요하구나!"라고 배우게 될 것이다.

두 번째 질문

자, 다시 두 번째 질문으로 돌아가서 부모가 이미 "신앙생활은 대학에 가서 해!"라고 가르쳤고, 그렇게 자녀가 대학을 가기까지 신앙생활 하는 것을 유보했다고 하자. 그럼, 그렇게 부모로부터 잠재적 교육과정을 오랫동안 배워온 우리 자녀는 어떻게 될까? 다음의 질문을 던져 보자.

"우리 자녀가 대학을 가면 우선순위에서 밀리는 신앙생활을 하게 될까요?"

"아니면 공부보다 더 매력적인 이성(여자, 남자) 친구를 찾아갈까요?"

답은 자명하다. 평소에 삶으로 공부가 신앙생활보다 우선순위에 있다고 부지런히(?) 가르쳤으니 부모 품을 떠나는 순간 공부보다 못한 신앙생활을 찾기보다 더 매력적인 것들을 찾아가지 않겠는가? 어쩌면 오늘도 그렇게 수많은 믿음의 부모들이 자녀들을 앞에 놓고 자신들의 태도와 삶으로, 그리고 은연중에 잠재적 교육과정으로 자녀들을 가르치고 있는지 모를 일이다. 우리 부모가 은연중에 보여주는 태도와 자세, 그것이 바로 신앙교육임을 잊지 말자.

" 필패전략 2: '머리가 될지언정'의 기도

잘못된 전략, 반드시 패할 수밖에 없는 필패전략 두 번째는 바로 소위 "머리가 될지언정 꼬리가 되지 않게 해 달라."는 기도다. 필자도 그렇거니와 비슷한 시기에 교회에서 자란 수많은 세대가 그들의 부모 세대에게서 들었던 축복기도(?)의 내용 중 하나가 바로 '머리가 될지언정'의 기도다. 우리 세대는 뒷부분은 전혀 기억나지 않지만, 꼬리가 되지 않고 머리가 되어야 한다는 당위의 기도를 들으며 '그래, 나도 머리가 되어야 해.'라며 소원을 품고 자랐던 것 같다. 믿음의 자녀라면 누구나 머리가 되어야 한다는 그 당위가 도대체 어디서 왔는지, 누구를 위한 것인지도 묻기 전에 성경에서 말하니 당연히 그렇게 되어야 한다는 생각에 기도했고, 그런 기도를 당연시했던 것 같다.

여기서 이 '머리가 될지언정'의 기도의 근거가 되는 본문을 다시 한번 살펴보자. 신명기 28장 13~14절에 그 내용이 나오는데 다음과 같다.

> ¹³ 여호와께서 너를 머리가 되고 꼬리가 되지 않게 하시며
> (축복- 약속)
> 위에만 있고 아래에 있지 않게 하시리니 (축복- 약속)
> **오직 너는 내가 오늘 네게 명령하는 네 하나님 여호와의 명령을 듣고지켜 행하며** (명령 - 조건)
> ¹⁴ **내가 오늘 너희에게 명령하는 그 말씀을 떠나 좌로나 우로나 치우치지 아니하고** (명령 - 조건)
> **다른 신을 따라 섬기지 아니하면 이와 같으리라** (명령 - 조건)

우리가 자주 들었던 부분은 13절의 앞부분이다. "여호와께서 너를 머리가 되고 꼬리가 되지 않게 하시며" 이 구절로 기도하셨던 집안과 주변 어른들의 기도를 수도 없이 들었다. 머리가 되고

꼬리가 되지 않는 것이 성경에 기록되어 있으니 그렇게 기도해야 하고 기도한 대로 될거라 믿으면 된다는 논리에서.

그런데 중요한 것은 이 신명기의 구절은 13절 앞부분으로 끝나지 않는다는 데 있다. 13절 후반부부터 볼드체로 강조한 조건절을 주목해 볼 필요가 있다. 우리 부모 세대와 우리 세대는 머리가 될 '축복'과 '약속'에 관심이 많았다면, 신명기는 더 많은 부분을 그다음에 오는 조건절인 '명령'과 '조건'에 할애하고 있다. 결국 우리의 관심과는 별개로 성경은 조건절에 더 많은 관심을 쏟고 있음을 알 수 있다.

계명 준수 - 조건 vs 약속 성취 - 축복

이렇게 보면 이 구절은 실은 십계명과 비슷한 구조를 가진다. 십계명은 대부분 '~하라'와 '~하지 말라'는 명령으로 되어 있고, 그다음에 그렇게 하면 '~게 될 것이다'라는 이루어질 복에 대한 약속으로 되어 있다. 즉, 계명 준수가 먼저이고 그것이 이행되면 하나님이 복을 주시겠다는 내용이다. 출애굽기 20장 12절의 십계명 제오 계명을 보자.

네 부모를 공경하라 (명령- 조건)
그리하면 너의 하나님 나 여호와기 네게 준 땅에서 내 생명이 길리라 (축복-약속)

'~하라'는 명령과 함께 그렇게 하면 '~될 것이다'라는 약속이 따라 온다. 명령과 약속의 순서를 오해하거나 약속만 보고 명령을 무시하면 그 약속은 아무 소용이 없게 된다. 그것을 아래의 표로 만들면 더욱 확연하게 나타난다.

	출 20:12	신 28:13-14
명령 (조건)	① 네 부모를 공경하라	① 네 하나님 여호와의 명령을 듣고 지켜 행하며 ② 명령하는 그 말씀을 좌로나 우로나 치우치지 아니하고 ③ 다른 신을 따라 섬기지 아니하면
축복 (약속)	ⓐ 네 생명이 길리라	ⓐ 머리가 되고 꼬리가 되지 않게 하시며 ⓑ 위에만 있고 아래에 있지 않게 하시리라

그런데 우리 부모세대들, 그리고 우리 세대들은 이 '명령(조건) + 축복(약속)'의 틀을 오해하고 축복만 바라고 기도했던 것은 아닌가 스스로 돌아보아야 할 것이다. 아울러, 이 기도를 했던 우리 부모세대와 우리 세대의 심리를 이해할 필요가 있다. 이렇게 기도했던 우리네 속마음을 들여다보면, 실은 하나님이 주시는 복과 그 복이 현실에 구현되기에만 급급하다. 그 복만 이루어지면 뭐든 상관없다고 여기는 것이다. 그래서 그다음 구절은 안중에도 없었던 거다.

하지만 이런 심리, 이런 태도는 진정으로 그 복을 통해 우리가 누려야 할 가장 중요하고 근원적인 복을 놓치게 한다. 우리 인생에 있어 가장 큰 복, 근원적인 복이 무엇일까? 장수와 삶의 풍요? 자녀들이 잘되는 것? 물론 그것도 복일 수 있다. 그러나 모든 인생 최고의 복은 그 인생을 만드시고 설계하신 분을 만나,

자신의 원래 모습을 회복하는 것이 아닐까? 어떤 물건이건 원창조자(original maker)의 손에 들어가야 원래 의도대로 잘 사용될 수 있다. 가장 빛을 발할 수 있다. 만든 사람이 그 물건에 대해 가장 잘 알기 때문이다!

이렇게 보면 우리 인생 최대의 복은 하나님을 만나 그분이 기뻐하시는 모습으로 회복되는 것이다. 에덴동산을 거니시는 하나님과 함께 보조를 맞춰 걸었을 아담을 떠올려 보라. 얼마나 자유롭고, 얼마나 행복했겠는가. 하나님과 대화하며 하나님이 맡기신 사명을 이행하며 감격했을 아담을 떠올려 보자. 우리 또한 그것을 회복하고 새로워지는 것이 최고의 복일 것이다.

이런 회복, 이런 감격의 복은 하나님의 원래 의도대로 행할 때, 다른 말로 하면 하나님이 요구하시는 법과 기준을 따를 때 비로소 가능해진다. 그것이 바로 하나님의 말씀대로 사는 삶, 하나님의 명령대로 행하는 삶이다. 그렇게 하면 그 명령대로 사는 동안에 하나님이 우리에게 힘을 주시고 함께하셔서 처음의 인간상(人間像)을 회복하게 하신다.

이 지점에서 부모들의 기대와 성경의 기대가 서로 엇갈린다. 많은 경우, 부모들은 일단 대학부터 가고 나서, 좋은 여건을 만든 다음에 신앙교육을 하려 한다. 당장 눈앞에 보이는 입시와 경쟁의 대상이 되는 이웃집 아이들이 앞서는 것 같아 불안하고 조급하다. 그러다 보니 신앙교육은 나중에 해도 되는 것으로 규정하고 나름 나중에 기회가 있다고 여긴다. 그래서 일단은 세속적인 조건을 갖추고 그것이 갖춰지면 영적인 조건을 갖추려 애쓴다. 그런데 성경은 영적인 조건인 하나님의 말씀을 준행하는 것을 교육하다 보면 세속적인 조건도 때로는 따라온다고 말한다.

무엇보다 자녀들의 참된 복인 자신들의 창조자, 인생 설계자와 대면하는 복을 하나님의 말씀을 가까이하면서 누리게 된다는 것을 그들은 잘 이해하지 못하는 듯하다. 성경은 분명하게 진정한 복은 장수가 아니라 '어떻게 장수하느냐'이며, 자녀가 세속적으로 잘 되는 것이 아니라 '하나님과 동행하며 사는 것'이라 말한다. 이런 면에서 사실은 십계명도, 신명기 28장의 구절들도 하나같이 '~하면'으로 나타나는 조건이나 명령에 방점이 있다. 그러나 그 조건이나 명령이 거추장스러운 것이 아니라 오히려 복으로 가는 길이며, 그것을 지키는 것 자체가 복이라 할 수 있다. 이 복이 독자와 그 자녀들 모두에게 있기를 소망한다.

왜, 꼬리가 되면 안 되는가?

여기서 한 가지 더 반드시 생각해야 할 것이 있다. 머리가 되어야 한다는 명제, 즉 세상의 으뜸이 되고 세상에서 잘돼야 한다는 명제가 우리가 추구해야 할 가치인가 하는 것이다. 앞에서 이미 말한 것처럼 '머리가 될지언정'의 기도 혹은 소망은 결국은 하나님의 명령대로 사는 조건이 갖춰질 때 이루어지는 결과로서의 복이다. 이런 면에서 이것은 추구할 것이 아니라 오히려 하나님과 가까이하다 보면, 말씀에 순종하다 보면 어느 날 주시는 복으로서 받아도 되고 아니면 어쩔 수 없는 그런 종류의 것이다. 하나님이 주시면 감사히 받고 아니어도 괜찮다 여기면 되는 것이다.

반면, 성경의 다른 부분에는 이것과 관련해 반드시 따라야 할, 추구해야 할 반대편의 목표가 있다. 그것은 바로 예수님을 따르다 보면, 하나님의 말씀에 순종하다 보면 해야 하는 일, 감당해야 할 것인데 바로 '머리'가 아닌 '꼬리'가 되는 일이다. 이제 우리의 관심을 신약성경의 예수님께로 돌려보자. 마가복음 10장 32절부터 34절까지 보면, 예수님이 이제 공생애의 마지막을 장식하시는 장면이 나온다. 마지막으로 예루살렘에 올라가시면서 마지막 당부를 하시는 장면이다.

> ³²예루살렘으로 올라가는 길에 예수께서 그들 앞에 서서 가시는데 그들이 놀라고 따르는 자들은 두려워하더라 이에 다시 열두 제자를 데리시고 자기가 당할 일을 말씀하여 이르시되 ³³보라 우리가 예루살렘에 올라가노니 인자가 대제사장들과 서기관들에게 넘겨지매 그들이 죽이기로 결의하고 이방인들에게 넘겨 주겠고 ³⁴그들은 능욕하며 침 뱉으며 채찍질하고 죽일 것이나 그는 삼 일 만에 살아나리라 하시니라 (막 10:32-34)

결연한 예수님의 말씀이다. 이제 십자가의 고난 겪을 것을 자세하게 말씀하시는 장면이다. 물론, 이때는 이미 예수님과 제자들이 알고 지낸 지도 꽤 지났고, 서로 잘 아는 사이였다. 밥을 먹어도 수백 번, 아니 어쩌면 수천 번을 같이 먹었을 것이다. 온종일 같이 지낸 지도 벌써 3년 가까이 되어 간다. 웬만하면 알 건다 아는 사이다. 이제 십자가에서 돌아가실 것에 대해, 다른 말로 하면 이제 세상을 섬기기 위해 낮아지실 것을 말씀하신다.

이정도 되었으면 제자 중에 누구 하나 정도는 "예수님처럼 저도 낮아지고 싶어요."라거나 혹은 "예수님, 십자가에 돌아가실 때 어떻게 저도 낮아질 수 있을까요?" 정도는 물을 수도 있지 않았을까? 그런데 그런 제자는 아무도 없었나 보다. 그다음 구절이 충격적으로 다가온다. 그렇게 예수님이 십자가에 고난당하시고 낮아지실 것을 말씀하셨는데, 느닷없이 세베대의 두 아들 요한과 야고보 형제가 예수님께 나아와서 이렇게 요구한다. "예수님, 주의 영광 중에 하나는 주의 우편에 하나는 주의 좌편에 앉게 해 주십시오." 한마디로 "우리, 머리 되게 해 주세요."라고 청탁을 한 것이다(막 10:37). '머리'가 되고 싶은 그들의 마음이 고스란히 드러났다.

이제 다른 제자들은 어떤가? 41절부터 보자.

> [41]열 제자가 듣고 야고보와 요한에 대하여 화를 내거늘 [42]예수께서 불러다가 이르시되 이방인의 집권자들이 그들을 임의로 주관하고 그 고관들이 그들에게 권세를 부리는 줄을 너희가 알거니와 [43]너희 중에는 그렇지 않을지니 너희 중에 누구든지 크고자 하는 자는 너희를 섬기는 자가 되고 [44]너희 중에 누구든지 으뜸이 되고자 하는 자는 모든 사람의 종이 되어야 하리라 [45]인자가 온 것은 섬김을 받으려 함이 아니라

도리어 섬기려 하고 자기 목숨을 많은 사람의 대속물로 주
려 함이니라(막 10:41-45)

신앙생활을 얼마만이라도 하신 분이면 이 구절을 들어 보았을 것이다. 그렇다. 예수님의 다른 제자들이라도 야고보와 요한이 '머리'가 되게 해 달라고 했을 때 말렸거나 웃어넘겼더라면 문제가 되지 않았을 것이다. 그런데 그들도 흥분한다. 화를 낸다. 왜 그랬을까? 그들도 같은 마음이었기 때문이다. 그들도 마음속에 '머리'가 되고 싶었던 것이다. 그런데 야고보와 요한 형제가 선수를 치니 화가 난 것이다. 자신들이 먼저 선점해야 했는데 그렇지 못하니 화가 나는 것이다. 지금 예수님의 제자들 사이에 '머리'가 되기 위한 전쟁이 벌어지고 있다. 기가 찰 노릇이다. 지금 그들의 선생님은 낮아지시려 예루살렘에 올라가는데 제자들은 하나같이 높아질 생각만 하고 서로 다투고 있다니.

아이들이 다툴 때 찬찬히 살펴보라. 다투는 이유가 무엇인지 아는가? 이유는 별것 없다. 누가 먼저 먹을 건가, 먼저 할 건가, 자기를 왜 건드렸나? 이런 종류의 것들이다. 그렇다. 아이들은 인류의 평화, 가정의 안녕을 위해 다투지 않는다. 대단한 대의를 가지고 싸우는 데 열심 내지 않는다. 사소한 일에 목숨을 걸고, 사소한 것에 지지 않으려 한다. 둘 다 똑같으니까 그린 기디. "사소한 것이니 내가 양보할게." 이러면서 둘 중 하나라도 양보하거나 물러서면 싸움은 일어나지 않는다.

지금 제자들이 다투는 것도 같은 이유다. 다 똑같으니까 싸우는 거다. 지금 예수님은 십자가의 고난과 낮아지심의 길을 가려하신다. 제자들은 그 말씀을 여러 번 들었고, 조금 전에도 들었다. 그러면 이제라도 주님의 그 말씀을 상기하고 비록 누가 크냐? 라고 누군가가 질문했어도 "지금, 그럴 때가 아니지!"라고 말리거나 혹은 "그게 그렇게 중요해?"라고 타일렀으면 되는 일이다. 그런데 누구도 그걸 못하고 똑같으니 이런 사달이 난 것이다. 지금 그들의 온 관심은 '내가 그래도 너보다는 나아!' 이런 생각에 사로잡혀 있다. 서로 '머리'가 되려는 '머리' 싸움을 하는 중인 것이다.

머리싸움 vs 꼬리싸움

바로 이때, 우리 주님이 어떻게 대응하시는가? 42절 43절을 필자의 독법으로 옮기면 이렇다. "세상의 임금들, 머리들 혹은 그를 따르는 머리가 되고 싶은 사람들은 머리가 되기 위해 치열한 싸움을 하고 '머리입네' 젠체하지만, 그거 아무것도 아니야. 그거 이 세상 끝나면 다 끝나. 그런데 말이야 너희도 알 거야. 너희 중에는, 하나님 백성 중에는 그렇지 않아! 너희 중에 누구든지 크고자 하는 자는 너희를 섬기는 자가 되어야 해! '머리'가 되고 싶어? 그럼, '꼬리'로 섬겨!"

어떤가? 주님은 지금 '머리'가 되기 위한 '머리싸움'하지 말고 '꼬리'가 되는 '꼬리싸움'하라 하신다. 세상은 '머리싸움'에 골몰

한다. 누가 머리이고 누가 머리가 되어야 하는지 고민한다. 어떻게 하면 머리가 되는지, 그래서 남 위에 올라서서 권세 놀이하는 것을 즐긴다. 오늘의 대한민국을 봐도 그렇다. 철저히 이 땅에서 갑이 되려 노력한다. '갑—을' 관계에서 우위에 있는 갑(甲)이 되기 위해 숱한 을(乙)들을 괴롭히면서. 오죽했으면 '갑질'이라는 말이 국립국어원 온라인 국어사전에 등재되었을까.[2]

이렇듯 '머리싸움'하는 이때, 다시 한번 기억해야 할 것이 있다. 질문해야 할 것이 있다. "왜, 꼬리가 되면 안 되는가?" 마가복음 10장 후반부는 우리에게 분명하게 말한다. 아니, 우리가 주님으로 따르는 그분이 분명히 말씀하신다. 우리 부모들에게. '머리'가 최선이라 믿는 신앙인들에게. '머리'가 아니라 '꼬리'가 돼라. '머리싸움'하지 말고 '꼬리싸움'하라. 숱한 갑질에 지친 이 사회에서 우리라도 갑질이 아니라 을들을 섬기며 돕는 사람이 돼라. 그것을 위해 이제 우리의 기도가 바뀌어야 할 것이다. '머리가 될지언정'의 기도에서 '꼬리가 될지언정'의 기도로. 우리 주님의 마지막 말씀에 주목하자.

> 인자가 온 것은 섬김을 받으려 함이 아니라 도리어 섬기려 하고 자기 목숨을 많은 사람의 대속물로 주려 함이니라(막 10:45)

이제 여러분의 작전이, 전략이, 계획이 어떠한지 곰곰이 생각해 보라. 패할 수밖에 없는 전략, 신앙을 내일로 미루고 당장 눈앞에 보이는 세속적인 가치에만 집중하고 있는 것은 아닌지 살펴보라. 신앙교육은 명분이고 실제로는 세속적인 성공과 부모의 자랑거리를 만들려는 것은 아닌지 돌아보라. 그리고 다시금 부모로서 내가 하는 기도부터 바꿔 보면 어떨까? 이렇게.

〞 아버지의 기도[3]

오 주여, 내게 이런 자녀를 주옵소서.

약할 때에 자기를 되돌아 볼 줄 아는 여유와
두려울 때 자신을 잃지 않는 담대성을 가지고
정직한 패배에 부끄러워하지 않고 태연하며
승리에 겸손하고 온유한 자녀를 내게 주옵소서.

생각해야 할 때에 고집하지 말게 하시고
주를 알고 자신을 아는 것이
지식의 기초임을 아는 자녀를 주옵소서.

원하옵나니 그를 평탄하고 안이한 길로 인도하지
마옵시고 고난과 도전에 직면하여
분투 항거할 줄 알도록 인도하여 주옵소서.

그리하여 폭풍우 속에서 용감히 싸울 줄 알고
패자를 관용할 줄 알도록 가르쳐 주옵소서.

그 마음이 깨끗하고 그 목표가 높은 자녀를
남을 정복하기 전에
먼저 자신을 다스릴 줄 아는 자녀를
장래를 바라봄과 동시에
지난날을 잊지 않는 자녀를 내게 주옵소서.

이런 것들을 허락하신 다음 이에 더하여
내 자녀에게 유머를 알게 하시고
생을 엄숙하게 살아감과 동시에
즐길 줄 알게 하옵소서.

자기 자신에게 지나치게 집착하지 말게 하시고
겸허한 마음을 갖게 하시사
참된 위대성은 소박함에 있음을 깨닫게 해주시고
참된 지혜는 열린 마음에 있으며
참된 힘은 온유함에 있음을 명심하게 해 주소서.

그리하여 어느 날 나 아버지는
내 인생을 헛되이 살지 않았노라고
고백할 수 있도록 도와주시옵소서. 아멘.

— 너글라스 맥아더 —

"

제4장 신앙교육의 전략 2 :
       일관성과
          똑똑한 아이 콤플렉스

◦ 아이를 보며 나를 보다!
◦ 최선의 방책, 일관성!
◦ 지식전달 vs. 인격적 감화
◦ 일관성 갖기 1, 코람데오 정신 회복하기
◦ 일관성 갖기 2, 똑똑한 아이 no, 신실한 아이 yes!

가정신앙교육설명서

악전고투하는 부모들에게

> **아이를 보며 나를 보다!**

하루는 방에서 책을 읽고 있는데 아이들 엄마가 첫째 아이에게 부탁하는 소리가 들린다. 마침, 세탁기에서 세탁이 완료되었다는 모노톤의 짧은 음악이 울리고 난 다음이다.

    엄마: 온유야, 세탁기가 너를 부르네. 빨래 좀 널어줘~!
    온유: 알았어~!

속으로 '그래도 엄마 말은 잘 듣네.' 이런 생각을 하며 흐뭇해했다. 이런 아들이 있어 감사했다. 그러나 시간이 지나도 아이가 움직이는 소리가 들리지 않는 거다. 오히려 아이 엄마가 한번 더 "온유야, 빨래 좀 널어!" 하니 대답 소리만 더 크게 들린다. "알았어. 이것만 하고." 그리고 다시 5분이 지나고 10분이 지났다.

그래도 아이가 움직이지 않자 조바심이 난 필자가 한마디 거든다. 목소리를 낮게 깔고 "온유야, 엄마가 뭐라고 했니?"

그러자 갑자기 아이가 부산스레 움직이는 소리가 들린다. 후다닥 빨래를 널기 시작한 것이다. 보아하니 처음에는 아빠가 있는 줄 모르고 대답만 하고 있다 아빠 소리가 들리니 그제야 아빠가 있음을 의식하고 행동으로 옮기기 시작한 것일 게다. 속으로 '이 녀석이 평소에도 이러나?'하는 생각에 괘씸하기도 하고 화가 나 야단을 칠 요량으로 불러 세웠다. 그런데 바로 그때 문득 이런 생각이 드는 거다. '너는 잘하니?'

그렇다. 나 또한 평소 늘 하나님이 지켜보시지만 그걸 의식하지 못하고 지낸다. 내 맘대로 살며 제멋대로 행동한다. 아침마다 큐티를 하면서 첫째 아이처럼 수도 없이 하나님과 약속도 하고 결심도 한다. 하나님이 말씀 가운데 "이렇게 살아라." 일러주시는 것에 대해 "네, 저 이렇게 살게요." 약속은 정말 잘한다. 그래놓고는 일상으로 돌아가면 금세 그걸 잊어버린다. 다른 생각과 내 일에 매몰되어 정작 하나님이 일러주신 것을 까맣게 잊고 산다. 그러다 문득 하나님의 나무라심을 깨닫기라도 하면 애써 둘러댄다. "알았다니까요. 이것만 하고요.", "이것만 이루어지고 나면요.", "이것만 준비하고 나서 할게요." 딱 첫째 아이의 모습 그대로다!

아이는 부모의 거울

아이는 부모의 거울이라고 하지 않던가.[1] 거울을 보면, 내가 하는 행동이 고스란히 보인다. 거울 앞에서 웃으면 거울 안의 나도 웃고 있다. 거울에 비친 나의 웃는 모습을 보려면 내가 먼저 웃어야 한다. 그렇지 않고 화난 얼굴을 하면 거울 안의 나도 화난 얼굴을 하게 되어 있다. 그러고 보니 늘 아이에게 화난 얼굴을 하면서 웃으라고 했던 내가 떠올랐다. 당연히 그 아이도 화난 얼굴, 당혹스러운 얼굴을 할 수밖에 없는 데도 말이다. 아이는 부모의 거울이다. 지금 내 앞에 서 있는 아이의 모습이 바로 내 모습이었던 거다. 그러고 보니 아이가 새롭게 보였고, 그 아이 안에 내가 보이기 시작했다.

아이라는 거울 앞에 선 부모 여러분, 여러분은 지금 어떤 모습인가? 아이라는 거울은 내 모습을 그대로 반영한다. 나를 그대로 따라 한다. 남자아이들이 다 그렇듯 방이 엉망일 때가 많다. 그래서 종종 정리하라는 말을 하곤 했다. 하루는 너무 정리가 안 되어 있어 큰 소리로 "제발 정리 좀 하자!" "쓰레기장이야!" 그랬더니 둘째 녀석이 대뜸 하는 말이 "아빠 방은?" 그러는 거다. 그래서 "아빠 방이 어때서?", "다른 소리 하지 말고 어서 청소해!" 그래놓고 내 방에 가보니 아이 말 그대로 가관이었다. 아이 말마따나 내 방도 엉망이었다. 거울이 내게 말했다. "아빠 방은?" 한마디로 "아빠나 잘해!"라고 했던 거였다.

엉망이었던 아이들 방이, 그렇게 만든 아들의 습관이 어느 날 하늘에서 뚝 떨어진 것이 아니라 바로 내게서 왔노라고 아이가 강변한 거였다. 그래서 이제는 내 방 먼저 정리하고 난 다음, 아이들 방에서 소리친다. "아빠도 조금 전에 정리했거든. 정리 좀 하자!" 아이라는 거울 앞에 선 여러분은 지금 어떤 모습인가? 웃고 있나? 화난 얼굴을 하고 있나? 내 방은 엉망이면서 아이 방은 깨끗이 하라고 하지는 않는가? 거울 앞에 선 부모, 그들을 위해 이번 장은 부모 전략의 최우선인 일관성에 대해 생각해 보려 한다.

> ## 최선의 방책, **일관성!**

마하트마 간디의 손자인 아룬 간디와 그의 아버지의 유명한 이야기가 하나 있다. 어느 날 아룬은 아버지를 15km 떨어진 사무실에 모셔다드리고 정비소에 차를 맡겼다. 정비소를 향하는 아들에게 아버지는 오후 5시까지 꼭 와 달라고 당부한다. 하지만 자동차 정비가 너무 빨리 끝나 근처에 있는 동시 상영관에 들렀다 사달이 나고 만다. 영화에 열중하다 5시를 훌쩍 넘겨 6시 5분이나 되어 아비지를 모시러 가게 될 것이다.

문제는 그다음에 일어난다. 너무 늦게 아버지를 모시러 가게 된 아룬이 면목이 없어 아버지에게 핑계를 댄다. 어리석은 정비사들이 고장의 원인을 못 찾아서 그랬다며. 하지 않아도 되는 말, 하면 안 되는 말을 하고 말았다. 거짓말을 하는 아들의 말을 듣던 아버지는 아들의 얼굴을 한참 쳐다보더니 이렇게 말한다.

"아들아, 나는 지난 17년 동안 너를 올바르게 키우고자 노력했단다. 그런데 너에게 신뢰를 심어주지 못했구나. 나는 아버지로서 자격이 없다. 어떻게 해야 더 훌륭한 아버지가 될 수 있는지 곰곰이 생각하면서 집까지 걸어가야겠다. 그리고 네가 거짓말을 할 정도로 내가 그렇게 나쁜 아버지였다면, 부디 나를 용서해 주기 바란다."[2]

아버지는 아들을 기다리다 정비소에 전화해서 자초지종을 이미 알고 있었던 것이다. 그래서 15km나 되는 먼 길을 걸어 자정이 넘어서 집에 도착했다고 한다.

그 이후에 어떻게 되었을까? 그 아들은 다시는 거짓말을 하지 않았다고 한다. 이것이 그 아버지가 보여주었던 자녀교육의 방식이었다. 그렇다. 자녀들은 부모의 모습을 보고 배운다. 거짓말을 한 자녀에게 그 부모가 보인 반응과 태도를 보고 그 자녀는 배웠다. 돌이켜 생각해 보면 만일 그 아버지가 평소에 거짓말을 자주 하거나 거짓을 쉽게 눈감아 주는 삶을 살았다면 그 아들이 이런 한번의 이벤트성 걷기로 변화되었을까? 그런 일은 없었을 것이다. 이처럼 교육은 단순히 한두 번의 인상적인 행동으로 되는 것이 아니다. 오히려 그 인상적인 행동 배후에 있는 부모의 묵직한 삶, 일관성 있는 성품이 그것을 가능하게 하는 것이다. 이런 면에서 일관성이 곧 가르침이며, 일관성 있는 태도가 곧 훈육의 핵심이다.

〞 지식전달 vs. 인격적 감화

신앙교육이 지식 전달?

이제 스펙트럼을 신앙교육으로 좁혀보자. 신앙교육이야말로 다른 무엇보다 부모의 일관성이 중요한 영역이라 생각한다. 오해가 없기를 바란다. 그렇지 않은 경우도 많지만, 일반 지식을 가르치는 사람은 그 사람의 성품이나 생활에 일관성이 없어도 가르치는 데 크게 지장을 받지 않는다. 지식을 전달하는 데 있어 인격이나 성품의 일관성이 도움이 되기는 하지만 그것이 필요충분조건은 아니라는 말이다. 마치 학생들이 학원이나 온라인 강의를 수강할 때 그 사람의 인격을 보고 수강하지 않는 것과 같은 이치다. 학생들은 그 교사의 인격이 아니라 실력(전문 지식)을 보고 수강한다.

이처럼 일반 지식을 가르치는 사람은 효과적으로 지식을 전달하는 능력에 따라 평가되기도 하고 사람들이 선호하기도 한다. 그 사람의 고매한 인격과 후덕한 덕성을 보고 수강하는 경우는 드물다. 심지어 가르침의 일관성이 없어도, 자신이 가르치는 내용을 믿지 않아도 가르칠 수 있다. 지식은 지식일 뿐이라 여기면 된다. 그러나 신앙교육은 그와는 정반대다. 신앙교육을 하는 부모가 하나님의 실재를 의심하면서 자식에게는 하나님을 믿으라 가르칠 수 없는 노릇이다. 믿지 않고, 믿는 대로 살지 않고 신앙교육을 하는 것은 불가능한 일이다. 믿음을 가진 사람이 가르치고 전달하지 않을 때, 믿음은 언제든 회의를 불러일으키게 될 것이기 때문이다.

같은 원리로 비록 부모가 신앙생활과 성경에 대한 지식이 부족해도 예수님을 인격적으로 만나 변화를 경험한 사람이라면 하나님에 대해, 성경에 대해, 믿음에 대해, 하나님 백성의 삶에 대해 가르쳐줄 수 있을 것이다. 무엇보다 어떻게 예수님을 만났고, 변화되었고, 변화될 것인지, 자신이 만난 하나님이 누구신지 확신을 가지고 가르칠 수 있다. 이러한 관점에서 신앙교육은 지식의 문제라기보다 오히려 실제의 문제이며, 삶의 문제, 나아가 인격과 인격이 만나는 문제라 할 수 있다. 다른 말로 신앙'교육'은 신앙'지식'을 넘어 신앙'생활'의 영역에 있을 때 가능하다는 말이다. 신앙'교육'은 신앙'생활' 즉 생활의 신앙이 되는 일관된 삶이 될 때 가능하다 할 수 있다.

이렇게 보면, 지금까지 해왔던 성경공부와 신앙교육이 어딘가 하나 정도 부족했던 것이 아닌가 하는 생각을 가지게 한다. 생각해 보면 성경을 많이 안다고 예수님을 주로 고백하게 되는 경우는 별로 없는 것 같다. 주변을 둘러보아도 성경공부로 신앙이 성장했다는 사람은 거의 보지 못했다. 오히려 성경을 배우되 성경을 가르치는 사람을 보고, 그 사람의 변화된 삶과 태도를 보고, 그 성경을 말하는 사람을 거울삼아 변화되었다는 사람은 많이 보았다. 영적인 멘토를 잘 만나 변화된 사람들은 많이 보았고 교회의 역사 속에도 그런 사람들은 수없이 많이 있다. 바울과 디모데를 시작으로.

신앙교육은 인격적 감화!

필자가 속한 기관에서 운영하는 성경 대학 프로그램이 있다. 이 프로그램의 졸업식을 위해 교회를 종종 방문하곤 한다. 졸업식 예배를 마친 다음 한 분이 이런 이야기를 하는 걸 들었다. "목사님, 제가 오십 평생에 신앙생활 하면서 제 또래가 이렇게 모여 말씀만 가지고 신앙적인 대화를 나눈 적이 없습니다. 성경 말씀만으로 대화가 되는 것도 신기했고요. 이렇게 말씀으로 삶을 나누며 은혜받은 것이 정말 감사하고 고마웠습니다." 생각해 보라. 오십 년을 신앙생활 하신 분의 이야기다. 그 이전에 수도 없이 많은 기도 모임과 성경공부 모임을 하지 않았겠는가. 그런 분이 왜, 이제 와서 이런 말씀을 하실까? 이유는 간단하다. 지금껏 모든 모임을 지식으로, 형식적으로 참여했기 때문일 것이다. 자신의 삶은 접어두고 이론적으로 배우고 '공부'만 했기 때문이다. 머릿속에만 집어넣었기 때문이다.

'머리 지식'은 있는데 '가슴 지식', '손과 발 지식'은 없었던 것이다. 머리로는 아는데 가슴이 뛰지 않을 때가 얼마나 많은가. 가슴은 뛰는데 손이 움직이지 않아 주저할 때가 얼마나 많은가. 분명히 해야 하는 것은 아는데, 발이 떼어지지 않을 때를 수도 없이 경험하지 않는가. 성경공부 시간에, 설교 시간에 "하나님이 기뻐하시는 일입니다. 이것을 해야 합니다!" 그러면 동의는 하지만 실제로 잘 되지 않는다. 왜냐하면 그 일이 머리로는 이해가 되지만, 가슴으로 느끼지 않고 어떻게 해야 할지 막막하기 때문이다. 그런데 그럴 때 영적 멘토가 있고 누군가 함께 하는 이가 있을 때 하게 되고 변화도 경험한다.

같은 성경 대학 프로그램이지만 교회마다, 소그룹마다 천차만별인 이유가 여기 있다. 어떤 교회는 성경 대학 프로그램이 그냥 하나의 프로그램으로 그치지만, 어떤 교회는 성경을 지식만이 아닌 삶으로, 생활로 옮기기 위해 고민하다 보니 역동적인 모습이 나타나기 시작한다. 특별히 소그룹의 리더나 구성원 중에 배울만한 사람이 있어 서로 독려하며 말씀을 진솔하게 나누며 기도하다 보니 변화와 간증이 많다. 그래서 전술한 그분도 오십 평생에 인생 처음으로 다른 이야기는 쏙 빼고 말씀만으로도 풍성한 소그룹이 될 수 있다는 경험을 했던 것이다.

단순히 소그룹이나 교회 내에 있는 영적 스승이나 멘토가 있어도 이 정도인데, 그런 영적인 감화력과 영향력을 미치는 사람이 집에 있다면 어떨까? 부모가 그 일을 감당하면 어떨까? 가정에서 자녀에게 어떤 영향을 미칠까? 생각만 해도 흥분되지 않는가? 단순히 성경의 내용이, 신앙적인 도전이 멀리 뜬구름 잡는 이야기나 지식이 아니라 실제로 삶 속에 부모라는 영적인 선배, 신앙의 멘토를 통해 보이고 읽힌다면 이보다 좋은 일은 없을 것이다. 다른 말로 부모 만한 신앙의 교보재가 없다는 말이다. 이삭에게 아브라함이 그랬고, 사무엘에게 한나가 그랬으며, 디모데에게 외할머니와 어머니가 그랬다. 눈에 보이는 교보재로서의 아버지와 어머니, 이보다 귀한 영적인 자산은 없다고 생각된다.

그렇다. 자녀들에게 있어 제대로 된 영적 멘토는 다름이 아닌 부모여야 하고 부모일 수밖에 없다. 태어나 처음으로 대하는 신앙의 인물이 부모일 뿐 아니라, 그들이 평생에 가장 깊고 큰 영향을 미치기 때문이다. 태어나 인격이 대부분 형성되는 유아와 유치, 초등학교 시절의 가장 많은 시간을 부모와 보내지 않는가. 그래서 그 부모는 무방비 상태의 자녀에게 무한 노출된다. 그들의 삶이, 생각이, 태도가. 그래서 하나님에 대한 태도, 사람들을 대하는 모습, 물질과 세상을 향한 청지기 의식이 고스란히 보이고 읽히는 최고의 신앙 교보재이자 학습서인 것이다.

필자도 신앙을 지식으로 배우기보다 어머니를 보고 배웠다. 핍진힌 시절, 삶이 막막할 때 기도로 이겨내시던 어머니를 잊지 못한다. 내일 먹을 것이 없을 때, 자식들을 놓고 안타까워하시며 일용할 양식을 위해 하나님께 기도하시던 모습을 잊을 수가 없다. 어려운 중에도 어떻게 친족과 이웃을 돌봐야 하는지를 보여

주셨던 분도 어머니셨다. 그런 가운데 주님의 교회를 위해 힘에 지나도록 섬기는 것을 보여 주신 분도 어머니셨다. 필자의 신앙의 많은 부분은 그런 어머니와 필자가 섬겼던 교회의 신앙의 선배들이 보여 주었던 모습에 있다.

일관성 갖기 1, 코람데오 정신 회복하기

코람데오 Coram Deo

신앙은 지식적 동의 그 이상이다. 믿는 바대로 살고 행하고 추구하는 것을 포함한다. 그래서 신앙교육은 단순한 지식 전달로는 부족하다. 같은 맥락에서 자녀들은 부모들이 전해주는 지식 너머를 본다. 자신들의 인생 최초로 만나는 사람이 부모인데, 보이지 않는 하나님의 실재를 보이는 부모를 통해서 처음으로 보고 느끼고 알게 된다. 말로는 하나님이 실재한다 하면서도 하나님 없는 삶을 살아가는 부모를 본다면 자녀들은 '말은 저래도 하나님은 없는 거야.'라고 생각하게 될 것이다. 반대로 비록 삶이 녹록하지는 않고 어려운 중에도 보이지 않는 하나님을 경외하는 부모를 보면서 '이런 어려움 가운데도 하나님은 살아계셔.'라고 믿게 될 것이다.

이와 같은 이유로 믿음의 부모가 자녀에게 가르쳐야 할 최소한은 바로 부모 자신이 하나님 앞에서 신실하게 사는 것이다. 다른 말로 부모 자신이 일관성 있는 신앙의 자세를 견지하는 것이다. 일관되게 거룩한 성품을 추구해 나가는 것이다. 그런데 어디 일관성 있는 신앙의 자세가 하루아침에 이루어지던가. 인간 본성 깊은 곳에 숨어 있는 세속적인 성격이 하루아침에 거룩한 성품으로 바뀌던가. 교회 생활을 오래 하신 분들이 자주 하시는 말씀이 사람이 잘 변하지 않는다는 말일 게다. 그만큼 변화가 어렵고, 변화된 사람을 보기 드물기 때문이 아닐까.

그렇기에 우리 신앙의 선배들은 하나님 앞에서 일관된 삶의 태도를 보이기 원했고, 그것을 구호처럼 불렀다. 그것이 바로 코람데오(Coram Deo)다. 코람데오, 라틴어로 '하나님'을 의미하는 데우스(Deus)에 '앞'을 의미하는 전치사 코람(Coram)이 붙어 '하나님 앞에서'라는 의미로 사용된 구호다. '하나님 앞에서.' 이 얼마나 멋진 구호인가. 이 말은 한마디로 순간순간 하나님을 의식하며 살고자 했던 우리 신앙 선배들의 바람이 들어 있는 구호다.

자녀들은 지난 시간 내가 한 일을 기억하고 있다

이 코람데오의 자세로 부모가 살아간다면, 그 부모의 거울들, 부모의 모습을 그대로 반영해 주는 자녀들 또한 코람데오의 자세를 견지하지 않을까? 그런 면에서 다시 한번 부모로서 나 자신을 살필 필요가 있다. 이렇게 질문을 던져보라. '나는 늘 하나님을 의식하며 살아가고 있는가?' '하나님 앞에서 산다는 생각으로 말하고 행동하는가?' 이 질문들을 포괄해서 내가 지금 코람데오의 삶을 살아가는지, 확인할 방법이 있다. 나의 현재의 모습을 확인해 줄 수 있는 방법, 바로 다음의 질문을 나의 거울인 자녀들에게 물어보라. 그러면 자녀들이 답을 해 줄 것이다.

> "○○야, 아빠(엄마)가 평소에 가장 중요하게
> 생각하는 것이 뭐라고 생각해?"[3]

자녀들이 각기 다르게 답하겠지만 분명한 것은 이 질문 속에 우리가 추구하는 삶의 방향과 우리가 누구 혹은 무엇을 가장 많이 의식하며 살아가는지가 드러날 것이다. 다른 누구보다 가장 가까이에서 나를 오랫동안 지켜본 자녀들이 그것을 가장 잘 알고 있기 때문이다. 필자도 이 글을 쓰다 말고 아이들 방에 가서 물었다. 위의 질문을. 아이들이 뭐라고 답했을까? 먼저 물었다. "온유야, 아빠가 평소에 가장 중요하게 생각하는 것이 뭐라고 생각해?" 잠시의 머뭇거림도 없이 첫째 아이가 답했다. "태도!"

그렇다. 필자는 이 아이가 어릴 적부터 반복해서 말해 왔다. 한 사람의 삶의 태도, 타인을 향한 태도, 무엇보다 하나님을 향한 태도가 그 사람의 미래를 결정한다고. 평소 우리가 하나님께, 타인에게, 그리고 사물과 자연에 보이는 태도가 바로 우리 자신이며, 우리의 성품을 결정한다. 혹, 여러분의 자녀들이 물질적인 것이나 혹은 어떤 특정의 사람이나 체면과 같은 것을 답했다면 곰곰이 생각해 볼 필요가 있을 것이다. 그 아이의 답이 그 부모가 은연중에 무엇에 관심이 많고, 무엇을 늘 의식하며 사는지 가감 없이 보여준다. 적나라하게.

나의 '… 앞에서'는?

그래서 주변을 돌아보면 코람데오 즉 '하나님 앞에서'라는 구호(신앙고백) 대신에 다른 것들을 추구하는 사람들을 볼 수 있다. 다음의 다양한 리스트 속에 내게 해당하는 것은 없는지 숙고해 보자.

> '돈 앞에서'
> '사람 앞에서'
> '성공 앞에서'
> '나의 만족 앞에서'
> '자녀의 성공 앞에서'
> '지식 앞에서'
> '권력 앞에서'

그리고 다음의 것들 앞에 다시 하나의 형용사를 덧붙여 보자.

> "한줌의" '돈 앞에서'
> '사람 앞에서'
> '성공 앞에서'
> '나의 만족 앞에서'
> '자녀의 성공 앞에서'
> '지식 앞에서'
> '권력 앞에서'

사실, 돈도, 사람들이 알아주는 것도, 성공도, 자녀의 성공도, 지식도, 권력도 결국은 한줌의 흙으로 돌아갈 것이다. 아니, 우리가 한줌의 흙으로 돌아가면 아무 소용이 없게 될 것이다. 그래서 이런 것들을 의식하며(앞에서) 지내다 보면 당장은 뭔가 된 것 같고 때로는 이런 것들에 달콤함도 느껴지지만, 결국은 '한줌의 ….' 으로 끝나버린다.

하지만 하나님 앞에서 행한 것들, 하나님을 사랑하기 때문에 한 것들은 영원히 기억될 것이다. 그래서 바울은 이렇게 말하지 않았던가. "사랑은 언제까지나 떨어지지 아니하되 예언도 폐하고 방언도 그치고 지식도 폐하리라"(고전 13:8) 교회 안에서 다른 사람의 낯을 생각해서(사람 앞에서) 행한 예언, 나의 과시를 위해(사람 앞에서) 한 방언, 나의 만족을 위해(나의 만족 앞에서) 구한 지식도 다 한줌의 흙으로 사라질 것이다. 다만, 하나님을 향한 사랑, 형제를 향한 사랑으로 행한 모든 것은 언제까지나 떨어지지 않고 기억될 것이다.

잊지 말자. 은연중에 내가 가장 많이 신경을 쓰고 있는 그것이 바로 나의 '… 앞에서'가 될 것이다. 코람데오를 대신해서. 그 '… 앞에서'의 삶이 결국은 '하나님 앞에서'를 대체하게 될 때 우리는 신앙도, 자녀도 잃게 될 것이다. 급기야 하나님이 아닌 그 어떤 상대적인 것에 휘둘려 일관성마저 잃고 나의 거울인 자녀들도 나의 일관성 없음에 실망하고 떠나거나 그 모습을 답습하게 될 것이다.

일관성 갖기 2. 똑똑한 아이 no, 신실한 아이 yes!

세 가지 대답

안타까운 이야기를 하나 해야겠다. 필자가 신앙생활을 오래 하신 분들에게 종종 묻는 말이 있다. "자녀분들은 어떻게 됩니까?" 이렇게 물으면 대답은 대개 세 가지로 나뉜다. 첫째는 자신의 자녀들이 어떤 학교를 나와서 지금 어떤 직장에 다니는지 세세히 소개하는 경우다. 대부분이 그럴듯한 학교를 나와 대단한 직장에서 일한다는 것을 자랑삼아 말씀하신다. 필자는 그런 것에 별 관심이 없다. 자녀들이 어떤 공부를 했고 어떤 일을 하는지. 필자의 온 관심은 그렇게 세상적으로 좋은 학교를 나와 좋은 직장에서 일하면서 과연 하나님나라와 이웃에게 어떤 선한 영향을 끼치는가에 있다. 지역교회에서 어떤 헌신을 하고 있는가에 있다. 그런데 그런 이야기는 쏙 빼고 말해 아쉬울 때가 많다.

두 번째 반응은 자녀에 대해 얼버무리는 경우다. 자녀가 세상적으로 그리 대단치 않아 그런지 지금 어디에 살며, 무엇을 한다는 정도의 내용을 소개하고 그친다. 여전히 필자는 그런 것에 관심이 없는데 그런 말씀을 하신다. 아마도 세상적으로 자랑할 것이 없다 여기기 때문일 것이다. 자녀가 내 소유도 아닌데, 감출 것도 부끄러워할 것도 없는데 그런 모습을 보면 안타깝다. 그리고 자신들을 부끄럽게 생각하는 부모를 그들은 또한 어떻게 생각할까. 깊이 생각할 대목이다.

마지막으로 본인과 자녀와의 관계를 말하면서 자녀가 지금 어떤 선한 영향력을 미치고 있는지 말하며 좀 더 열심히 주의 나라를 섬겨야 하는데 부족하다며 자녀를 위해 기도 부탁을 하는 경우다. 자녀의 성품, 자녀의 됨됨이가 그 대화 속에 묻어난다. 그리고 그런 자녀 이야기를 들으면 가슴이 뛴다. 그리고 보고 싶어진다. 그들이 하나님나라와 주님의 교회, 이웃을 섬기려는 모습이 부럽게 느껴지기도 한다. 필자의 경험을 비추어 보면 마지막처럼 소개를 하는 경우는 그리 많지 않다.

일전에 기독교교육학을 오래 연구하고 가르친 분과 교제할 시간이 있었는데 자녀에 관해 이야기하는데 첫 번째 반응이 대부분이었다. 자녀들이 어떤 학교를 나와서 어떤 직장에서 일하고 있다. 자랑스레 어깨를 들썩이며 이야기하셨다. 그런데 그것이 전부였다. 속으로 이런 질문을 하고 싶었지만 그만두었다. '그래서 그 좋은 학교를 나오고, 그 좋은 직장을 다니면서 그 자녀는 지금 하나님의 자녀로 어떤 삶을, 어떤 성품을 추구하고 있습니까?', '그래서 주변에 어떤 그리스도인의 향기를 드러내고 있으며 어떻게 교회를 섬기고 있습니까?', '그리 좋은 재능과 조건으로 그의 가정이, 그의 교회가, 그의 지역사회가 어떤 변화를 경험하고 있습니까?' 그것이 궁금하다고요!

똑똑한 아이 콤플렉스

부디 이 글을 읽는 부모님들은 자녀들 이야기가 나올 때 그 아이가 그리스도의 제자가 된 이야기, 그리스도의 제자로서 살아가는 이야기, 또 다른 그리스도의 제자를 만드는 이야기, 그리스도의 제자로서 세상에 선한 영향을 미친 이야기를 했으면 좋겠다. 참으로 안타까운 사실은 기독교교육에 종사하는 분 중에 자녀가 신앙이 없어 고민하는 분들이 의외로 꽤 있다는 것이다. 이것을 가까운 교수님 한 분에게 듣고는 충격을 받지 않을 수 없었다.

왜 이런 일이 벌어질까? 이유는 간단하다고 생각한다. 바로 지금껏 출세 지향적인 문화와 세계관 위에 기독교적 전통과 신앙을 세우려 했기 때문이라 생각한다. 소위 신앙은 가지되 똑똑한 아이로 자라야 한다는 '똑똑한 아이 콤플렉스'에 부모들이 빠져 있어 그런 것이다. 다른 사람은 모르겠는데 내 자녀만은 반드시 똑똑한 아이로 자라 출세하고 대단한 사람이 되어 높은 자리에서 하나님의 영광을 드러내야 한다고 여기기 때문이다. 소위 머리가 되어야 한다는 생각, '머리싸움'의 고지론에 빠져 있기 때문이다.[4]

그런데 여기서 기억해야 할 것이 있다. 과연 하나님이 우리에게 자녀를 주실 때 그들로 세상에서 성공하고 꼭 머리가 되도록 계획하셨을까? 만일 그리스도인 자녀들이 모두 다 세상에서 머리가 되면, 이 땅에서 꼬리는 누가 되어야 할까? 필자가 종종 강의하며 묻는 말이 있다. 스스로 답을 해 보면 좋겠다. 다음의 두 가지 명제 중 어느 것이 맞을까?

> - 그리스도인은 똑똑하다.
> - 똑똑한 사람 중에 그리스도인이 더러 있다.

이 질문에 간혹 헛갈려 하시는 분들이 있다. 그리스도인은 똑똑하다 여기기 때문이다. 물론, 똑똑한 그리스도인이 있다. 그러나 그리스도인 전부가 똑똑하지는 않다. 포함 관계를 잘 생각해 보면 좋겠다.

그리스도인 중에는 다양한 사람들이 존재한다. 어떤 이는 이 모양으로, 어떤 이는 저 모양으로 살아간다. 갈라디아교회의 교인들에게 바울은 이렇게 말하지 않던가. "너희는 유대인이나 헬라인이나 종이나 자유인이나 남자나 여자나 다 그리스도 예수 안에서 하나이니라"(갈 3:28) 이 말 속에는 종도 자유인도 다 교회의 일원이라는 말이다. 그리스도인이라는 말이다. 같은 원리로 그리스도인 중에는 장애를 가진 분도, 비장애인도 있고, 어떤 이는 여러 재능을 가졌고, 어떤 이는 한두 재능만 가지기도 한다.

잊지 말자. 그리스도인이 똑똑한 것이 아니라 똑똑한 사람 중에 더러 그리스도인이 있다는 사실을. 주변을 살펴보라. 여러분의 교회에 소위 일류대학을 나와 똑똑하다는 소리를 듣는 부모가 얼마나 되는지. 더러 그런 사람들이 많이 모인 교회는 있을 수 있으나 평균적인 교회에 그런 사람이 얼마나 될까? 좀 더 노골적으로 말해 보겠다. 자신들은 똑똑하다는 말을 듣지 못하고 자랐는데 자녀들은 똑똑할 것이라 믿는 그 믿음은 도대체 어디서 온 믿음인가? 그리고 똑똑한 아이가 아니면 실패한 인생인가?

신실한 아이 Yes!

무엇보다 똑똑한 아이들이 많으면 세상이 정말 좋아질까? 지금 이 땅에 불의, 악독, 거짓이 만연한 것이 똑똑한 사람이 적어서 그런 걸까? 아니다. 단언컨대 절대 아니다. 그 똑똑한 머리를 좋은 곳에 쓰지 않는 사람이 너무 많기 때문이다. 그 잘나고 똑똑한 머리를, 스펙을 자신만을 위해 사용하기 때문이다.

생각해 보면 우리나라의 똑똑한 사람들 대부분이 정부의 주요 부처, 주요한 기업의 중역, 높은 자리의 정치인으로 우리나라 수도의 중심에 포진해 있지 않은가? 그들이 머리가 부족해서 이 나라에 불의, 악독, 거짓과 문제가 많은 것인가? 아니다. 실제로 그들 중에 많은 이들은 그들의 권한이나 책임이 다하는 은퇴 후, 얼마 지나지 않아 범죄 사실에 연루되거나 사람들의 입길에 오르내리지 않던가. 그들이 덜 똑똑해서 그런가? 절대 그렇지 않다. 오히려 그들이 그 좋은 머리로, 그 좋은 재능으로 자신의 배만 위하고 공동체와 이웃을 배려하지 않아서 그런 것이다. 그들이 똑똑하지 않아서가 아니라 그들의 말과 행동, 지위와 책임, 권한에 대해 신실하지 못해서 그런 것이다.

잊지 말자. 악전고투하는 믿음의 부모들이 추구해야 할 신앙교육의 목표는 똑똑한 아이가 절대 아니다. 성공한 자녀도 아니다. 대단한 성취를 이룬 자녀도 아니다. 이 모두가 아닌 신실한 아이다! 하나님과 사람 앞에서 코람데오 정신으로 신실하게 살아가는 사람, 그 사람이 오늘 우리 사회에 필요하다. 우리 사회에 지금 꼭 필요한 사람은 조금 덜 똑똑해도 자신의 말을 끝까지 지킬 줄 아는 신실한 사람, 자신의 권한과 책임을 분명히 알고 하나님을 두려워하는 마음으로 신실하게 지켜나갈 수 있는 그런 사람이다. 다른 사람이 보지 않아도 하나님을 두려워하는 마음으로 정직과 성실로 일하며, 바르게 살아갈 사람 말이다.

자녀, 맡기신 분의 뜻대로 키우자

2011년으로 기억한다. 북미 기독교교육학자들이 모인 학회(NAPCE)에 참석했을 때의 일이다. 학회 이틀째 되는 날 패널 토의 시간이었다. 패널로 나온 여러 학자가 자신은 어떻게 다음 세대에 신앙을 전수하는지 돌아가며 이야기할 때였다. 한국계 미국인 교수님 한 분이 지금도 잊히지 않는 말을 했다. 그분이 한 말이다.

> "나는 나의 아들을 아들로만 여기지 않고 나의 형제로 여깁니다. 나의 신앙의 바통을 이어받을 하나님나라의 일꾼으로 여깁니다."

자식을 보면서 '이 아이도 나중에 나를 대신해 이 하나님나라를 짊어질 일꾼이고, 결국은 나의 한 형제가 될 사람이다. 귀하게 여기고 귀하게 키우자!' 이렇게 생각하며 대한다는 것이다.

자식을 나의 소유나 내 마음대로 할 수 있는 대상으로 여기지 않는다는 뜻일 것이다. 오히려 자식을 하나님이 나와 함께 하나님나라를 향해가는 형제로 여긴다는 의미일 것이다. 누군가를 내가 마음대로 해도 되는 나의 소유로 여기는 것과 높은 분이 잠시 맡겨 놓았다고 생각하는 것은 천양지차를 만든다. 후자의 경우 맡겨 놓으신 그분이 무서워서라도 그 사람을 함부로 대할 수 없을 것이다. 그리고 내 마음대로 기르지도 못할 것이다. 어떻게든 그분의 뜻에 맞게 키우려 노력할 것이다. 잠시 후면 그분이 찾으실 테니.

그렇다. 우리 부모가 할 일은 우리의 자녀들을 맡겨 놓으신 그분께 제대로 양육해서 돌려보내는 것이다. 다른 말로 하나님 앞에 바르게 세우는 일이 바로 신앙교육인 것이다. 사실, 자식은 우리 소유가 아니기에 우리 맘대로 할 수도 없을뿐더러 우리 맘대로 되지도 않는다. 이것을 인정하기가 참으로 어려운 것 같다.

시편 127편 3절은 이렇게 기록되어 있다. "보라 자식들은 여호와의 기업이요 태의 열매는 그의 상급이로다" 여기서 '기업'이라는 말의 히브리어는 '나찰라'인데 이 말은 소유, 재산, 유산의 의미를 가진다.[5)] 자식이 내 소유가 아니라 여호와의 소유이며 하나님의 재산이라는 말이다. 그래서 내 맘에 맞게 키우는 것이 아니라 하나님의 소유로 키워야 한다.

'이겨라' 메시지 vs. '섬겨라' 메시지

이제 아이들을 향한 우리의 메시지가 달라져야 한다. 특별히 끊임없이 누군가를 이겨야 하는 경쟁이 치열한 이 땅에서 살아갈 그들에게 꼭 필요한 메시지가 있다. 바로 누구를 '이겨라'는 메시지가 아닌 그들을 '섬겨라'는 메시지다.

필자의 첫째 아이는 중학교 과정을 집에서 자유롭게 보냈다. 필자의 의지가 반영된 결정이었다. 어렵게 검정고시를 치고 본인이 원해서 드디어 일반 고등학교에 들어갔다. 간만에 학교에 들어가니 모든 것이 서툴고 두서가 없지 않겠는가. 그래서 그런지 수업시간에 필기한 교과서를 잃어버려 중간고사 시험을 치르기가 어렵게 되었다. 어렵게 된 상황이라 그래도 평소에 친한 친구랍시고 친구에게 책을 빌려달라고 했단다. 어떻게 반응했을까? 글쎄 싫다고 했단다. 빌려주면 자신의 성적이 떨어진다고. 이런 교육이 정상인가? 이런 학교가 정상인가? 이런 관계가 정상인가?

친구에게 책을 빌려주면 자신의 성적이 떨어질까 봐 염려하는 교실, 이런 교실에서 과연 어떤 인격이 자랄지 심히 염려된다. 첫째 아이에게 아이 엄마가 "그래도 너는 그러지 말고, 좀 어려운 친구 있으면 도와라." 그렇게 말했지만 정작 아들은 다른 아이들에게 이상한 아이로 비치는 것 같다. 비단 우리 아이 교실에서만 일어나는 일이기를.

왜, 이런 일이 벌어졌을까? 모르긴 몰라도 이 땅의 부모들이 자녀들에게 '어떤 방법을 써서라도 이겨야 한다'는 메시지를 끊임없이 가르쳐줬기 때문이 아닐까? 얼마 전에는 아들을 의대에 보낼 욕심에 의사인 엄마가 기말고사 문제를 빼돌리는 일까지 일어났다고 하니,[6] 반칙을 해서라도, 부정한 일을 저질러서라도 이겨야 한다는 메시지가 이 땅에 팽배해 있는 것 같다. 그런 부모에게 아이들이 무엇을 배울까? 당연히 "교과서를 빌려주지 말고 너만 이겨야 해!", "도와주면 너 성적 떨어져!" 이런 메시지를 보고 배운 것은 아닐까? 그렇게 '이겨라' 메시지를 보내는 부모 중에 그리스도인 부모는 없을까?

전술한 것처럼 이제 우리 자녀들을 신실한 아이로 키워야 한다. 그리고 그들에게 더 이상 '머리싸움' 시키지 말고 '꼬리싸움'을 시켜 보자. '이겨라' 메시지를 가르치지 말고, 오히려 '섬겨라' 메시지를 가르치도록 해 보자. 한번은 아내가 첫째 아이와 나누는 대화를 보고 참으로 감사했던 적이 있다.

엄마: 온유야, 너희 반에 혼자 밥 먹는 아이 있잖아?
온유: ○○이?
엄마: 그래, 그 아이랑 같이 밥 먹고 있지?
온유: 응. 그런데 그 애는 말을 안 하고 밥 먹고 가버려.
엄마: 걔가 긴장해서 그래. 계속해서 같이 밥 먹어. 니(네)가
　　　계속 있어 줘~ 알았지? 한 사람을 살리는 거야!
온유: 알았어! 해 볼게.

아내는 "그러니까 너도 교과서 빌려주지 마! 나쁜 녀석들" 이러지 않았다. 소위 '이겨라' 메시지를 보내는 것이 아니었다. 오히려 "네가 그걸 잃어버린 게 문제지!" 아이의 부족함을 지적하고 시간이 날 때마다 '섬겨라' 메시지를 보내고 있었던 것이다. 지금 첫째 아이의 핸드폰에는 그 아이와 웃으며 찍은 사진이 있다! 그렇게 잘 지내고 있다. 이런 아내와 아이가 너무 사랑스럽게 느껴지는 건 나만의 생각일까?

조지 데이비드먼의 말을 깊이 생각해 보라. 그의 말이다. "존경받고 싶어 하는 부모는 많다. 존경받을 만한 사람이 되려는 부모가 별로 없다는 것이 문제다."[7] 요행을 바라고 훈련을 하지 않는 운동선수가 있다면 어떻겠는가? 아마도 성공하기는 어려울 것이다. 정말 존경을 받고 싶은 부모라면 존경받도록 남을 존중하고 배려하며 섬기는 것을 가르쳐야 하지 않을까? 남을 무시하고, 섬기지 않고 무조건 이기라고 가르쳐놓고 정작 자신은 존경받기를 원한다면 이런 아이러니도 없다. 모쪼록 악전고투하는 믿음의 부모들이 내 아이를 내 소유로 여기기 전에 한 사람의 형제로 여길 수 있기를 소망한다. 무엇보다 하나님의 소유로 생각하고 '똑똑한 아이'가 아닌 '신실한 아이'로, '이겨라' 메시지가 아닌 '섬겨라' 메시지로 양육할 수 있기를 기도한다.

"

가정신앙
교 육
설 명 서

악전고투하는
부모들에게

가정신앙 교육 설명서

―

악전고투하는 부모들에게

제3부

신앙교육의 내용

제 5 장   신앙교육의 내용 1 :
　　　　복음, 내 아이는
　　　　구원받았는가?

○ 일고작기(一鼓作氣)
○ 아이의 기본값, 죄인
○ 기본 값 청산, 회개
○ 새로운 기본값 매기기, 꼬리표 떼기

가정신앙교육설명서

악전고투하는 부모들에게

❝ 일고작기(一鼓作氣)[1]

춘추시대 강대국인 제나라가 약소국인 노나라를 공격할 때였다. 노나라의 군주 장공과 그의 참모인 조귀는 장작이라는 곳에서 제나라 대군과 대치하고 있었다. 장공이 북을 쳐 진군하려 하자 조귀는 좀 더 기다려야 한다며 만류한다. 제나라 군대가 세 차례나 북을 울리고 나서야 비로소 조귀는 북을 치고 전군을 진군시키도록 하여 제나라 대군을 크게 물리쳤다고 한다. 나중에 장공이 승리의 원인을 묻자 조귀는 이렇게 대답한다.

"전쟁이란 용기로 하는 것입니다. 한 번 북을 치면 용기가 나는데 제나라는 싸우지 않았습니다. 재차 북을 쳤을 때는 그들의 용기가 약해져 싸움하러 나오지 않았습니다. 마지막으로 세 번째 북을 쳤을 때는 적의 용기가 다 가라앉게 되었기 때문에 그 이후에 우리가 북을 치고 진격하여 용기 충만한 군대로 적군을 물리칠 수 있었습니다."

여기서 나온 일고작기(一鼓作氣)는 한 번 북을 치고(鼓) 사기를 진작시켜(作) 기세를 올린다는 뜻을 가진 고사성어이다. 처음의 기세로 끝장을 낸다는 의미로 사용한다. 때로 우리가 신앙교육을 할 때 한 번에 끝을 낼 기세로 소위 일고작기(一鼓作氣)의 자세로 덤벼든다. 부모가 그냥 윽박지르고 수련회 한 번 데려가면 아이가 변할 거라 믿는 것 같기도 하다. 그러나 일고작기(一鼓作氣)의 신앙교육은 참으로 위험천만한 일이 아닐 수 없다. 어디 예수님의 제자가 하루아침에 되던가 말이다.[2)]

세상에 한 번으로 다 되는 일이 있으면 얼마나 좋을까마는 그런 일은 별로 없다. 몸짱의 시대, 다이어트로 몸을 만들려고 해도 부단한 노력이 필요하다. 근육을 강화하기 위해 여러 운동을 하고, 그것도 부족해 다이어트에 맞는 식단을 짜서 억지로라도 그 식단에 따라 규칙적인 식사를 하고, 몸에 해로운 음식은 줄여가며 애를 써도 쉽지 않은 것이 몸만들기다. 그렇게 힘들게 온갖 노력을 기울이고 오랜 시간이 지나야 몸무게도 줄고 몸도 제 모양을 갖추기 시작한다.

우리의 육체도 건강해지고 아름답게 보이려면 **부단한** 노력을 해야 하는데 하물며 죄에 찌든 우리 마음과 영혼이야 오죽할까. 영적인 기초를 세우는 일이 그리 녹록하지만은 않다. 만일 한번에 다 될 것 같았으면 지금 이런 책을 쓸 필요도 없거니와 믿음의 부모들이 자녀들과 악전고투할 이유도, 상황도 없을 것이다. 그런데 현실은 그렇지 않다. 일고작기는커녕 어느 날 기세를 탄 듯해서 예배도 드리고 기도도 하면서 밀어붙여 보았는데 번번이 예전으로 돌아가 있는 아이를 볼 때면 더욱 막막한 경험을 하기도 한다.

신앙교육이 그리 간단치 않은 과업이기 때문이다. 일생의 과업, 평생의 숙제인 신앙교육. 그래서 이번 장에서 다시 한번 끈기를 가지고 부모가 가르치고 훈련해야 할 신앙교육의 기본 내용에 대해 생각해 보려 한다. 단번에 되지 않는 그것, 신앙의 기초를 세우는 일, 어떤 내용일지 지금부터 생각해 보자.

〞 아이의 기본값, 죄인

필자에게는 세 명의 자녀가 있다. 그중 첫째와 둘째는 아들인데 고등학생과 중학생이다. 이 아이들이 세 살, 한 살 정도 되었을 때의 일이다. 하루는 첫째 녀석이 기저귀를 뗄 때가 되어 풀어놓았더니 방바닥에 오줌을 싸버렸다. 바닥이 흥건해졌을 때 그것을 지켜보고 있던 둘째 녀석이 급하게 형을 향해 기어가는 거다. 뭔가 급한 것이 있는 것처럼. 왜 그러나 했더니, 이유는 하나였다. 오줌을 튀기며 놀려고. 나중에 보니 첫째 녀석과 둘째 녀석이 오줌 바닥에서 물장난, 아니 오줌 장난을 치며 서로 웃으며 노는 거다. 첫째 녀석도 둘째 녀석도 해맑은 미소를 띠며 좋아한다. 서로에게 오줌을 묻히며 우애(?)를 다지는 눈물 없이는 볼 수 없는 장면을 연출하고 있었던 거다. 이제 바닥은 순식간에 오줌 바다가 되고, 아이들은 오줌 세례(?)를 주고받으며 서로를 끔찍이 사랑하는 형제애를 발휘하고 있었다. 순식간에.

지금, 그 아이들은 그렇게 놀지 않는다. 만일 그렇게 놀고 있다면 달리 고민을 해야 할 거다. 어떻게 키워야 할지. 그러나 그때는 그렇게 놀았다. 왜 그랬을까? 뭘 모르니까. 자신들이 무엇을 하는지 모르니 그것이 좋은 건 줄 알고 오줌을 튀겨가며 즐겁게 오줌 놀이를 한 것이다. 마치 수영장에나 온 것처럼. 뭘 모르면, 어리면, 상황 파악이 되지 않으면 이런 일이 일어난다.

죄인도 비슷하다. 죄를 지으면 죄가 그 사람의 눈을 가려 자신이 죄를 짓고 있다는 사실 자체도 전혀 모르고 지내게 된다. 그래서 로마서 3장 10~11절은 "기록된 바 의인은 없나니 하나도 없으며 깨닫는 자도 없고 하나님을 찾는 자도 없"다고 말한다. 의인이 없는 세상, 모두가 죄인인 세상이 우리가 사는 이 땅이다. 그리고 누구도 이 땅에 의인은 없으며 모두가 죄인이라는 사실을 전혀 깨닫지 못한다. 마치 우리 아이들이 자신들의 오줌이 얼마나 더러운 것인지, 불결한 것인지 모르면서 즐겁게 오줌 장난을 하는 것처럼. 그래서 각자가 선하다고 생각하는 대로 제 소견에 옳은 대로 살아간다. 그것이 저 죽는 길인지 모르고 지낸다. 그것이 바로 죄인의 길이다.

같은 맥락에서 로마서 3장 23절에는 "모든 사람이 죄를 범하였으매 하나님의 영광에 이르지 못하더니"라고 말한다. 인간의 기본값이 죄인(罪人)이라는 것이다. 로마서 5장 12절은 좀 더 나아간다. "그러므로 한 사람으로 말미암아 죄가 세상에 들어오고 죄로 말미암아 사망이 들어왔나니 이와 같이 모든 사람이 죄를 지었으므로 사망이 모든 사람에게 이르렀느니라" 모든 사람의 기본값은 죄인이고 그 결과는 사망이라는 것이다. 죄로 죽을 인생, 죄로 망할 인생이 모든 인생의 현주소, 기본값이라는 것이다.

우리 집에 있는 아이들이라고 예외는 아니다. 그들도 결국은 죄로 인해 죽을 인생, 망할 인생이다. 아니, 지금 망해가고 있고 벌써 망했다. 그러니 제가 죽을지 모르고 오늘도 자기 배만 위해 살아가고 있는지도 모를 일이다. 인생의 목표도 없이. 그래서 이 기본값이 엉망인 아이들도 예수 그리스도의 복음이 필요하다. 무엇보다 예수 그리스도를 소개하는 일이 최우선이어야 한다. 그렇지 않으면 이 아이들은 그 기본값대로 결국은 다 망해 버리고 영원한 죽음을 맞게 될 것이기 때문이다.

> "아이들의 기본값, 죄인! 그러나 그들은 그것을 모른다. 가르쳐 주기 전에는."

기본값의 무서움, 무지

여기서 기억해야 할 것이 있다. 로마서 3장 11절 이하 18절까지를 읽어 보자.

> ¹¹깨닫는 자도 없고 하나님을 찾는 자도 없고
> ¹²다 치우쳐 함께 무익하게 되고
> 선을 행하는 자는 없나니 하나도 없도다
> ¹³그들의 목구멍은 열린 무덤이요
> 그 혀로는 속임을 일삼으며 그 입술에는 독사의 독이 있고
> ¹⁴그 입에는 저주와 악독이 가득하고
> ¹⁵그 발은 피 흘리는 데 빠른지라
> ¹⁶파멸과 고생이 그 길에 있어
> ¹⁷평강의 길을 알지 못하였고
> ¹⁸그들의 눈 앞에 하나님을 두려워함이 없느니라 함과 같으니라

기본값의 결과가 나오는 구절이다. 깨닫는 자도 없다는 11절의 말씀이 무겁게 느껴진다. 다 치우쳐서 선을 행하는 자가 하나도 없고 목구멍은 열린 무덤처럼 죽어가는 소리로 가득하고, 혀로는 속이는 일과 죄만 일삼는다고 한다. 그런데 이 사실을 자기만 모른다고 한다. 하나님도 알고 하늘도 천사도 다 아는데 자기만 모른다. 그래서 죄가 죄로 보이지 않아서 죄 가운데 살아도 미상 좋고 나쁘지 않다. 그래서 죄인인 인간이 스스로는 하나님께 나아갈 줄도 모르고 나아가기도 싫어한다. "깨닫는 자도 없고 하나님을 찾는 자도 없고…"

막내 아이는 딸이다. 이제 일곱 살인데 이 아이가 다섯 살 때 아파트 같은 동에 친하게 지내는 친구가 있었다. 그날도 그 친구와 놀이터에서 잘 놀다 갑자기 미끄럼틀 한가운데서 서로 심하게 다투었다. 그 아이는 울고 자기 집으로 갔고, 우리 아이도 씩씩대며 집으로 왔다. 아무리 봐도 싸울 이유가 없는 상황이었다. 그런데 심하게 다퉈서 아이 엄마가 아이를 목욕시키면서 물었다고 한다. "조안아, 지우랑 왜 싸웠어? 지우랑 무슨 일 있었어?" 그때 그 아이의 대답이 걸작이다. 딱 한 마디로 대답한다.

"엄마, 글쎄, 미끄럼틀이 지(자기) 거래. 내 건데."

그렇다. 아이들은 모두 이기적으로 태어난다. 미끄럼틀이 자기 거라니. 얼마나 자기중심적인가. 이 이기적인 모습이 아이도 죄성(罪性)을 가졌다는 증거다. 죄인이라는 증거다. 친한 친구도 자신의 기준에 맞지 않으면, 자기가 원하는 것을 얻는 데 방해가 되면 내쳐 버리는 게 인간의 본성이고 그것이 죄성이다. 심지어 부모도, 가장 가까운 사람도, 가장 친한 친구도. 그래서 이런 죄성을 가진 아이의 기본값, 이것은 무섭고 몸서리쳐질 정도다. 좀 전까지 재밌게 놀았는데 조금만 속이 뒤틀리면 그새 씩씩대며 다투고 다시는 안 보겠다고 뒤도 돌아보지 않고 가버린다. 아이라고 예외가 아니라는 말이다. 무섭지 않은가.

깨닫지 못한다. 자신이 지금 무엇을 하는지. 일단 욕망과 이기적인 마음에 사로잡히면 죄가 죄로 보이지 않는다. 눈이 뒤집히면 다 나의 적이고 미운 사람으로밖에 보이지 않는 게 인지상정이다. 사람의 마음이다. 아이는 착하고 선하다고? 절대로 그렇지 않다. 아이도 죄성을 가지고 태어난다. 그래서 우리 집 아이와 같이 아무리 친한 친구도 내 기준에, 내 욕망에 부합되지 않는 순간, 내쳐 버리는 인생, 그 인생의 길을 오늘도 우리 아이들은 가고 있다. 어떻게 해야 할까? 그들의 깨닫지 못함을 일깨워 줘야 하지 않을까?

그래서 신앙교육이 필요하다. 그래서 그 아이들도 자신의 죄와 직면하는 시간, 자신의 죄를 해결해 줄 수 있는 분과 만나는 시간이 필요하다. 잊지 말자. 종교개혁자 마틴 루터는 "신자들의 전 삶은 회개의 삶이어야 한다."고 했다.[3] 우리는 매일 실패하기에 매일 은혜를 입어야 살아갈 수 있는 존재이기 때문이다. 여러분의 자녀는 어떠한가? 자신의 죄와 직면하는 시간이 있었는가? 지금도 자신의 죄에 대해, 악한 본성에 대해 깊이 직면하고 있는가? 그리고 매일의 삶에 그것을 경험하고 있는가?

욥에게서 배우다!

욥은 자녀들이 자신들의 죄와 직면하게 만든 아버지였다. 욥에게는 아들 일곱과 딸 셋이 있었다(1장 2절). 그들이 생일잔치를 하고 난 다음이다. 욥기 1장 5절을 주목해서 보자.

그들이 차례대로 잔치를 끝내면 욥이 그들을 불러다가 성결하게 하되 아침에 일어나서 그들의 명수대로 번제를 드렸으니 이는 욥이 말하기를 혹시 내 아들들이 죄를 범하여 마음으로 하나님을 욕되게 하였을까 함이라 욥의 행사가 항상 이러하였더라

믿음의 아버지로 욥의 됨됨이를 보여주는 대목이다. 그런데 내용을 찬찬히 들여다보면 놀라울 뿐이다. 생일잔치를 돌아가면서 한 자녀들이 혹시 하나님께 죄를 지었을까 봐 일일이 불러서 성결하게 하였다고 한다. 무슨 말인가? "너, 죄지은 것이 없어?" 취조하듯 따져 묻고는 강제로 제사를 지냈다는 말이 아니다. 오히려 자녀들이 걱정되어 죄에 대해 경각심을 가지게 하고 혹 죄를 범한 것이 있으면 하나님과 대면해서 죄 용서함을 받도록 제사를 함께 드렸다는 말이다. 요즘 식으로 말하면 잘못을 함께 고백하고 하나님께 회개의 기도를 드렸다는 것이다. 아버지와 자녀가 함께.

이런 부모 밑에 있었던 욥의 자녀들은 어땠을까? 모르긴 몰라도 아버지의 확인과 충고를 들으며 자신이 혹 하나님 앞에 해결해야 할 죄가 없는지 고민하며 자랐을 것이다. 자신의 죄와 직면하는 시간, 그리고 그 죄의 문제를 해결하기 위해 하나님께 나아가는 시간을 아버지가 만들어 주었던 것이다. 여러분은 이런 부모인가?

> 내 자녀가 죄와 직면할 수 있도록 기회를 주라! 욥처럼!

오늘날 많은 부모는 이렇게 자신의 죄와 직면할 수 있는 시간을 생략하거나 혹은 교회에 일임한다. 그리고 학교다 학원이다 하며 공부로 내몰아 이 시간을 가질 기회조차 박탈하기도 한다. 여러분의 가정은 어떤가? 영어 학원 한 시간을 위해 자녀들의 주일 예배 시간을 혹 빼앗고 있지는 않은가? 수학 공부를 위해 학원에 보내느라 여름성경캠프에 보내는 것을 주저하지 않는가? 아이들이 최소한 자신의 죄와 직면할 시간을 주자. 그렇지 않으면 자신의 기본값을 알지도 깨닫지도 못한다.

부끄럽지만 작년에 있었던 이야기를 해야겠다. 하루는 저녁에 집에 돌아왔는데 아내가 심각한 표정으로 나를 보잔다. 왜 그러나 해서 물었더니 첫째 녀석이 그제 대형 사고를 치고 말았던 거다. 그간 별 무리 없이 지내던 아이가 엄마에게 게임을 하고선 안 했다고 거짓말을 한 거였다. 그 이야기를 들었을 때가 밤 10시쯤 되었을 때인데 고민을 했다. 사내 녀석이 가끔 그럴 수도 있지 싶어 그냥 넘길까 생각도 했다. 그러나 이것이 시작이 될 수 있겠다는 생각이 들어 기도하고 아이를 불러 앉혔다. 그리고 차근차근 그러나 심각하게 말했다.

"아빠는 네가 실수할 수 있다고 생각해. 그런데 말이야 그 한두 번의 작은 실수가 시작이 될 수 있어 불렀어. 그 한두 번의 작은 거짓말이 점점 커지는 것은 알고 있어? 아빠가 중요하게 생각하는 것은 너의 뛰어난 재능이나 네가 앞으로 무엇을 할 수 있느냐가 아니야. 네가 누구냐 하는 거야. 거짓말은 너를 좀먹게 해. 그리고 어느 순간엔가 너는 거짓말이 익숙해지겠지. 그러면 그다음 결과는 너도 알 거야. 사실, 아빠는 이 땅에 영원히 너와 함께 있을 수가 없어. 그러나 하나님은 그렇지 않아. 아빠는 죽으면 너를 도와줄 수가 없어. 그런데 아빠가 떠나도 너를 지켜주실 분은 아빠가 아닌 하나님이야. 그런데 네가 알고 엄마가 알고 하나님이 아는데, 그런 거짓말을 해서 되겠어?"

아이가 한동안 말이 없었다. 그리고선 필자가 중요하게 생각하는 것을 말했다. 죄의 문제가 해결되지 않고 하나님께 나아갈 수 없고, 하나님께 나아갈 수 없는 자녀가 같은 집에 있는 것이 가장 큰 고통이라고. 다른 것, 예를 들어 공부를 못하는 것, 성격이 조금 나쁜 것은 그래도 시간이 지나면 다 해결되지만, 하나님 앞에서 죄를 짓고 해결하지 않는 것은 영원히 남게 된다고 말했고 설득했다. 급기야 아이가 울기 시작했다. 그리고 그 밤에 엄마에게 용서를 구하게 했다. 그리고 함께 회개 기도를 드렸다. 시간을 보니 이미 두 시간이 훌쩍 지난 다음이었다. 그러나 기분 좋은 밤이었다. 아들이 거짓말을 그쳐서가 아니라 거짓말을 죄로 여기기 시작해서다. 그리고 자신의 죄를 솔직히 하나님과 사람 앞에서 고백해서다. 욥의 마음이 이랬을까? 생각이 많은 밤이었다.

〞 기본 값 청산, 회개

이제 본격적인 기본값 청산에 관해 이야기를 해야겠다. 사실, 이렇게 기본값이 죄인이면, 그 삶이 엉망이라 돌이키기가 그리 쉽지 않다. 아니 인간 스스로는 불가능하다. 그래서 성경은 끊임없이 모든 인생을 향해 죄로 인해 죽을 운명, 망할 인생이라 말한다. 그런데 감사하게도 그걸로 끝이 아니라 그 기본값을 청산할 일말의 가능성이 주어졌다. 어디서 그것을 알 수 있을까? 우리가 잘 아는 요한복음 3장 16절에 그 힌트가 있다. 요한복음 3장 16~17절을 읽어보자.

> [16]하나님이 세상을 이처럼 사랑하사 독생자를 주셨으니 이는 그를 믿는 자마다 멸망하지 않고 영생을 얻게 하려 하심이라 [17]하나님이 그 아들을 세상에 보내신 것은 세상을 심판하려 하심이 아니요 그로 말미암아 세상이 구원을 받게 하려 하심이라

우리는 흔히 16절을 주목하지만 17절 또한 주목해 볼 만하다. 하나님의 의도가 분명히 드러나는 구절이기 때문이다. 하나님이 그 아들을 세상에 보내신 이유는 세상을 심판하려는 것이 아니라 구원하기 위해서라고 한다. 이 얼마나 감사한 일인가. 심판이 목적이 아니었다니 감사할 뿐이다. 하지만 그 말 속에는 엄청난 전제가 담겨 있다. 이미 세상은 심판을 받을 수밖에 없는 운명, 곧 죽을 운명이라는 전제다. 이것은 의인은 없고 죄의 결과는 사

망이라는 로마서 3장과 5장의 말씀과 일맥상통한다. 그 죽을 인생들의 집합체가 바로 이 세상인데, 이 세상도 별수 없다는 말이다. 멸망한다는 말이다. 하나님의 심판대 앞에 서게 되어 있는데 하나님의 아들 예수님이 오셔서 심판을 구원으로 바꾸어 주신다 약속하신다.

여기에 일말의 가능성, 소망이 있다. 16절에 보면 하나님이 세상을 사랑하셨다고 한다. 이 세상 속에는 내가 있고 우리 아이들이 있다. 그 세상은 그냥 두면 전자동(automatic)으로 심판대 앞에 가게 되어 있고 그 결과는 영원한 죽음이다. 죄를 지었으니 벌을 당연히 받아야 한다. 그래서 "멸망하지 않고"라는 말이 나온다. 가만두면 멸망한다는 전제가 그 구절에 이미 숨어있다. 가만두면, 그냥 내버려두면 자기 잘난 맛에 살다 죽을 길로 가게 되어 있는 이 세상이다. 그리고 그 속에 있는 나와 우리 아이들이다. 하지만 예수님이 개입하시면서 상황이 완전히 역전되었다. 하나님의 아들이신 예수님이 십자가에서 대신 죽어주심으로 예수님을 믿으면 결국은 영원한 생명, 다시 사는 기회를 얻게 되는 것이다. 이 일말의 가능성, 이 가능성에 기대어 오늘도 우리 믿음의 부모들은 부지런히 이 내용을 자녀들에게 전해야 한다. 이것은 선택이 아닌 필수다.

이 요한복음 3장 16~17절의 내용을 우리는 흔히 복음이라고 한다. 복된 소식, 들으면 복이 되지만 듣지 않으면 멸망으로 갈 수밖에 없는 소식, 그래서 반드시 들어야 하는 소식 말이다. 들는 자들에게는 좋은 소식, 복된 소식이지만 듣지 않고 외면하는 자들에게는 오히려 나쁜 소식 곧 심판의 선언이 된다. 동전의 양면과 같다. 같은 내용의 선포인데 한쪽에서는 복음을 듣고 받아들이면 영생의 복을 받게 되지만, 다른 한쪽에서는 그것을 외면하여 영원한 저주 아래 놓이게 되는 근거를 갖게 된다. 나중에 하나님이 물을 것이다. "내가 이 말씀을 너에게 주었는데 너는 왜 너의 자녀들에게 전하지 않았느냐?" 그리고 이 구절을 내밀어 보이시며 "이것이 바로 너의 자녀의 심판 근거다."라고 말씀하실 것이다.

이제 부모가 할 일은 딱 하나다. 이 복음을 귀에 딱지가 앉도록 전하는 것이다. 말해야 하고 가르쳐줘야 한다. 왜냐하면 다른 길이 없기 때문이다. 듣지 않으면 저주 아래 놓이기 때문이다. 복음 말고는 다른 어떤 방법도 죄의 문제를 해결해 주지 못하기 때문이다. 여러분의 자녀들은 이 일말의 가능성, 복음을 들었는가? 반복해서 듣고 있는가? 그리고 그것을 입으로 고백하고 있는가? 그렇지 않다면 다시금 부지런히 가르쳐야 할 것이다. 오늘부터.

절박감으로 가르치자

막내인 일곱 살 딸은 땅콩 알레르기가 있다. 아이가 한 살 때의 일로 기억한다. 빵집에서 빵을 먹다가 갑자기 온몸에 두드러기가 나더니 급기야는 너무 힘들어하는 것을 보고 급하게 병원에 데려갔다. 그 아이를 보자 의사 선생님은 하마터면 큰일날 뻔했 단다. 필자가 미국에 있을 때였는데, 이런 일이 없도록 조심해야 한다고 단단히 일러 주었다. 만일 이와 유사한 일이 다시 일어나 면 기도가 막혀 죽을 수도 있으니 조심하라며 주사약을 처방해 주었다. 다리에 놓을 수 있는 주사와 함께. 무시무시하게 큰 주 사기를 보자 보통 심각한 것이 아니라는 것을 직감할 수 있었다. 그래서 그때 이후로 몇 년간을 어디를 가든지 그 주사기(약이 들 어가 있는)를 가지고 다녔다. 한국에 온 이후로는 그런 정도의 약을 처방해 주지 않아 지금은 급한 대로 알레르기약을 가지고 다닌다.

그리고 하나 더. 잊지 않는 것이 있다. 땅콩 있는 것을 먹으면 큰일 난다고 아이에게 부지런히 가르친다. 그리고 주변에 알린 다. 어린이집 선생님께도 신신당부한다. 땅콩 알레르기가 있으 니 땅콩 들어간 것은 절대 먹이면 안 된다고. 딸아이에게도 음 식을 먹기 전에 늘 먼저 물어보라고 가르치는 것을 잊지 않는다. "이거 땅콩 들어갔어요?" 물어야 한다고 자주 가르친다. 그래서 지금 그 아이는 어떻게 할까? 이제는 교회에서 간식을 줘도 아 이가 먼저 묻는다. "이거 땅콩 들어갔어요?" 부지런히 가르치니 스스로 챙긴다.

생각해 보자. 알레르기가 있는 자녀를 둔 부모라면 마땅히 이 정도는 하지 않겠는가. 애쓰고 관심을 가져 미리 불상사를 예방

하려 할 것이다. 될 수 있으면 알레르기의 원인을 찾아 해결해 주려 할 것이다. 그것이 부모의 마음이다. 아마 이 글을 읽는 부모들 대부분은 종류는 다르겠지만 그렇게 애를 쓰는 것이 하나쯤은 있으리라 생각한다. 아토피로 고생하는 아이, 주의력 결핍의 아이, 난폭한 아이, 소심한 아이, 반항적인 아이, 계절마다 감기를 달고 사는 아이 등 대부분의 부모는 아이들의 상황에 따라 세심한 관심을 가지고 아이를 지키고 주의를 주며 어떻게 행동해야 하는지 부지런히 가르칠 것이다. 입이 마르고 닳도록.

아이에게 귀에 딱지가 앉도록 말해 놓으니 이제 일곱 살짜리 아이도 알아듣고 스스로 챙기지 않는가. 그런데 정작 아이의 영원한 생명이 경각에 달렸는데 그것에 대해서 우리는 얼마나 가르치고 있는가? 부지런히 그리고 쉴 새 없이 말해서 귀에 딱지가 앉아 있는가? 복음의 내용을 선명하고 명확하게 알고 스스로 예수님을 믿는 것이 얼마나 중요한지 알고 있는가?

부모가 해야 할 가장 중요한 일이 있다면 바로 아이에게 이 일 말의 가능성, 그것이 없으면 다른 방법이 없다는 것을 사생결단하고 가르쳐야 한다. 그렇지 않으면 그 아이도 결국은 모두가 망해가는 그 길을 너무도 쉽게 가게 될 것이다. 한번 아이가 알레르기로 고생하는 것을 본 아내는 오늘도 아이에게 단단히 이른다. "땅콩 조심해!" 이 절박감이 알레르기보다 더한 영원한 죽음의 병에 걸린 아이들을 향해서도 있었으면 좋겠다. "땅콩 조심해!", "땅콩 있는 것은 절대 안 돼!"라고 하는 그 입으로 이제 "죄 조심해!", "죄를 지었으면 예수님께 나아가야 해!"라고 말해주는 부모들이 많아졌으면 좋겠다. 온 관심을 육신의 안전보다 영원의 안전을 위해 더 쏟으면 좋겠다.

자녀와 함께 죄에 대해 고민하기

자, 이제 자녀와 이 심각한 이야기를 한번 해 보자. 다음의 내용을 아이와 순서에 따라 대화로 풀어보자.

> **기** | 부모도 스스로 죄인임을 인정하자 – **자신의 부족 인정**
> **승** | 아이도 스스로 죄인임을 인정하게 하자 – **죄의 문제 함께 고민**
> **전** | 기본값을 해결할 방법이 예수님밖에 없음을 가르쳐 주자 – **복음 제시**
> **결** | 자신의 기본값을 가지고 하나님께 나아가자 – **회개와 영접의 기도**

사실, 아이가 자신의 잘못이나 죄를 인정하기가 쉽지 않다. 좀 전에 잘못해 놓고도 발뺌하는 것이 아이다. 일곱 살짜리 딸이 종종 오빠에게 시비를 걸다 혼이 난다. 오빠가 귀찮아서 밀치거나 짜증을 내면 자기가 잘못한 것은 쏙 빼고 오빠가 자신을 밀쳤다며 금세 엄마에게 이른다. 그 광경을 처음부터 엄마가 다 듣고 지켜봤는데도 자신은 잘못한 것이 없다 발뺌하고 오리발을 내민다. 엄마가 봤다고 해도 그런 적이 없다고 할 때는 다음부터는 비디오로 촬영하거나 집 안에 CCTV를 설치해야 하나 하는 생각이 들기도 한다. 이 아이를 어찌해야 할까?

아이가 스스로 죄를 고백하고 인정하는 것이 결코 쉬운 일은 아니다. 내 힘으로도 되지 않는다. 작정하고 우기면 어떻게 할 도리가 없다. 그러나 최소한 자신의 죄에 대해 생각할 기회는 만들어 주어야 한다. 비록 성령님이 적당한 때에 적당한 방법으로 인정하게 해 주시지만, 성령님이 일하실 기회는 드려야 할 것이 아닌가. "그런즉 그들이 믿지 아니하는 이를 어찌 부르리요 듣지도 못한 이를 어찌 믿으리요 전파하는 자가 없이 어찌 들으리요" 로마서 10장 14절 말씀이다. 전하지 않으면 듣지 못하고 듣지 못하면 믿지 못한다는 당연한 귀결을 말하고 있다.

"전해야 듣는다."는 말을 필자는 "가르쳐야 알게 된다."고 읽는다. 그래서 최소한 자녀들이 스스로 죄에 대해 생각할 수 있도록 전해야 하지 않을까. 바르게 가르쳐야 하지 않을까. 말귀를 알아듣게 설명해야 하지 않을까. 그러려면 무엇보다 부모 자신이 "너는 죄인이야."라고 소위 지적질(?)을 하기 전에 스스로 자신이 죄인임을 자녀에게 고백할 필요가 있다. 부모가 먼저 자신이 죄인이라고 자녀에게 고백하고 인정한다고 해서 자녀가 "그래요. 아빠. 평소에 보니 아빠는 죄인 같아요. 문제가 많아요. 회개하세요." 그럴까? 필자의 경험에 의하면 그렇지 않다. 오히려 아이들이 그런 부모를 보고 신뢰감을 가진다. 하나님 앞에서 죄를 고백하고, 자녀에게 자신의 죄인 됨을 인정하는 부모 앞에서 자녀들 또한 스스로 부족한 점도, 죄도 내려놓는다.

잊지 말자. 부모는 완벽하지 않다. 부모도 예수님이 필요한 존재다. 죄인이며 실수투성이다. 그래서 완벽한 척 연기할 필요도 이유도 없다. 다만 아이들 앞에서 죄인임을 깨끗이 인정하고 함께 죄에 관해 이야기할 수 있는 시간을 가지는 것이 필요하다. 그러고 나서 아이와 대화의 시간, 죄와 복음에 대해 질문하고 답하는 시간을 가져 보라. 이를 위해 부모 스스로 자신이 예수님을 인격적으로 만나게 된 이야기를 나눌 필요가 있다. 그러면 처음 주님을 만났을 때의 은혜가 다시 새록새록 느껴지며 우리 아이들도 그 은혜 속으로 인도할 동력을 얻게 될 것이다. 무엇보다 어떻게 아이들에게 말해야 할지 성령님이 도와주실 것이다. 부디, 이제 자녀들과 기본값을 청산하기 위해 시간을 가져 보자.

새로운 기본값 매기기, 꼬리표 떼기

첫째 아이가 초등학교 6학년 나이에 귀국하게 되었다. 미국에서는 지역별로 차가 좀 있지만 대개 6학년부터 중학교에 들어간다. 그래서 이 아이는 중학교 한 학기를 다니다 다시 초등학교 6학년에 복학하는 놀라운 일을 경험했다. 시간이 조금 지나자 필자에게 아주 충격적인 일이 일어났다. 우리 아이가 그런 아이가 아니었는데 어느 날 "아빠 저 아이는 공부 잘하는 아이야!", "그리고 저 아이는 공부 못하고." 그러는 거다. '아, 한국은 평소에 공부로 사람을 평가하는 곳이었지'하는 생각이 퍼뜩 들었다. 초등학교 6학년이 공부를 잘하면 얼마나 잘하고 못하면 얼마나 못할까. 그런데 이미 그 어린 나이에 다른 아이의 성적으로 꼬리표를 떡하니 붙여놓은 것이다.

 길을 지나다 교양 없는 부모가 아이를 가르친답시고 하는 말을 듣고 아연실색한 적이 있다. 길에서 열심히 노동일을 하는 분을 곁에 두고 아이에게 하는 말이 "너, 저 아저씨 힘들어 보이지? 공부 열심히 안 하면 너도 저렇게 돼!" 도대체 생각이 있는 사람인가 싶어 지나가다 말고 그 엄마의 얼굴을 빤히 쳐다본 적이 있다. 그 얼굴이 궁금해서.

 그 아이 엄마는 지금 세 가지를 아이에게 가르치고 있다. 첫째는 사람은 빈부의 귀천이 있다는 것을 가르치고 있다. 즉, 사람은 그가 하는 일에 따라 격이 달라질 수 있다는 것을 암묵적으로 가르치고 있다. 자신의 자녀가 어떻게 될 줄 알고 그러는지 모르겠다. 자신의 자녀라고 소위 그녀가 손가락질하는 그 일을 하지 말란 법이 있을까? 둘째는 얼굴도 모르는 한 사람을 대상화해서 비하하고 있다. 아이의 교육을 위해서. 다른 말로 아이의 교육을 위해서는 비도덕적인 비유와 대상화도 가능하다는 것을 보여주고 있다. 내 아이만 보이고 다른 사람은 보이지 않는 것이다. 지금 노동일을 하며 고생하는 그분에 대한 최소한의 예의도 가르치지 않는 것이다. 무엇보다 중요한 마지막은 사람에 따라 무시

해도 된다는 것을 가르치고 있다. 자신도 그렇게 무시당할 수 있다는 것을 모른 채.

생각해 보라. 만일 그 아이 엄마보다 좀 더 지위가 높고 성공한 부모가 아이를 데리고 지나가다가 그 아이 엄마를 가리키며 이렇게 말했다고 하자. "저기 봐. 저 아줌마 있지? 자기는 뭐 대단한 줄 아는 모양이다. 그치? 내가 볼 때는 자기도 뭐 대단한 것 없는데 말이야. 최소한 우리 정도는 되어야지. 저 아이도 봐! 그 엄마랑 비슷하지? 열심히 공부해! 아니면, 너도 저렇게 된다." 그러면 뭐라 말할 건가? 좀 전에 스스로 능력 없으면 고생한다고 가르쳤으니 할 말이 없어진다. 잊지 말자. 아이들은 우리의 거울이다. 지켜보고 있는 그대로 배우고 따라 한다. 예수 그리스도를 믿는 부모만이라도 아이들에게 이런 잘못된 꼬리표를 붙이지 말았으면 좋겠다.

이미 초등학교 시절에 어떤 아이를 향해 공부 못하는 아이라고 낙인을 찍는 내 아이를 보며 생각을 많이 했다. 과연 이 아이를 계속 학교에 보내야 하나 하는 고민을 하다, 그 이후로 중학교를 보내지 않았다. (홈스쿨링을 시켰다. 그리고 검정고시를 치게 하고 얼마 전에 고등학교를 들어갔다.) 아직 피어보지도 못한 꽃을 향해 꽃을 피우기 어렵다고 낙인을 찍고 물을 주지 않으면 어쩌란 말인가. 아이들은 칭찬을 먹고 자란다. 격려와 사랑의 물을 주고 미래에 대한 소망과 꿈의 거름을 주면 쑥쑥 자란다. 성령님의 인도하심은 그 모든 것의 기초임은 물론이다.

> 사랑 담은 격려와 칭찬 + 소망 담은 꿈과 비전
> + 믿음 담은 엄마 아빠의 신뢰
>
> 성령님의 인도의 기초
>
> **= 건강하고 신실한 아이**

그렇다. 사랑을 담은 격려와 칭찬이 아이로 춤추게 한다. 소망을 품고 그 아이의 장래가 밝다며 꿈과 비전을 심어주면 열심히 미래를 설계하고 달려간다. 무엇보다 믿음을 가지고 부모의 신뢰를 심어주면 아이가 날아다닌다. "엄마, 아빠는 나를 믿어!" 이런 믿음이 아이의 마음에 심어지면 비록 어려움과 고난이 있어도 이를 극복하고 찬란하게 꽃을 피울 것이다. 그런데 "저 아이는 공부 못하고" 이 한 마디로 이 모두를 무위로 만들 수 있다. "너는 안 돼!" 이 말과 같지 않은가. "우리는 너를 안 믿어!" 이 말과 같다. "너는 소망이 없어!" 이 말과 무엇이 다른가. 그래서 너무 일찍 부정적인 꼬리표를 달아주지 않도록 조심해야 한다.

꼬리표 전쟁, 죄인의 형상 vs. 하나님의 형상

"저 아이는 공부 못하고" 이 말에 필자가 우리 아이에게 어떻게 반응했을 것 같은가? 아이를 불러 정색을 하며 말했다. "온유야,

공부를 잘하고 못하는 것이 중요한 것이 아니야. 공부 좀 못하면 어떻고 잘하면 어때. 중요한 건, 그 아이가 너의 친구라는 거야." 친구는 좋은 친구, 나쁜 친구 혹은 잘난 친구, 못난 친구가 있는 것이 아니라, 내가 더 섬겨야 할 친구와 그렇지 않아도 되는 친구가 있을 뿐이라는 것을 가르쳐 주고 싶었다. 내가 더 사랑해야 할 친구와 그렇지 않은 친구만 있을 뿐이라는 것을 가르쳐 주고 싶었던 게다. 한 마디로 "다시는 낙인찍지 마!"라고 가르친 것이다. 그리고 그 속에는 "다른 아이들도 너를 낙인찍을 수 있어!" 이 말도 가르치려 했던 거다.

과연, 어릴 적 성적 하나로 그 아이의 미래를 예단할 수 있을까? 단언컨대 그렇지 않다. 그 아이의 미래를 인도하시는 하나님은 그렇게 생각하지 않으신다! 하나님에게 있어 온 관심은 그 아이의 성적이나 잘난 모습에 있지 않다. 온 천지의 창조자, 만군의 여호와 앞에 그가 잘났으면 얼마나 잘났고, 그가 못났으면 얼마나 못났겠는가. 잠실의 최고층 빌딩 위에서 아래의 사람들을 보라. 다 작은 점처럼 보인다. 모두가 다 거기서 거기다. 하나님의 높은 기준에서 보면 아무것도 아닌데, 서로 서열을 만들고 구분하기 시작한다. 초등학교 때부터. 안타까운 일이 아닐 수 없다.

이 꼬리표가 어디서 왔을까 생각해 보니, 아마도 어릴 때부터 과도한 경쟁에 내몰리다 보니 그런 것이 아닌가 하는 생각을 하게 된다. 무엇보다 그 속에는 남이 잘되는 것을 시기하는 마음,

남을 정죄하고 깔보는 마음, 남보다 낫게 보이려는 욕망이 작용한 것일 거다. 모두가 인간의 기본값인 죄성에서 비롯된 것들이다. 이를 어찌할까.

이런 심성을 그냥 방치하면 중학생이 되고 고등학생이 되면서 소수의 공부 잘하는 아이들을 제외하고는 모두가 실패자라는 인식을 서로 주고받으며 결국은 스스로 못난 사람으로 치부하게 될 것이다. 소수의 공부 잘하는 아이들을 제외하고 모두가 실패자 즉 '루저'(loser)가 되는 사회, 학교가 되어 갈 것이다. 그리고 서로 헐뜯으며 자신의 기본값인 죄성만 실컷 드러내고 말 것이다. 이것이 일명 하나님의 형상과 비교되는 죄인의 형상(image of sinners)이다.

죄인의 형상. 서로 나쁜 꼬리표를 붙여가며 물고 먹는 사이가 되고 시기, 질투, 분노, 정죄가 가득한 공동체를 만들어가는 악한 형상(形象)이다. 악한 자질이다. 작은 실수에도 비웃고 괴롭히며 얕보는 그런 사회를 만들어가는 인간, 그 속에 숨어 있는 것이 바로 죄인의 형상이다. 자신의 배를 위해 이웃을 착취하며 괴롭히며 '나만 아니면 돼!'라며 저질러지는 모든 행태의 악한 행동의 배후에도 죄인의 형상이 숨어 있다. 이것은 범죄한 인간이면 누구나 하나 쯤은 가지고 있는 형상(形象), 본래의 모습이다.

그런데 이 죄인의 형상이 처음부터 사람 속에 있었던 것은 아니다. 오히려 처음 사람은 하나님의 형상(image of God)으로 지음을 받았다. 창세기 1장 27절은 이것에 대해 이렇게 말한다. "하나님이 자기 형상 곧 하나님의 형상대로 사람을 창조하시되 남자와 여자를 창조하시고" 온 세상 창조주의 형상, 모양을 닮은 존재가 사람이라는 것이다. 하나님의 본래 모습대로 만들어진 존재, 그래서 하나님이 이렇게 감탄하셨다. "보시기에 심히 좋았더라."(창 1:31) 그렇다. 온 세상을 만드시고 마지막에 사람을 만드시고 보시기에 너무 좋았던 존재가 '사람'이었다.

왜 그럴까? 하나님을 닮은 또 다른 존재가 생겨났기 때문이다. 마치 이 글을 읽고 있는 부모 여러분에게 여러분의 모양을 꼭 닮은 아이가 태어날 때 느꼈을 그 전율과 감동, 그것을 하나님이 느끼신 것이다. 내 모습을 쏙 빼닮은 아이, 그 아이가 태어날 때를 떠올려 보라. 아이가 꼼지락거리며 손짓하고 해맑게 웃던 때를 기억해 보라. 나를 닮은 그 아이 속에 나를 보는 기쁨, 표현할 수 없는 감동을 잊을 수 있는가. 하나님도 그러셨을 거다. 그 아이의 하는 짓이 모두 나를 닮았다고 생각하면 절로 춤을 출 수 있지 않은가. 그런 기쁨과 감격을 처음 사람이 하나님께 드린 것이다.

처음 사람, 아담이 그랬다. 하나님의 선한 성품, 뜻과 심성을 그대로 이어받은 하나님의 형상을 그대로 가지고 있었다. 거룩, 선, 정결과 바름을 추구하는 마음, 타인이 잘되면 오히려 기뻐할 줄 알고, 공동체를 위해 섬김을 자연스럽게 실천하는 성품이 바로 하나님의 형상이다. 의를 위해 자신을 희생할 줄 알고, 사랑하기에 인내할 줄 아는 성품, 이 모두가 하나님의 형상이다. 이런 아름다운 모습을 처음 인간 아담과 하와는 가지고 있었고 보여 주었다.

이 하나님의 형상이 첫 사람 아담이 '선과 악을 알게 하는 나무'의 열매를 먹고 다 뒤틀려 버렸다. 심각하게. 도무지 봐 줄 수 없을 정도로 뒤틀려 하나님의 형상 자체가 아예 사라져 버렸다. 그래서 죄가 사람 속에 머물고 결국은 죄인의 형상(image of sinners)만 남게 되었다. 그런데 이상하게도 이 죄인의 형상에 예수 그리스도의 복음이 들어가면 서서히 힘을 잃고 하나님의 형상이 어느덧 나타나기 시작한다. 작은 떡잎을 보이더니 이내 자라 꽃을 피우게 된다. 하나님의 형상이 회복되는 것이다. 그래서 전에는 시기, 질투와 온갖 나쁜 말과 미운 행동만 일삼던 사람이 점점 선과 거룩함을 추구하게 되고 남을 배려할 줄도 알게 되고 섬길 줄도 알게 되는 사람으로 바뀐다. 하나님을 만나 자신의 죄를 고백한 사람들은 타인을 시기하며 내뱉던 말을 버린다. 나쁜 꼬리표 붙이기를 부담스러워한다. 무엇보다 자신에게 붙은 꼬리표도 이제는 신경을 쓰지 않게 된다.

맥스 루케이도의「너는 특별하단다」라는 동화를 알고 있는가.[4] 아마도 한번쯤은 들어보았을 것이다. 엘리라는 목수가 만든 웸믹 나무 사람 마을. 거기에는 이상한 풍습이 있다. 재주가 많고 나뭇결이 좋고 색이 잘 칠해진 나무 사람은 금빛 별표를 받고 반대로 재주도 없고 나뭇결이 거칠면 잿빛 별표를 받는다. 그런데 펀치넬로는 잿빛 별표를 받는 나무 사람 중에서도 가장 많이 받는 축에 속한다. 자신의 처지에 절망한 그에게 어느 날 루시아라는 나무 사람이 나타나는데 그 아이는 별표 자체가 없는 것이다.

이상하다 여긴 펀치넬로가 자초지종을 묻고 자신을 만든 목수 엘리를 찾아간다. 그때 엘리가 펀치넬로에게 한 말이 바로 "너는 특별하단다."라는 말이다. 자신이 별 볼 일 없는 줄로 알았던 펀치넬로가 자신이 얼마나 존귀한 존재인지를 깨닫는 순간, 잿빛 별표가 떨어져 나가면서 자유롭게 된다. 이 동화에서 분명하게 말하려는 것은 두 가지라고 생각한다. 첫째는 누가 꼬리표를 붙여주느냐를 주목해야 할 것이다. 꼬리표는 스스로 붙이거나 남이 붙여 줄 수 있지만 그건 중요한 것이 아니다. 죄인의 형상을 가진 죄인들이 붙여 보았자 죄인의 꼬리표밖에 더 되겠는가. 무엇보다 중요한 둘째는 그 꼬리표는 하나님을 만날 때 자유롭게 된다는 것이다. 누가 붙였든 중요한 것이 아니라는 말이다. 중요한 것은 하나님이 어떻게 생각하시느냐다. 왜냐하면 그가 나를 만드시고 나에 대해 가장 잘 아시기 때문이다.

우리 아이들이 힘들어하는 이유, 나이가 들수록 주눅 드는 이유, 그것은 자신이 누구인지 몰라서 그렇다. 하나님의 형상을 닮은 존귀한 존재, 세상의 그 무엇과도 바꿀 수 없는 존재, 금색 별

표로도 감당할 수 없는 존재이다. 그런데 죄인의 형상을 가지고 있으면 그게 들리지도 보이지도 않는다. 엘리를 만나는 순간, 예수님을 통해 우리의 창조자 하나님을 만나는 순간 하나님의 형상이 화려하게 꽃피게 될 것이다.

누가 결정하는가? 우리 자녀들의 인생을. 누가 달아주는가? 우리 아이들의 인생의 꼬리표를. 하나님만이 아시고, 하나님만이 하실 수 있다. 이를 위해 부모인 우리가 할 수 있는 최선, 죄의 문제와 직면하게 하고 예수님을 소개하는 것뿐이다. 이를 통해 그들의 창조자, 그들의 인생 설계자를 만나게 하면 그다음은 그 설계자께서 하실 것이다.

"

제6장 　신앙교육의 내용 2 :
　　　　 내려놓기

◦ 동심파괴(童心破壞)
◦ 내려놓기 훈련
◦ 하나님 향한 내려놓기 1: 말씀 훈련
◦ 하나님을 향한 내려놓기 2: 기도 훈련

가정신앙교육설명서

악전고투하는 부모들에게

〝 동심파괴(童心破壞)

어릴 적 아주 충격적인 일을 하나 목격했다. 아무것도 모르던 시절, 글쎄 목사님이 화장실로 가시는 거다. '거룩한' 목사님이 용변을 보신다고 생각하니 도저히 믿기지 않아 따라가 보았는데 역시나 나랑 똑같이 용변을 보시는 거다. 충격 그 자체였다. 어디 상상이나 했겠는가. 그래서 교회의 친한 친구와 설왕설래한 기억이 난다. 그 장면을 목격한 나는 목사님이 화장실에 간다고 했고, 그 친구는 아니라고 우겼다. 결론이 어떻게 났을까? 정확하지는 않지만 아마 그 친구가 이겼을 것이다(?). 목사님은 화장실에도 안 가시는 줄 알았던 '초딩' 시절의 동심파괴의 경험이다.

그래도 이 정도는 나은 편이다. 가장 가까운 가족이, 부모님이 생각 외의 행동이나 말을 했을 때 받는 충격은 이루 말할 수 없다. 대부분의 아이처럼 우리 집 아들들도 산타클로스 할아버지를 생존하는 분으로 여겼다. 그래서 으레 성탄절 시즌이 되면 조금은 다른 행동, 다른 모습을 보였다. 그분 앞에 경건하게(?) 보이려 노력한 것이다. 산타클로스 할아버지가 불꽃 같은 눈으로 자신들을 보고 있다 여겼기 때문이리라. 그러다 우연히 그 할아버지가 가상의 인물이라는 것을 알고선 충격에 젖어 있던 아이의 얼굴을 잊을 수가 없다. 마치 나라 잃은 표정을 하며 정말이냐고 따져 묻던 기억이 난다. 철석같이 믿었는데 아니라는 사실에 놀라고, 그걸 말해주는 무심한 아빠에 놀랐던 것 같다.

동심이 여지없이 파괴되는 순간, 아이들은 지금까지 믿었던 다른 것까지 의심하기 시작했다. 동심파괴의 상황이 오면 아이들은 당황하고 회의와 의심을 하게 된다. 다른 것도 그런 것이 아닌가 하는 마음에. 우리 부모가 하는 말이 지금까지 맞았는지 의심하고 회의한다. 산타클로스의 실존 유무가 무에 그리 중요할까. 이런 주제와는 비교도 되지 않는 중요한 일에 아이들의 동심이 파괴되면 걷잡을 수 없는 일이 벌어지기도 한다.

OOO 뒤에 숨다!

필자가 글을 쓰기 좀 전에 화장실을 다녀와 보니 아내의 눈시울이 붉어져 있다. 이야기하는 아내와 그 곁에 자리를 깔고 누워 있는 첫째 녀석이 보였다. 무슨 일이 있나 봤더니 필자가 한동안 혼자 유학을 간 사이 팍팍한 삶을 살았던 아내가 자신도 모르게 아이에게 짜증을 내고 화를 내었던 것을 열일곱의 아이는 기억하고 꾹꾹 눌러 놓았던 마음을 펼쳐 보인 것이다. 초등학교 1학년의 '초딩'의 눈에 엄마가 무서워 자신을 밤에 잡아먹으면 어쩌나 해서 할머니 침대에서 잤다고.

이 이야기를 하며 붉어진 눈시울을 한 아내의 어깨가, 아니 감정이 흔들리는 것을 보았다. 아이의 동심, 엄마가 나를 사랑할 거라는 기대가 여지없이 무너지자 그 아이는 할머니 뒤로 숨어버린 것이다. 실상은 갑자기 두 아이와 생활하려니 힘들어할 할머니에게 미안한 엄마가 지레 초딩 아이에게 조금 더 엄격하게 대했던 것뿐인데 아이는 그걸 엄마가 자신을 사랑하지 않는다 여겼다. 눈에 보이는 행동을 엄마의 진심이라 여기며 오히려 다른 곳으로 숨어버리는 아이들. 그들의 이야기가 바로 우리 집 이야기였던 거다. 그렇게 꾹꾹 눌러 놓았던 이야기를 꺼낸 아들에게 아내가 자세를 고쳐 잡고 진심으로 미안하다고 했다. 동심이 파괴되었던 아이의 마음에 약을 발라 주었다.

동심이 파괴되면 아이는 숨는다. 때로는 그 동심이 신앙의 문제로 연결되면 더욱 큰 문제를 일으킨다. 아내의 친구 중 한 명은 어릴 적 교회에서 선생님이 자신을 가난하다는 이유로 홀대했던 경험 때문에 40년 가까이 교회에 가지 않고 있다. 동심이 파괴되니 신앙에서 너무 멀리 떠나버린 것이다. 이런 일이 가정에도 종종 있는 것을 본다. 신앙 좋다는 부모들, 그들의 자녀 중에 생각보다 많은 수의 자녀들이 부모 때문에 소위 신앙의 동심이 파괴되어 신앙으로부터, 주님으로부터 저 멀리 떠나 버린 경우가 많다.

필자가 미국에 있을 때, 그곳에서 작은 사업을 하시던 신실한 집사님 내외가 있었다. 참으로 신실한 분들이셨는데, 그 집 둘째 아이의 신앙생활이 영 시원찮은 거다. '부모님들은 신앙이 참 좋은데 왜 아이는 저럴까?' 궁금하게 생각했지만, 나중에 그 아이를 가르치는 과외 선생님에게서 그 이유를 알게 되었다. 그 아버지 때문이었다. 신앙 좋은 아버지, 그래서 늘 자신의 기준에 맞지 않는 아들을 나무라고 야단만 쳤던 아버지가 원인이었던 거다. 신앙 좋은 아버지가 시간이라도 날라치면 늘 교회 일에 집중하다 보니 정작 아이와 놀아주고 아이의 마음을 알아줄 시간이 없었다고 한다.

그러니 그 아이의 마음에는 아빠는 무서운 사람, 아빠는 내 마음을 몰라주는 사람으로 낙인찍은 것이다. 그리고 머리가 점점 커 오자, 그 아버지가 교회에서 하는 모습을 모두 이중적으로 보기 시작했고 결국 아버지를 멀리하기 시작한 거다. 그러니 어릴 적 동심, 신앙에 대한 동경이 아버지 때문에 다 깨어지고 결국은 아버지가 믿는 신앙 자체에 회의를 느끼고 멀어져 버린 것이다. 새벽기도를 가기 위해 일찍 자는 아버지를 뒤로하고 친구들이랑 새벽까지 나가 놀다 돌아오던 이 아들, 이 아들은 과연 누구 때문에 이럴까? 그 또래의 아들을 둔 필자에게도 같은 고민이 아닐 수 없다.

동심이 파괴되면 아이들은 저 멀리 떠난다. 부모를 떠나 다른 곳을 찾아 숨어버린다. 다른 곳, 혹은 엉뚱한 곳으로 가버리는 아이들, 숨어버리는 아이들, 이들을 어찌해야 할까? 그곳이 할머니가 되었든, 다른 친구들이 되었든, 그들만의 공간이 되었든, 오늘도 우리의 아이들은 숨을 곳을 찾아 떠나거나 혹은 떠나려 하고 있는지 모른다. 그래서 그들이 떠나기 전에 손을 써야 한다. '마땅히 행할 길을 아이에게 가르치라'는 잠언 22장 6절의 말씀이 다시금 무겁게 다가온다.[1] 혹, 지금 여러분의 가정에는 이런 일이 없는가? 동심파괴의 비극, 이것을 막기 위해 우리가 할 수 있는 일에는 어떤 것이 있을까? 이번 장에 깊이 생각해 보려 한다.

❝ 내려놓기 훈련

앞에서 언급한 아내와 첫째 아이의 대화에서 몇 가지 생각할 대목이 있다. 첫째는 아이가 서운한 마음이 있었고 힘들었지만 이제라도 그때의 서운함을 말해 주어 정말 고맙고 감사하다. 아이가 뜬금없이 그 이야기를 하는 것은 그 마음을 알아 달라는 것이리라. 그런 면에서 아직 아이와 대화할 수 있다는 것이 감사하고 우리에게 기회가 있다 싶어 고마울 뿐이다. 둘째는 이런 아이에게 자신의 부족함을, 실수를 솔직히 고백하는 아내가 사랑스럽고 고맙다. 이런 솔직함을 이 장에서는 내려놓기로 불러 본다. 마지막으로 이런 내려놓기의 과정에서 부모와 자녀가 서로의 진심을 이해하고 간격을 좁힐 수 있을 것 같아 이런 시도들이 가정마다 필요하지 않을까 생각해 본다.

내려놓기, 내가 잘못했다 말하고, 부족한 것을 인정하는 것, 그것이야말로 동심파괴의 최고의 묘약이라 감히 단언한다. 그런데 솔직하게 자신의 잘못을 인정하는 것이 그리 쉬운 일은 아니다. 나이가 들수록 나의 부족함, 심지어 찌질함(?)과 대면하는 것이 부담된다. 아이에게 "내가 잘못 했어!", "내가 실수했어!"라고 말하는 것이 너무 싫고 힘이 든다. 전에 없던 고집과 아집이 나이가 들어갈수록 더 늘어만 간다. 이런 자신과 직면할 때면 나 자신에 대해 심히 유감이다! '왜, 이 모양이냐. 너는' 이런 생각이 들 때가 점점 많아져 안타깝기도 하다. 특별히 아이가 커가면서 그 아이가 나의 잘못을 지적할 때면.

어찌 된 건지 나이가 들수록 말씀도 더 많이 읽고 듣고 묵상하고, 온갖 좋은 것은 더 열심히 따라 해 보는데 속사람은 더욱 안 고해져 간다. 이를 어찌해야 할까? 그래서 더욱 엎드리지만, 그것조차도 힘들 때가 많다. 그래서 아이가 나의 부족함을 지적해 줄 때, 아내가 문제 있다 말할 때 오히려 완고하게 외면하려는 자신을 발견하고는 때로 화가 난다. '주님, 이 못난 자를 어찌해야 할까요?' 그렇게 기도할 때가 종종 있다. 고집스레 잘못을 돌이키지 않으려는 모습이 성경 속의 그들과 너무 닮아 놀라고, 이런 나를 닮아가는 아이들을 보며 또 한번 놀란다. 이것이 필자만의 이야기이기를 바랄 뿐이다. 하지만 만일 이런 고민이 있다면 이제 다시 자신과 직면하는 시간, 부족함을 내려놓는 시간이 필요하지 않을까. 그래야 이런 나를 보고 우리 자녀들도 제대로 좀 배우게 될 것이다.

   나와 자녀를 위해 내려놓기를 할 때 세 가지 방향으로 진행되면 좋겠다. 첫째는 하나님을 향한 내려놓기다. 자녀들은 부모의 소유가 아니지 않은가. 하나님이 맡기셨으니 하나님께 돌려드려야 할 것이다. 이런 면에서 하나님을 향해 내려놓는 것이 필요하리라. 둘째는 자녀를 향한 부모 자신의 내려놓기다. 부모들이 여전히 자녀를 향해 내려놓지 못하는 세속적인 욕망, 요구, 기대, 그리고 자신의 가치관대로 만들려는 욕구를 내려놓는 것이 필요하다. 마지막으로는 자신과의 대면이다. 자녀들과 생활하면서 느끼는 자신의 여러 문제와 부족을 솔직하게 내려놓는 것이다. 이런 면에서 전술한 아내의 예는 세 번째에 해당한다. 이제 각각을 살펴 내려놓기를 해 보도록 하자.

하나님 향한 내려놓기 1: **말씀 훈련**

내려놓기를 말하면서 자녀에게 비단 잘못했다 말하는 것으로 그치는 건 곤란하다. 내가 그간 가졌던 가치관, 생각, 세계관, 심지어 고집과 성향도 때로는 하나님의 말씀과 뜻에 맞지 않으면 내려놓아야 한다. 아니, 어떻게 이렇게 복잡다단한 세상으로 자녀들을 보내면서 내 생각과 내 뜻대로만 될 거라 믿을 수 있나. 내 일도 내 맘대로 되지 않는데, 어떻게 이렇게 악하고 음란한 세대에 살아갈 우리 아이들이 내 뜻대로 될 거라 믿고 확신할 수 있나. 그렇게 순진하게 믿는 것 자체가 나를 너무 과신하는 것이 아닐까. 오히려 이런 내 고집과 생각을 내려놓는 것에서 시작해야 하리라.

우선, 하나님께 나의 자녀들을 맡기는 것에서 시작해야 할 것이다. 내 힘이 아닌 하나님의 능력과 인도하심에 나의 자녀들을 맡기는 것, 그것에서 시작하는 내려놓기가 필요하다. 그 시작은 자녀들을 향한 나의 뜻이 아닌 하나님의 뜻이 어떠한지 발견하는 것이어야 한다. 다른 말로 하나님을 향해 내 뜻을 내려놓고 우리 아이를 향한 하나님의 뜻을 찾는 것에서 시작해야 하리라.

하나님은 우리 자녀들에게 어떤 뜻, 어떤 계획을 세우고 계실까? 먼저 신명기 6장 1~2절을 살펴보자.

> ¹이는 곧 너희의 하나님 여호와께서 너희에게 가르치라고 명하신 명령과 규례와 법도라 너희가 건너가서 차지할 땅에

서 행할 것이니 ²곧 너와 네 아들과 네 손자들이 평생에 네 하나님 여호와를 경외하며 내가 너희에게 명한 그 모든 규례와 명령을 지키게 하기 위한 것이며 또 네 날을 장구하게 하기 위한 것이라

내용을 찬찬히 살펴보면 하나님은 가나안 땅에 들어가 살아갈 이스라엘 백성들, 특별히 부모들에게 하나님의 약속의 말씀인 명령, 규례, 법도를 자녀들에게 부지런히 가르치라 명하신다. 하나님의 백성이면 지켜야 할 명령, 절기와 예식들, 그리고 하나님의 백성 된 도리를 부모들 자신부터 지키고 그다음에는 자녀들, 그들의 자녀까지 가르치라 말씀하신다.

이방인들이 가득한 가나안 땅 한가운데서 하나님이 주신 기준을 제대로 지키며 살라 하신 것이다. 대한민국 국민이면 누구나 대한민국의 법을 지켜야 하듯, 하나님의 백성이면 하나님나라의 법, 하나님의 명령과 규례와 법도를 지키라는 것이다. 비록 가나안 땅에 살고, 이방인들 가운데 살지만 그들의 소속은 가나안 땅이 아니라 하나님이며, 그들의 나라는 그들의 것이 아닌 '하나님'의 것이라는 분명한 원칙을 세우며 살라 명하신 것이다.

가나안 사람들(이방인들)이 볼 때, 이스라엘 백성들은 어중이떠중이들처럼 기준 없이 아무렇게나 사는 사람들이 아니라 하나님이 주신 말씀을 지키는 하나님의 백성임을 보여주라 명하신 것이다. 여러분은 부모로서 어느 나라 소속인가? 하나님의 나라인가, 아니면 세상 나라인가? 비록 세상에 살지만, 하나님나라

소속으로 살고 있는가? 여러분의 자녀들도 그러한가?

한 책의 사람[2]

가나안 사람들, 그들은 기준도 법도도 없이 자기들 편의대로 살아간다. 하지만 하나님은 당신의 백성인 이스라엘 백성들만은 '말씀의 사람'이자 '한 책의 사람'이라는 것을 잊지 말라 말씀하신다. 그렇다. 우리 믿는 성도들은 분명한 삶의 기준이 있는 사람들이다. '한 책의 사람'이자 성경 말씀의 기준에 따라 사는 사람이다. 그래서 어떤 유혹이 와도 흔들리지 않고 그 기준에 맞게 살아가려 애쓰고 때로는 그것 때문에 핍박도 감수하는 사람들이 바로 우리이다.

한 책의 사람들의 이야기 하나. 주후(A.D.) 180년 7월 17일, 남자 일곱 명과 여자 다섯 명이 북아프리카에서 가장 큰 도시 중의 하나인 카르타고에서 재판을 받았다. 그 재판을 주재하던 총독이 재판 중에 그들에게 묻는다. "당신들의 가방에 무엇이 있소?" 그 열두 명 중 한 명인 스페라투스(Speratus)가 대답한다. "몇 권의 책과 바울의 서신들이 들어 있습니다. 그는 참 좋은 사람이지요." 스페라투스가 말했던 몇 권의 책과 바울의 서신은 오늘 우리가 읽는 신약성경 일부를 일컫는다. 결국 이들은 그들이 가방에 넣어왔던 그 성경이 보여주는 예수님의 죽으심과 부활을 믿는다는 이유로 참수형, 즉 목 베어 죽임을 당한다.[3]

어떻게 그들은 자신들의 죽을 자리에 참수형의 명분이자 이유가 되는 성경을 가지고 갈 생각을 했을까? 아무리 생각해도 이해가 되지 않는다. 오히려 그걸 감추었어야 하는 것이 아닐까? 그런데 그들은 자신이 재판받는 이유이자 죽을 증거인 성경을 버젓이 재판정에 가지고 갔다. 왜 그랬을까? "우리는 이 성경대로 믿는 사람이요.", "우리는 이 성경을 가지고 다니는 것을 부끄러워하지 않소.", "우리는 이 성경대로 살려는 사람이요."라고 외치고 싶어서 그랬는지 모르겠다.

어쩌면, 생의 마지막을 예상하고 마지막까지 성경을 붙들고 싶었는지 모르겠다. 여하튼, 그들은 그 성경의 기준대로 살다가 죽었고, 죽음의 자리에까지 그것을 놓지 못했다. 아니, 놓지 않았다. 어떻게 이렇게 무모할 수 있을까? 성경이 너무 좋고, 그 기준에 따라 살고 싶어서 그랬지 않았을까. 한 책의 사람들은 이런 사람들이다. 그리고 이런 사람들이 지금껏 그 한 책인 성경에 전부를 걸고 살아오고 있고 그들의 후예가 바로 우리다. 그래서 우리 또한 한 책의 사람이 되어야 한다.

훈련의 핵심, 말씀에 익숙해지기

그렇다. 하나님을 모르는 사람들은 자신들의 기준대로 살고, 그것이 괜찮을 줄 알지만, 하나님의 백성들은 철저히 하나님의 기준, 하나님의 가치관, 하나님의 방법을 추구한다. 그래서 말씀을 가까이해야 하고 그렇게 하다 보면 말씀이 좋아 심지어 죽음의 자리에도 그걸 가져가려 할 것이다. 나와 나의 아들들과 딸도 그랬으면 좋겠다. 성경이 너무 좋아 어떤 자리든 들고 다녔으면 좋겠다. 말씀이 너무 좋아 읽고 묵상하고 연구하고 싶어졌으면 좋겠다. 그래서 매일 말씀을 펼칠 수 있었으면 좋겠고, 그 말씀대로 살아가다가 울기도 하고 웃기도 하면서 말씀이 그들의 온 마음을 사로잡았으면 좋겠다.

하나님도 이런 마음이 아니셨을까? 신명기 6장 6~9절에 하나님의 이 마음이 고스란히 드러난다.

> [6]오늘 내가 네게 명하는 이 말씀을 너는 마음에 새기고 [7]네 자녀에게 부지런히 가르치며 집에 앉았을 때에든지 길을 갈 때에든지 누워 있을 때에든지 일어날 때에든지 이 말씀을 강론할 것이며 [8]너는 또 그것을 네 손목에 매어 기호를 삼으며 네 미간에 붙여 표로 삼고 [9]또 네 집 문설주와 바깥 문에 기록할지니라

하나님은 어떻게든 하나님의 백성들과 그들의 자녀들이 말씀이 너무 좋아 어떤 자리든 들고 다니길 원하셨다. 아니, 어떻게든 말씀이 그들의 삶에 자연스럽게 되길 원하셨다. 자연스럽게 말씀을 읽고 기억하고 실천하기를 원하셨다. 일명 '말씀에 익숙해지기 작전'을 구사하신 것이다.

그렇다. 말씀과 가까이하는 훈련, 무엇보다 우리의 생각과 고집을 내려놓는 가장 좋은 방법은 말씀에 익숙해지는 것이다. 보라. 집에 앉아 있을 때든지, 누워있을 때든지, 일어설 때든지 말씀을 가르치라고 하신다. 즉, 시도 때도 없이 기회만 되면 가르

치라고 하신 것이다. 심지어 옷에도 얼굴에도 눈에 띄는 곳에는 어디든 붙여놓고 가르치라 하신다. 한마디로 말씀에 전부를 걸고 말씀을 가르치는 최적의 환경을 만들어서 어떻게든 그 말씀에 익숙해지도록 하라는 것이다.

이제 여러분 삶의 현장으로 가보자. 어떻게 할 수 있을까? 다음의 내용을 실천해 보면 어떨까?

- **책상에 앉으면 눈높이에 말씀이 눈에 띄게 해 보자.**
- **누워 있으면 천장에 말씀이 보이도록 해 보자.**
- **일어나면 자녀들과 함께 성경을 읽어 보자.**
- **읽는 것이 어려우면 함께 듣도록 해 보자.**
- **규칙적으로 함께 큐티를 해 보자(같은 본문으로).**
- **핸드폰에 앱을 온 가족이 깔아 보자.**

요즘 성경을 들을 수 있는 좋은 애플리케이션 프로그램이 너무 많다. 필자도 아침마다 출근하면서 말씀을 듣는데, 참 좋다. 무엇보다 자연스럽다. 말씀을 가까이 느낄 수 있고 무엇보다 은혜가 된다. 심지어 우리가 가장 많이 들여다보는 핸드폰에 성경암송 앱을 깔아보자. 그리고 틈나는 대로 외워 보자. 아이들과 함께 그것을 나눠 보고 가족 대회도 열어보자. 무엇보다 함께 말씀 묵상을 하며 적용해 보고 그 결과와 기도 제목을 나눠 보자. 그러다 보면 어느새 말씀이 익숙해지지 않을까.

우리 신앙의 선배들은 성경 말씀에 익숙해지기 위해 6가지 방법을 전통적으로 지켜왔다. 성경 읽기, 듣기, 공부하기, 암송하기, 묵상하기, 실천하기가 그것이다. 여기에 한국교회는 또 다른 좋은 전통을 하나 더 보탰는데 성경을 필사하는 것이다. 성경의 구절을 시간을 정해놓고 차근차근 종이에 기록하거나 컴퓨터 프로그램에 기록하는 교회나 개인이 어마어마하게 많다. 이뿐이랴. 성경의 몇 구절을 쓰고 묵상 일기 형식으로 쓸 수도 있다.

이처럼 생각해 보면 얼마나 다양한 방법이 있는지 모른다. 관건은 그것을 오늘 당장 실천하느냐이다. 대개 시도하려고 계산만 잔뜩 하고 실제로는 실행에 옮기지 못하는 경우가 많다. 그러지 말고 오늘 당장 내가 할 수 있는 것을 이 중에 하나 골라 시작해 보자. 말씀에 익숙해지기. 위의 신명기 구절은 눕고, 앉고, 일어서는 모든 일과를 관통하고 있다. 그런데 그것을 하나님이 일일이 구구절절 예를 들고 계신다. 입이 아프도록. 하나님의 마음이 전해지지 않는가? 어떻게든 말씀을 가까이 두도록 하려는 아버지의 마음이.

이런 면에서 자녀와 함께 말씀을 읽고 묵상하는 큐티 훈련을 하는 것을 적극적으로 추천한다. 먼저 적절한 큐티 교재를 선택하라. 부모와 자녀의 큐티 교재는 방식에서는 다르겠지만 본문은 같은 것으로 택하라. 그리고 시간을 정해서 묵상해도 좋고, 그렇지 않으면 정해진 시간에 묵상한 것을 나누도록 해 보라. 같은 본문으로 함께 말씀을 묵상하면서 서로의 생각을 나누고 함께 말씀의 은혜 속으로 들어갈 수 있다. 이보다 귀한 훈련이 또 있을까.

훈련의 전제조건, 부모(나)부터 훈련하기

그런데 이 모든 것의 전제는 신명기 6장 6절에 있다. "오늘 내가 네게 명하는 이 말씀을 너는 마음에 새기고" 바로 부모가 먼저 하나님의 말씀을 마음에 새기는 것이다. 자녀교육에 대한 글을 쓴 루 프리올로의 도전을 깊이 생각해 볼 필요가 있겠다. 그의 말을 그대로 인용한다.[4]

> Q: 잉꼬에게 말하는 법을 가르칠 때 지켜야 할 첫 번째 수칙은 무엇인가?
> A: 여러분이 잉꼬보다 어휘가 더 풍부해야 한다.
> Q: 자녀들을 훈련할 때 지켜야 할 첫 번째 수칙은 무엇인가?
> A: 여러분이 자녀들보다 훈련이 더 잘 되어 있어야 한다.

그래서 부모가 먼저 말씀에 익숙해지도록 부지런히 훈련해야 한다. 묵상 훈련도, 암송 훈련도, 읽기 훈련도. 그렇지 않으면 나중에 자녀가 묻는 말에 제대로 답변도 못 하는 어려움을 겪게 될 것이다. 부디 말씀에 익숙해지는 부모들이 되길 기도한다. 그리고 그런 부모들 덕에 말씀에 익숙해지는 자녀들이 많아지길 기도한다.

하나님을 향한 내려놓기 2: 기도 훈련

내 힘이 아닌, 기도의 힘

유학을 다녀와서 7년 만에 고향 집 필자의 방에 들어섰을 때다. 침대 위 한 문구가 필자를 눈물짓게 했다. 평소 어머니가 그 방을 사용하셨는데 머리맡에 친근한 어머니 글씨로 이렇게 적혀있는 메모가 붙어있었다. "나의 눈물을 주의 병에 담으소서." 시편 56편 8절의 일부다. 유학 간 아들에게 재정적인 지원을 제대로 못 하셨던 어머니는 못내 안타까워하며 늘 미안해하셨다. 대신 이렇게 구절을 써 놓고 시간이 날 때마다 기도하셨던 거다.

필자에게는 돈이 많고 넉넉한 어머니보다 이렇게 기도해 주시는 어머니가 계셔 더 감사하다. 그 이유는 하늘 아버지께서 모든 것을 채워주셔서 은혜 가운데 유학 생활을 끝까지 마칠 수 있었기 때문이다. 그 배경에는 이렇게 성경 구절을 적어 놓고 작심하며 기도해 주셨던 어머니가 계셨기 때문에 가능했다고 생각한다.

아들을 위해 기도해 주시는 어머니, 그 어머니의 기도 힘으로 오늘도 그 아들은 사역을 감당하고 있다. 이런 어머니이시니 늘 전화를 할 때마다 하시는 말씀도 하나다. "우쨌든지 기도해라! 그리고 운동하고." 그렇다. 먼저 기도하고 그다음은 몸 생각하라는 것이다. 많은 부모는 반대로 이야기한다. 운동하고 기도하라. 혹은 몸 생각하며 열심히 하라. 그렇게 가르치고 부탁한다. 결국

"너의 힘으로 해결하라"는 말과 무엇이 다를까. 그런데 필자의 어머니는 "우쨌든지 기도해라." 말씀하신다. 그래서 감사하다. 때를 얻든지 못 얻든지 기도하라시는 어머니는 기도의 응답, 기도의 비결을 이미 아시는 분이시니 그러셨으리라.

새벽마다, 시간이 날 때마다 "나의 눈물을 주의 병에 담으소서." 이 구절을 보고, 생각하시며 눈물로 아들을 위해 기도하셨던 어머니의 기도 흔적, 그것을 보며 느끼는 바가 많았다. 내가 잘해서, 열심히 해서 이나마 된 줄 착각할 때마다 그 구절을 다시금 떠올리곤 한다. '그렇구나. 내가 아니라 하나님이 도와주셔서 가능했고, 그 배후에는 하나님으로 일하시게 끊임없이 간구했던 내 어머니의 기도가 있었기 때문이구나.' 깨닫는다.

어머니께 배운 기도

기도 훈련을 말하려면 필자의 어머니와 필자의 어머니의 어머니 즉 외할머니를 생각할 수밖에 없다. 두 분은 필자에게 기도의 모델이자 끈질기게 기도하시는 기도의 표본이시기 때문이다. 핍진한 시절, 사방이 욱여쌈을 당한 것 같은 상황에서 오직 열려있는 하늘을 향해 어려울 때마다 기도하셨던 어머니, 그리고 그렇게 기도하는 법을 더 어렵던 시절 친히 삶으로 가르치셨던 외할머니를 필자는 알고 있다. 그분들은 자신들의 할 수 없음에 주눅 들거나 포기하기보다 오히려 그것을 깨끗이 인정하고 하나님의 도움을 더욱 절실히 구하셨다.

필자는 재정적인 어려움, 관계의 어려움, 건강의 어려움을 많이도 겪고 자랐다. 그런데 그럴 때마다 한숨과 포기보다 기도하시는 어머니를 더 많이 보았다. 상황은 여전한데 기도한 후에는 늘 하나님께서 해 주실 거라 말씀하시던 어머니를 기억한다. 자신의 부족함, 할 수 없음을 내려놓기가 얼마나 어려운지 아는가. 그런데 필자의 어머니는 어쩔 수 없는 상황, 극단으로 몰려가는 상황에서도 당황하지 않고 오히려 자신의 부족함을 인정하는 계기로 삼으셨다. 그리고 어머니 당신은 할 수 없으니 하나님께 도와주십사 새벽마다 울며 하나님께 매달리셨다.

한나에게서 배우다!

기도의 본질이 무엇일까? 그것을 잘 보여주는 것이 바로 한나의 기도다. 사무엘의 어머니 한나, 그녀에게는 남들이 모르는 아픔과 고통이 있었다. 좋은 남편이 있었지만, 아이를 낳지 못하는 당시 여인으로는 치명적인 약점을 안고 있었다. 구약성경의 문화 속에서 자녀는 하나님이 주신 복으로(시 127:3-5), 아이를 못 가지는 것은 반대로 하나님의 버림을 받은 것으로 간주하였는데 그 고통은 엄청나게 컸다.

자녀를 출산하지 못해서 고통 가운데 있었던 여인들이 구약성경에 종종 나오지 않는가. 그리고 그것 때문에 남편과 때로는 다투기도 하고 스스로 주눅 들어 무리수를 두고 인간적인 방법을 취하다 실수하는 모습을 보이기도 한다. 그만큼 출산을 못 하는 여인에 대한 당시의 인식이 좋지 못했기 때문이다. 아브라함의 아내 사라, 야곱의 아내 라헬, 엘리야를 봉양했던 이방인 수넴 여인 등 그들의 스토리 면면에 아이를 갖지 못하는 슬픔과 아픔, 그리고 고통이 고스란히 드러난다.

그들이 자녀를 갖게 되자 어떻게 반응했는지 아는가? 사라는 "하나님이 나를 웃게 하시니 듣는 자가 다 나와 함께 웃으리로다"(창 21:6)라며 아들의 이름을 웃음이라는 뜻의 '이삭'이라 짓지 않았는가. 얼마나 기뻤으면 그랬을까. 라헬은 요셉을 낳게 되자 "하나님이 내 부끄러움을 씻으셨다"(창 30:23)며 기뻐했다. 기나긴 세월을 부끄러움 가운데 살았음을 아이를 낳고 나서야 토로할 수 있었다. 당시의 문화가 아이를 갖지 못하는 여인에게 그토록 가혹했기 때문이다.

한나에게는 이런 주변의 따가운 시선 외에도 남편 엘가나의 다른 아내 브닌나가 끊임없이 힘들게 했다. 사무엘상 1장 6절은 이렇게 되어 있다. "여호와께서 그에게 임신하지 못하게 하시므로 그의 적수인 브닌나가 그를 심히 격분하게 하여 괴롭게 하더라." 물론, 당시 고대 근동의 문화는 남편이 아내를 여럿 둘 수 있는 상황이라 또 다른 아내가 있다는 것은 자연스러웠을 것이다.

하지만 여인들의 투기는 시대를 넘어 얼마나 무서운지 알지 않는가. 이런 때 자녀가 없다는 것은 상대편 아내에게 결정적인 약점이 될 수 있고, 반대로 상대편 아내는 그 문제를 지속해서 걸고넘어질 여지를 남긴다.[5] 더욱이 남편 엘가나가 한나를 더 사랑한다는 것을 알게 되면 그녀의 질투는 한나의 약점을 더욱 집요하게 물고 늘어질 수밖에 없지 않았겠는가. 그래서 성경은 그녀를 적수로 표현하지 않는가(삼상 1:6).[6] 조금만 생각해 봐도 적수가 어떤 가혹하고 잔인한 말을 했을지 짐작할 만하다. 아이가 없는 여인의 절망을 느낄 수 있다.

이렇게 매번 브닌나로 속을 끓이는 한나에게는 두 가지 선택의 길이 있었다. 하나는 아브라함의 아내 사라나 혹은 야곱의 아내 라헬이 했던 방식을 따르는 것이다. 자신은 아이를 못 낳으니 자신의 여종으로 아이를 낳게 하고 그 아이를 방패 삼아 그 어려움을 피하는 것이다. "여기 내 아이가 있다." 이렇게 내세울 수 있었을 것이다. 그런데 이 방법은 지극히 인간적인 방법이다. 단지 대리로 자녀를 낳고 자신의 부족함을 매울 수는 있겠지만 근원적인 해결책은 못 된다.

다른 하나의 방법은 어찌 되었든 자녀 출산은 하나님께 있으니 하나님께 내려놓고 하나님께 매달리는 것이다. 이 둘 중에 여러분이라면 어떤 방법을 택하겠는가? 한나는 후자를 택했다. 쉽지 않은 선택을 한 것이다. 그것이 사무엘상 1장에 나오는 스토리다. 한나는 마음이 괴로운 것을 하나님께 감추지 않았다. 오히려 마음을 그대로 내려놓고 통곡하며 기도했다(10절). 한나의 기도를 보자(삼상 1:10-11).

> [10]한나가 마음이 괴로워서 여호와께 기도하고 통곡하며 [11]서원하여 이르되 만군의 여호와여 만일 주의 여종의 고통을 돌보시고 나를 기억하사 주의 여종을 잊지 아니하시고 주의 여종에게 아들을 주시면 내가 그의 평생에 그를 여호와께 드리고 삭도를 그의 머리에 대지 아니하겠나이다

한나는 지금 사생결단(死生決斷)하고 기도하는 듯하다. 그녀의 기도 방식은 크게 두 가지로 나뉜다. 첫째는 하나님께 기도하면서 마음속 이야기를 다 한다. 통곡하며 기도한다. 자신의 억울함, 어찌할 수 없음을 그대로 내려놓는다. 진솔함과 자신의 바닥을 하나님께 다 드러내 보이는 겸손함으로 기도한 것이다.

종종 기도할 때 자신은 다 괜찮은데 한두 가지만 부족한 듯 하나님께 나아가는 경우가 있다. 좀 부족하지만 그래도 들어주시면 감사한 정도의 기도일 거다. 그런데 그걸로는 부족하다. 그런 기도에는 통곡이 나올 수 없다. 간절함이 없다. 기도가 무엇인가? 나의 할 수 없음을 인정하고 하나님의 일하심에 나와 나의 상황을 맡기는 것이 기도다. 그런데 한두 가지 더 필요한 것이 있어 하나님께 아뢰면서 '해 주시면 감사하고 안 해주면 좀 아쉽습니다.'라는 투의 기도는 바른 기도의 자세라 보기 어렵다.

오히려 이것 아니면 안 된다는 태도로 기도해야 한다. 아니, 이것 아니면 안 되기 때문에 기도해야 한다. 그것이 기도다. 즉, 기도 외에는 다른 방법이 없어 기도해야 하고 기도할 수밖에 없다. 나로서는 도무지 아무것도 할 수 없는 전적 무기력을 느낄

때 비로소 하나님께만 전적으로 의지할 수 있고 그래서 기도밖에 할 수 없어 통곡하며, 울부짖으며 하나님께 나아간다. 결국 기도는 나의 무기력과 하나님의 능력이 함께하는 공간이다.

> 나의 무기력 + 하나님의 능력에 호소 = 기도

즉 기도는 겸손에서 시작해야 한다. 나의 부족함을 전적으로 하나님께 내려놓는 것에서 시작해야 한다는 말이다. 그래서 기도의 사람 이 엠 바운즈(E. M. Bounds)는 다음과 같은 말을 한다. "겸손은 태양의 특성이 빛을 발하는 것처럼 기도의 특성이어야만 한다. 겸손이 없는 기도는 시작도 없고 끝도 없고 존재도 없다. 배가 바다를 항해하기 위해 만들어진 것처럼 기도는 겸손을 위해 있으며 또한 겸손도 기도를 위해 있다."[7]

그래서 우리는 자주 기도하다 통곡하게 된다. '어떻게 이렇게 무능력한 부모가 있나?' 스스로 절감할 때 하나님 앞에 무릎을 꿇을 수밖에 없다. 한나의 경우 아이가 태어나는 것도 자신의 마음대로 안 되지 않았는가. 그렇다고 아이가 태어나면 달라지는가? 아니다. 젖먹이 때부터 내 맘대로 되지 않는 것이 자식이다. 그리고 그렇게 노심초사 자녀를 길러도 그 자녀들이 내 계획과는 다르게 자라고 성장한다

그러한 이유로 자녀를 둔 부모가 할 수 있는 최선은 기도다. 하나님께 그들을 맡기는 것이다. 그래서 사실 자녀 양육은 기도

의 연속이며 기도의 성숙을 가져온다. 자녀를 양육하다 보면 기도하게 되고, 기도를 하다 보면 하나님과 더욱 가까워진다. 이러한 이유로 부모로서 할 수 있는 최고의 영적 훈련은 기도 훈련이며, 가정은 부모의 '기도학교'다. 이 기도학교에 초대된 여러분을 진심으로 환영한다. 하나님이 자녀를 양육하는 과정에서 부모도 하나님의 사람으로 만들어 가실 뿐 아니라 자녀들도 그렇게 하실 것이다.

Follow Up, 기도한 대로 행하다!

한나의 기도의 두 번째 특징은 기도한 대로 산 것이다. 어느 종교든 자신의 신을 향해 온갖 아양을 떨며 기도한다. 자신이 원하는 것을 들어주기만 하면 그 신이 원하는 것을 다 해드리겠다며 기도한다. 그러다 정작 기도한 것이 이루어지고 나면 마음이 금세 바뀌어 언제 그랬냐는 듯 원래의 태도로 돌아간다. 이제 이루어졌으니 되었다 여기는 것이다. 속내를 들여다보면 그들의 진정한 신은 따로 있다. 바로 자신들의 유익, 건강, 사업, 가족이나 자녀가 그들의 진정한 신이고 자신들이 그렇게 부르짖어 기도하던 대상인 신은 수단에 그치는 경우가 많다.

답답하니 찾아가서 부르짖지만, 그 답답함이 해결되면 언제 그랬냐는 듯 돌아서는 것이 인지상정이다. 화장실 들어갈 때 마음이랑 나올 때 마음이 다르다는 말이 왜 있을까. 다 이런 이유 때문이 아닐까. 문제가 해결되고 나면 그걸로 족하게 여기는 것이 보통 사람들의 마음이다. 이런 태도에는 그 종교의 신과 어떤 개인적인 관계도 인격적인 교류도 없다. 그러나 한나를 보라. 그녀는 간절함으로 기도했고, 그 기도가 응답된 후 자신이 기도로 약속한 것을 지키려 부단히 애를 쓴다.

이것이 믿음의 부모의 자세다. 기도하는 부모가 참 좋은 부모다. 그러나 그보다 더 좋은 부모는 기도한 대로 살아가는 부모다. 한나는 이 더 좋은 부모의 삶을 살았다. 좋은 기도의 본도 보였지만, 기도한 대로 살았다. 어찌나 열심히 기도했던지 기도하는 한나를 지켜보던 제사장 엘리는 그녀가 술 취한 줄 알았다. 하도 열심히 중얼거리며 무언가에 홀린 듯이 기도하니 그렇게 느꼈을 거다. 그런데 그렇게 기도한 그녀가 이제는 기도하기 전에 하나님과 약속한 대로 더 열심히 사무엘을 드리기 위해 애쓴다.

사무엘상 1장 27~28절은 이렇게 기록한다.

> 이 아이를 위하여 내가 기도하였더니 내가 구하여 기도한 바를 여호와께서 내게 허락하신지라 그러므로 나도 그를 여호와께 드리되 그의 평생을 여호와께 드리나이다 하고 거기서 여호와께 경배하니라

젖을 떼자마자 어린 사무엘을 데리고 엘리에게 가서 하나님의 전에 봉사하도록 드린다. 기도한 대로 드린 한나, 그녀를 지켜보는 그녀의 아들 사무엘이 무엇을 배웠을까? 그리고 기도의 결과

로 자신이 하나님에게서 나왔다는 것을 알게 된 그의 삶의 태도가 어땠을까? 이것 또한 기도만큼 중요한 훈련의 과정이 될 수 있지 않을까. 대부분의 부모는 자녀들 앞에서 열심히 기도한다. 간절한 기도 제목을 놓고 자녀들과 기도하며 기도 훈련을 시킨다. 그런데 그다음이 더욱 중요하다.

그렇게 기도해 놓고선 하나님이 응답을 해주셨을 때, 더욱 기도에 대해, 기도 응답의 확신에 대해 가르칠 기회인데 그것을 놓쳐버린다. 정작 기도해 놓고 그 응답에 감사하는 것을 놓쳐버린다. 그러면 결국 하나님이 응답하셨지만, 자신이 잘해서 된 줄 알게 되지 않을까. 우연히 되었다 여기지 않을까. 기도가 수단으로 전락하지 않을까. 하나님 없이는 안 된다는 마음으로, 기도밖에는 다른 방법이 없다는 자세로 기도했다면 이제 다시금 겸손하게 하나님이 하셨다고 고백하는 시간이 있어야 할 것이다.

한나는 그것을 알았기에 사무엘상 2장 전반부에 무려 10절에 걸쳐 하나님을 찬양하며 자신의 기도를 들으신 하나님께 기도한다. 이런 한나를 바라보는 사무엘, 그녀의 손에 이끌리어 기도의 약속을 지키는 그 자리에 섰던 사무엘에게 기도는 특별한 것이 되지 않았을까 생각한다. 자신이 기도의 응답으로 태어났고, 어머니는 그것을 알기에 자신을 엘리 제사장에게 맡겼고, 자신은 그렇게 하나님이 살아계신 증거로 그 자리에 있다는 것, 그것이 얼마나 놀랍고 감격스레 느껴졌을까. 우리의 자녀들도 그런 기도 응답을 함께 누리면 얼마나 좋을까.

　한번은 가정예배를 드릴 때였다. 가정예배의 질문 중 하나가 "최근에 우리 가정의 기도가 응답된 것이 있나요? 있다면 서로 이야기해 보세요."였다. 목사인 필자도 답하기 곤란한 질문이라 느꼈다. 딱히 응답받았다는 것을 말하기 모호한 상황이었기 때문이다. 그 당시 특별한 기도 제목이 있었던 것도 아니고 그렇다고 특별하게 응답을 받았다 감사를 표현한 적도 그다지 없었기 때문이다. 그래서 우선, 아이들에게 이 질문을 읽게 하고 물었다. "어때, 우리 가정의 기도가 최근에 응답받은 것, 기억나?"

　순간, 긴장하며 질문을 했는데 의외로 놀라운 대답을 듣게 되었다. 첫째 아이가 잠시의 틈도 주지 않고 이렇게 대답하는 거다. "아빠, 우리 매주 가정예배 때 기도하잖아. 그리고 매주 응답받잖아!" 해머로 머리를 한 대 맞은 기분이었다. 목사인 아빠는 기도하면서도 그것이 응답인지 느끼지 못했는데, 아이들은 그것을 응답으로 보고 느끼고 있었던 거다! 아이들과 함께 기도하는 부모도 좋은 부모다. 그러나 기도한 다음 하나님이 일하셨음을 함께 누리는 부모는 더 행복한 부모가 아닐까. 부족하지만 함께 기도까지는 했는데 그 이후 하나님이 하셨다고 고백하고 찬양하며, 나아가 기도한 대로 살아가는 것에는 여전히 부족했던 필자의 모습을 보았다.

　부디 이 글을 읽는 모든 부모도 좋은 부모에 그치지 말고 더 좋은 부모가 될 수 있기를 바란다. 이를 위해 구체적으로 최소한 매주 함께 기도하는 시간을 가져 보자. 그리고 그것을 정기적으로 나눌 수 있는 시간을 가져 보자. 가정예배가 그 좋은 기회일 수 있다. 무엇보다 기도 제목 리스트를 만들고 함께 기도하는 대상을 정해보자. 하나님나라, 교회, 교육기관, 선교사님, 지역사회, 통일, 나라와 민족, 나아가 이웃을 위해 기도해 보자. 그리고 정기적으로 나눠 보자. 그러다보면 필자의 가정에서와 같은 일들이 일어나지 않을까.

"

가정 신앙 교육 설명서

악전고투하는
부모들에게

제7장 신앙교육의 내용 3 : 내려놓기

- 말보다 행동!
- 자녀를 향한 내려놓기: 실수 인정
- 자신을 향한 내려놓기 1: 시간 쓰기 훈련
- 자신을 향한 내려놓기 2: 미디어 훈련

가정신앙교육설명서

악전고투하는 부모들에게

> **말보다 행동!**

일곱 살 막내를 어린이집에 차로 데려다줄 때가 있다. 보통의 경우 시동을 걸고 차를 빼면서 자연스럽게 안전벨트를 맨다. 습관이 되어 그렇다. 물론, 그 전에 아이에게 "안전벨트는 맸어?"라고 묻는다. 처음에는 너무 자연스러워 문제의식 없이 다녔다. 그러던 어느 날 저녁, 아내가 내게 한 마디 던진다. "조안이가 와서는 일러요. 아빠가 운전하면서 안전벨트를 안 맨다고요." 그동안 아이가 필자의 운전하는 모습을 불꽃같은 눈으로(?) 주시했었나 보다. 자신에게는 안전벨트를 맸는지 물을 때 정작 아빠는 매지 않고 있던 걸 꼬집어 엄마에게 일렀던 것이다.

이제 정신을 차려 행동을 고치려 한다. 그런데 아빠가 달라졌다는 것을 아이에게 어떻게 인지시킬 수 있을까? 말로 "아빠도 시동 걸기 전에 안전벨트 맨다." 일러주면 될까? 그것만으로는 부족하다. 왜냐하면 아이는 아빠의 말이 아니라 행동을 관찰하고 엄마에게 일렀기 때문이다. 행동은 바꾸지 않으면서 말로만 변화되었다고 백번을 외친들 아이가 알았다 맞장구쳐 줄까? 아이에게는 아빠의 행동이 말보다 먼저 보여 결코 맞다 동의해 주지 않을 거다. 그래서 아이에게는 말보다 행동이다! 행동으로 증명되지 않는 말은 말로서의 가치를 상실한다.

  우리는 말 잔치의 사회 속에 살아간다. 특별히 SNS가 발달한 요즘, 말로는 이행하기 어려운 약속도 SNS상에서는 곧잘 한다. 온갖 미사여구로 자신을 포장하기도 한다. 사진 한두 장을 SNS에 올려놓고는 이야기를 만들어 그럴듯하게 꾸미기도 하고, 멋진 배경에 뽀샵(?) 처리를 해가며 보다 멋진 모습의 나를 보여주고는 자신이 어떠함을 멋진 글로 포장하려 애쓴다. 말이 행동을 포장하고 글이 행동을 정당화하는 시대다. 이럴 때일수록 말보다 행동이 귀하다. 글보다 진심 어린 몸짓이 필요하다. 말 잔치 속에 숨겨진 행동의 부족을 깊이 인식해야 한다. 그리고 진실한 행동으로 말의 포장을 걷어내야 한다.

  그런데 놀랍게도 아이들은 말로 포장된 어른늘의 숨겨진 행동, 잘못된 행동, 감추고 싶은 행동을 여지없이 찾아낸다. 길을 가는데 일곱 살 딸아이가 뜬금없이 엄마에게 묻는다. "엄마, 저렇게 빨간불에 지나가면 안 되지?" 급한 일이 있는지 신호를 무시하고 무단횡단하는 어른을 보고 하는 말이다. 아이는 말의 포장을 찢고, 실수한 어른의 행동, 부실한 행동의 단면을 고스란히 드러낸다. 말이 아닌 행동을 요구하는 아이의 말에 이제 귀 기울여야 할 때다. 말보다 행동이라 가르치는 그들의 지적에 겸허히 자신을 내려놓고 아이 앞에서 우리 부모가 어떠해야 할지 이번 장에 생각해 보려 한다.

당황하지 말고…

일곱 살 막내랑 있다 보면 종종 당황하는 때가 있다. 한번은 골똘히 생각하고 있는데 방에 갑자기 들어와서는 자신이 그린 그림을 내민다. "아빠, 이거 봐라~" 그때 한참 다른 생각에 정신이 팔렸던 필자는 소위 영혼 없는 대답을 했다. "그래, 잘했네." 말로는 잘했다 칭찬했지만, 행동은 전혀 달랐다. 내 눈빛과 제스처는 '그래 알았으니 그만 나가 줄래'라고 말하고 있었다.

　아이가 그걸 몰랐을까? 아니다. 정확하게 알고는 다시 채근한다. "아빠 이것 보라니까." 귀찮아진 나는 목소리를 조금 더 깔고 대답한다. "그래, 정말 예쁘게 잘 그렸네." 그 대답에 아이가 돌아갔을까? 아니다. 오히려 더 크게 외친다. "아빠, 이것 좀 보라니까!" 그 광경을 보다 못해 아내가 끼어든다. "여보, 아이에게 좀 진지하게 대해봐요. 아이가 원하잖아요." 그 말에 퍼뜩 정신이 들어 아이 얼굴과 그림을 번갈아 보며 응대한다. "우~와!

조안이가 이것도 그렸네. 어떻게 이런 그림을 그릴 줄 알았을까? 대단하네." 그리고 아이를 번쩍 들어 안아주었다. 그제야 아이가 만족한 듯 자기 자리로 돌아갔다.

그렇다. 아이들은 천재다! 사람의 마음을 읽는. 어쩌면 우리 어른들은 말로 행동을 포장하는 사회에 살다 보니 이런 능력을 잃었는지 모른다. 자신도 모르게 마음을 감추고, 행동을 감출 때 아이들은 그런 어른들의 진심을 꿰뚫고 있는지 모를 일이다. 진심을 담은 행동을 관찰하는지 모르겠다. 아니, 행동 뒤에 있는 진심을 간파하고 있는 것 같다. 이런 아이들에게 우리 부모가 할 수 있는 최선, 그것은 바로 말보다 행동이다!

앞장에서 하나님을 향한 내려놓기에 대해 생각했다면 이번 장에서는 자녀들을 향한 내려놓기를 생각해 보려 한다. 말보다 행동을 먼저 보는 그들에게 혹 실수하고 잘못한 것을 솔직하게 내려놓는 것, 그와 동시에 하나님 앞에서 우리도 부족한 사람임을 보여주고 인정하는 시간이 필요하리라. 특별히 나의 아픈 부분, 실수와 부족한 부분과 대면하게 만드는 아이들의 아픈 말, 쓰라린 지적에 당황하지 말고 웃어넘기며 기꺼이 내려놓을 때 비로소 아이들은 부모가 말하는 진실한 회개, 온전한 뉘우침, 그리고 부모의 믿음에 대해 진지하게 받아들이게 될 것이다.

또한, 본 장에서는 지난 장에서 다루지 못한 자신을 향한 내려놓기를 하는 과정에 대해 생각해 보려 한다. 사실, 자녀를 향해 내려놓기를 하려면 자신에 대해 스스로 내려놓기가 있어야 가능하다. 자기 스스로 내려놓지 못하고 고집과 아집으로 똘똘 뭉쳐 있으면 자녀를 향해서도, 무엇보다 하나님을 향해서도 내려놓기가 불가능하다. 자신에 대해서는 관대하고 잘못을 인정하지 못하면서 타인을 대하면 자연스레 자신이 크게 보이고 타인은 작게 보인다. 심지어 하나님도 크게 보이지 않는다. 자신이 너무 커 자신을 향해 내려놓기가 너무 어려워진다. 자신은 내려놓지 않으면서 아이보고 내려놓으라고 한다면 어느 자녀가 그런 부모의 말을 듣겠는가.

자녀를 향한 내려놓기: 실수 인정

"아빠, 이건 아니지 않아?" 아들이 던진 말에 묵직한 울림이 있었다. 열일곱 아이가 봐도 문제가 있었나 보다. 아빠가 평소에 했던 말과 행동이 다르니 청소년기의 아이도 아빠를 향해 한마디 던진다. 그때의 당혹스러움을 어떤 말로 표현해도 부족하다. 평소 바르게 살아야 한다고 말해놓고, 타인을 배려할 줄 알아야 한다 해 놓고선 아들 앞에서 그렇지 못했던 거다. 그걸 알고는 아들이 끝내 한 말, "아빠, 이건 아니지 않아?" 그 말이 참으로 무겁고 울림이 컸다. 그때 무어라 말을 못 하고 멍하니 앉았다 그냥 자리를 피했다. 그런데 오늘 생각해 보니 그때 해야 했던 네 글자 한 마디가 새삼 무겁게 다가온다. "미-안-하-다!"

사실, 자녀가 부모의 실수와 잘못을 공공연하게 드러내면 자존심도 상하고 부담도 된다. 어떻게 해야 할지 몰라 대충 얼버무리거나 오히려 자녀를 나무라며 상황을 모면하려 할 때도 많다. 무안한 부모가 쉽게 취할 수 있는 회피 혹은 면피의 방법이다. 따지고 보면 이보다 잔인하고 비인격적인 방법도 없다. 생각해 보라. 부모를 사랑하기 때문에 앞뒤가 맞지 않는 부모의 언행을 보고 말했던 건데 "네가 뭘 안다고 그래…"와 같은 말로 오히려 망신을 주며 아이를 나무란다면 아이로서는 이보다 진절머리쳐지는 경험도 없으리라. 얼마나 머쓱하고 무안할까.

그뿐인가? 단순히 궁금해서 질문했는데 혹 자신의 잘못을 지적하는 거라 오해해 자기방어만 하는 부모를 본다면 아이는 얼마나 당혹스러울까. 그리고 자신도 모르게 부모를 보면서 배우게 될 것이다. '나도 궁지에 몰리면 아빠처럼 이렇게 면피해야겠구나.'라고 온몸으로 체득하게 될 것이다. 다음에 이와 비슷한 상황을 만나면 아이는 그때의 기억을 떠올려 어물쩍 넘기는 것을 자연스럽게 여길지 모를 일이다. 말로는 가르치지 않았지만 "아빠는 이런 당혹스러운 상황에서 이렇게 도망친단다. 너도 이렇게 해!"라고 삶으로 보여주었으니 이제 아이들은 그것을 자연스럽게 실행해 보려 할 것이다. 효과가 있는지.

아내가 평소 알고 지내는 지인과 그녀의 아이의 미드에 가세되었다고 한다. 때마침 그 집 아이가 장난을 치다 물건을 쳐 전시된 장식이 와르르 무너지며 엉망이 되었다고 한다. 그때 그 아이 엄마는 아이를 나무라거나 떨어뜨린 물건을 정돈하기보다 "야, 빨리 가자! 점원이 보면 어떻게 하니?"라며 아이 손을 잡고 슬그머니 피하더란다. 이보다 민망할 수 있을까. 아연실색한 아내, 한동안 어쩔 줄 몰라 했다 한다. 아이 엄마가 아이에게 친절히 가르쳤던 거다. "이럴 때는 모른 척 이렇게 회피하거라!" 이제 아이는 그렇게 피해를 주고서도 별로 미안해하지 않을 것이다. 엄마가 그 아이의 행동을 이렇게 정당화해 주었으니.

아이는 열심히 보고 배웠을 것이다. 자신으로 인해 문제가 생겨도 그 상황만 회피하면 된다는 것을. 자신과 가족의 잘못을 부인하고 책임지지 않는 부모를 보고 자란 아이의 최선이라고 해 보았자 결국은 그 부모를 따라 하는 정도에서 그칠 것이다. 눈앞에서 그런 부모의 좋은 예(?)를 보았으니 아이는 비슷한 상황에서 똑같이 행동할 것이다. 이제 다음의 질문을 스스로 던져보자.

> 혹여 나는 나의 아이에게
> "네가 궁지에 몰리고 어려움이 오면
> 아빠(엄마)처럼 이렇게 어물쩍 넘겨!"
> 라고 삶으로 가르치는 부모는 아닌가?

죄책감 대면하기

부모라면 누구나 자신의 죄(잘못과 실수를 포함하여)와 대면하는 시간이 있다. 세상에 완벽하고 완전한 부모가 어디 있겠는가.

죄성을 가진 인간인 이상 늘 잘못과 실수, 그리고 죄의 언저리에서 이리저리 고민하며 헤맨다. 그것이 인생이다. 비록 예수님의 은혜로 구원을 경험했어도 이 땅에 살아가는 이상 그 죄성의 굴레를 완전히 벗어나지 못하는 것이 우리네 삶이다. 그러다 보니 늘 잘못과 실수, 죄와 씨름하며 하루하루를 보낸다.

더욱이 자녀를 양육하다 보면 자신의 바닥을 깊이 들여다볼 기회가 꼭 온다. 전에는 괜찮은 줄 알았는데 어느 날 보니 아이와 똑같은 나를 발견하곤 한다. 길을 가다 보면 네댓 살 아이와 실랑이 하는 엄마, 아빠를 보지 않는가.

"엄마가 하라고 했지?"

"싫어!"

"엄마가 하라고 하면 좀 해!"

"싫다니까."

이와 비슷한 것을 보았거나 본인이 경험한 적이 있을 거다. 필자가 그랬다. 언젠가 일곱 살 딸과 서로 그 말을 했니 안 했니 싸우는 스스로를 발견하고는 소스라치게 놀랐고 또한 나 자신이 참으로 한심하다고 생각한 적이 있다. 그런데 이런 말싸움이 왜 일어날까? 한마디로 둘이 똑같기 때문이다. 부모가 아이에게 지지 않으려 하기 때문이나. 부모의 자질이 그 정도이기 때문이다.

이런 일을 경험하다 보면 늘 '나도 별수 없구나!' 하는 자괴감이 든다. '내가 이러려고 부모가 되었나.' 하는 참담함이 물밀 듯 밀려온다. 맞다. 거기서부터 시작하는 것이 부모다! 그리고 그 바닥을 경험하는 사람들이 부모다. 아이 때문에. 아이가 아니었으면 절대로 경험하지 못했을 바닥을 아이 때문에 깊이 경험한다. 네댓 살의 아이와 말다툼을 하고, 이것저것 마음대로 되지 않는 초딩(?) 아이를 놓고 시비를 가리고, 꼬치꼬치 따져 묻는 중딩(?) 고딩(?) 자녀와 입씨름을 하다보면 밀려오는 허탈감은 이루 말할 수가 없다. 그런데 거기서부터 시작이다. 아이의 신앙교육은 부모가 자신의 바닥을 경험하면서부터 시작된다.

대단한 경력이나 능력이 있어 신앙의 부모가 되는 것이 아니다. '어쩌다 부모'다. 어쩌다 보니 부모가 되었고, 어쩌다 보니 아이가 자라고 있는데 어떻게 해야 할지 모르는 경우가 다반사다. 그런데 스스로 한심하다 여길 바로 그때, 나의 한계와 부족함, 아이보다 못하다는 생각이 드는 그때가 바로 자신과 직면하고 아이 앞에 자신을 내려놓을 수 있는 절호의 기회다.

다른 말로 하나님이 바로 그 순간에 우리가 얼마나 연약하고 부족한지를 보게 하시는 때다. 그리고 내 속에 별 선한 것이 없음을 깨닫게 하시는 때다. 그리고 그것을 회복시켜주시는 때다. 그래서 필자는 아이는 하나님이 우리를 보게 하는 거울이자 바닥을 드러내게 하는 하나님의 동역자라고 감히 말하고 싶다. 이것에 대해 게리 토마스는 "우리는 자녀 양육을 하나님이 우리 아이들을 기르심과 동시에 우리들을 깨끗하게 하시는 과정으로 보

아야 한다."고 말한다.[1]

'어쩌다 부모'이지만 또한 '이렇게 부모'가 된다. 그리고 '이렇게 신앙인'으로 자란다. 아이 때문에. 아이가 아니었으면 전혀 느끼지도 보지도 못했을 자신의 부족함을 보게 되는 것, 그리고 그것을 내려놓는 것, 그것이 신앙의 성숙을 가져올 절호의 기회다. 생각해 보라. 아이가 없었다면 내가 어디 남에게 아쉬운 소리 할 사람인가? 부양해야 할 식솔이 있어 아쉬운 소리도 하고, 책임져야 할 아이가 있어 이런저런 수고도 하게 된다. 그런데 아이 녀석은 그것도 모르고 제 눈에 맞지 않는 것을 여과 없이 드러내어 부모를 당혹케 한다. "아빠, 이건 아니지 않아?"

하지만 꼭 기억해 두자. 아이가 지적해 주지 않았으면 여전히 나는 나의 그 부족함을 전혀 깨닫지 못하고 괜찮은 사람인 줄 착각하며 살았을 거라는 사실을 말이다. 비록 지금은 아이의 지적에 비통하고 고통스럽지만. 특별히 아이들과 시간을 가지다 보면 아이가 지켜보는 가운데 수많은 실수와 잘못, 죄짓는 모습을 노출하게 된다.

가장 가까이 있으니 가장 많이 노출되는 관계가 '부모-자식'의 관계가 아닌가. 더욱 당혹스러운 건, 이 잘못과 실수, 그리고 죄짓는 모습이 노출될 때 아이가 가만히 있지 않는다는 것이다. 그 잘못을 이상히 여겨 너무도 당당하게 그리고 공공연히 지적한다. "아빠, 이건 아니지 않아?"라고. 그때 부모로서 느끼는 비애

감, 좌절감은 이루 말할 수가 없다.

'잘~ 한다. 부모가 되어서. 너는 이것도 제대로 못 하냐?' 이런 걷잡을 수 없는 양심의 소리, 죄책감이 밀려오기도 하는데 너무 실망하지 마시라. 모든 부모가 그렇게 느끼고 절망한다. 그리고 깊은 죄책감과 한심함, 자괴감에 싸여 걷잡을 수 없는 나락으로 떨어질 때 기억하면 좋겠다. 그때가 기회라는 사실을. 자녀 앞에 나의 부족함을, 나의 잘못을 내려놓는 일은 쉽지 않지만 내려놓으면 그때부터 이상하게도 자녀와의 관계가 변한다. 놀랍게 변하는 경험을 하게 된다. 물론, 하나님과의 관계도 새로워진다.

양심이 죄책감을 불러일으켜 우리로 스스로를 돌아보게 한다. 그때 그 죄책감을 우리는 어떻게 처리해야 할까? 이에 대해 게리 토마스는 죄책감을 회피하지 말라고 당부한다. 왜냐하면 죄책감이 영적 성숙을 위한 기회가 될 수 있기 때문이다. 나쁜 아니라 우리 자녀들에게도. 그래서 그는 이것을 '죄책감 뒤에 숨은 보화'라 일컫는다.[2) 그렇다. 당장은 죄책감이 짓누르지만, 그 암울한 모퉁이를 돌아 나오면 자녀와 부모 자신에게 영적 성장이라는 굉장한 보화를 발견하게 될 것이기 때문이다. 이것에 대해 게리 토마스는 이렇게 말한다.

> 부모가 가진 한계의 긍정적 측면은 이것이다. 우리의 약점을 이용하여 자녀의 마음을 하나님께로 돌려놓는다면 약점이 거꾸로 장점이 될 수 있다. 자녀들과 마찬가지로 우리도 구주가 필요하다. 우리도 자녀를 사랑할 수 있으나, 완전한

사랑으로 그들을 과거에도 사랑하셨고 지금도 사랑하시며 앞으로도 사랑하실 분은 하나님뿐이시다. 우리 자녀들은 설령 엄마 아빠가 자기들을 실망시켜도 언제나 '곁에서 있어 줄' 분이 계신다는 사실을 알 필요가 있다.[3]

회피와 직면 사이

부모는 자녀 앞에서 늘 완벽하게 보이고 싶어 한다. 그래서 문제가 생기면 쉽게 회피하거나 도망치려 한다. 남의 이야기가 아니라 바로 필자 이야기다. 한참 첫째 아이를 야단치고 있었다. 아이 엄마가 하는 말에 필자가 지레짐작하고 흥분해서 야단을 치다, 생각해보니 괘씸한 거다. '아니, 이 녀석이 그랬단 말이야?' 이왕 화낸 것에 흥분을 더해 한참 더 야단을 쳤다. 아이가 억울해 하는 표정을 보면서 외려 태도도 문제라 지적까지 했다. 그런데 알고 보니 그 아이 잘못이 아니었다.

이제 어쩔 건가? 속으로 많은 생각이 순식간에 오갔다. 아내는 지켜보고 있고, 아이는 눈물을 글썽인다. 이때 면피를 할까 생각을 했지만 얼마 전 읽은 글도 있고 해서 아이에게 미안하다고 말해 본다. 그런데 이게 그렇게 어려울 수가 없다. 야단치는 것은 순식간인데 미안하다 말하는 것은 너무 막막하고 오래 걸린다. 나민 그러기를 바라지만 주변을 돌아보면 그렇지도 않은 모양이다. 루 프리올로도 자녀에게 용서를 구할 때 첫째로 "당신의 과오를 시인하라."고 지적한다.[4] 왜냐하면 이것이 가장 어렵지만 가장 먼저 해야 할 일이기 때문이다.

　시작은 이렇게 하는 것이다. "내가 잘못했어!" 간단한 말이지만 이 말이 입에서 나오기가 그렇게 어렵다. 반대로 잘못이나 실수를 회피하기는 참으로 쉽다. 사랑하는 마음으로 혹은 의문에 싸여 왜 그런 행동을 했는지 묻는 아이에게 느닷없이 그 아이를 나무라거나 대충 둘러대며 상황을 모면하는 것은 아이가 원하는 답변이 아니다. 오히려 아이의 의혹과 불신을 더 키울 뿐이다.

　'아빠가 저렇게 하는 건, 뭔가 있어서 그럴 거야.', '나는 잘못한 것이 없는데 왜 이러시지.' 처음에는 혼란스러울 것이고, 다음으로는 의구심을 가지게 되고, 마지막으로는 그런 아빠에 대해 서운함과 미움, 그리고 진실하지 못함을 보고 실망하게 될 것이다. 그런 부모가 부족한 모습을 보여도 다시는 이야기하려 들지 않을지 모른다. 그러면 이제 부모와 자녀의 관계는 실수를 말하지 않는 관계, 잘못을 감추는 관계가 될 것이다. 이런 불편하고 부담스러운 관계와 상황이 되지 않으려면 조금은 부담스럽고 당혹스럽더라도 당황하지 말고 자신의 잘못을 인정해 보자. 그러면 어느 순간엔가 관계가 개선되고 더 나은 모습으로 발전할 수도 있을 것이다.

영적 세차장으로의 초대: 실수 인정의 4단계

자녀가 보고 있다. 그래서 자녀 앞에서 자신의 잘못을 인정하는 시간이 필요하다. 부모가 자신의 죄에 대해, 잘못에 대해 인정할 때 비로소 자녀는 부모도 사람이며, 그에게도 구주 예수님이 필요함을 인지하게 된다. 그래서 잘못을 감추는 부모가 어쩌면 가장 나쁜 부모라 필자는 생각한다. 물론, 쉽지 않다. 필자 자신도 종종 잘못하면 되도록 늦게까지 자녀들에게 감추려 한다. 그래 봤자 결국은 필자가 가장 손해다. 왜냐하면 가장 근거리에 있는 가족들에게 결국은 드러나게 되어 있고, 죄에 대해, 실수와 잘못에 대해 고백해야 하는 시간이 오기 때문이다.

그래서 자신의 잘못이나 실수, 죄에 대해 지적하는 아이의 목소리에 귀 기울이며 솔직히 인정해 보자. 무엇보다 인정하되, 이렇게 말해 보면 어떨까? "미안해! 아빠(엄마)가 잘못했다. 그런데 말이야 하나님은 그렇지 않아. 하나님은 아빠보다 엄마보다 크셔. 그래서 아빠(엄마)도 죄를 지으면 하나님께 기도한단다. 그래서 아빠(엄마)도 예수님이 필요하단다. 아빠(엄마)의 사과를 받아줄래?"

<실수 인정의 4단계>

① 미안해 – 유감 표현
② 내가 잘못했어 – 실수 인정
③ 그래서 아빠도 예수님이 필요해!
  – 하나님의 필요 인정 (예수님 소개)
④ 사과를 받아 줄래? – 용서를 구함

네 가지 단계이다. 첫째는 다른 변명이나 이유를 대지 않고 곧

바로 잘못을 인정하는 것이다. 무언가 잘못을 인정할 때 해야 할 첫째는 상대방에게 변명이나 이유를 대지 않는 것이다. 바로 미안하다는 말로 유감을 표현하는 것부터 해야 한다. 사과할 상황에 늘 이유와 변명거리를 찾으려는 나쁜 습성이 사람에게는 있다. 어린아이라고 예외는 아니다. 어떤 아이는 일이 벌어지자 아빠에게 혼이 날까봐 "기저귀가 그랬어요."라고 했단다. 기저귀가 문제를 일으킨다는 이 상상력에 경의를 표한다. 이것이 사람이다. 갖은 변명과 이유를 만들어 면피하려는 속성, 이것에서 자유로울 사람은 없다. 첫째는 이유와 변명 없이 미안하다 유감을 표현하는 것이다.[5]

두 번째가 무엇보다 중요한데 바로 유감을 표현한 다음, 자신의 부족함을 인정하는 것이다. "엄마(아빠)가 잘못했어!"라고 표현하는 것이다. 잘못의 주체가 아이가 아니라 부모 자신임을 분명히 해야 아이는 그 상황에서 도덕적인 판단을 할 수 있다. 만일 부모가 자신이 잘못했음을 인정하지 않으면 아이는 처음에는 헛갈리고 점차 부모에 대한 신뢰를 저버리게 된다. 때로는 도덕적인 판단을 하거나 행동을 할 때 부모의 잘못된 기준에 따라 행동하기도 할 것이다. 이러한 이유로 누가 잘못했는지 분명히 표현하는 것이 필요하다. "아빠가 이 일에 잘못했다." 분명한 선을 그어주어야 한다.

세 번째는 하나님에 대해 말해야 한다. 신앙교육의 목표는 매사에 신의식(神意識), 즉 하나님을 의식하게 하는 것이다. 부모의 부족함을 고백하는 것으로 끝난다면 이것은 일반 부모교육으로서는 좋은 것이지만 신앙교육의 측면에서는 부족하다. 오히려 이 부족함을 통해 아이들로 하여금 하나님을 바라보게 하면 이보다 좋은 신앙교육은 없을 것이다. 결국 부모도 하나님이 필요한 존재, 실수투성이고 부족함이 많은 존재라는 것을 가르쳐 주면서 아이들로 하여금 부모의 부족함이나 실수에 주목하기보다 그것까지도 해결해 주실 수 있는 하나님을 바라보게 하는 것이 신앙교육이다.[6] 이 세 번째 단계를 이렇게 표현해 보자.

> "(아빠가 잘못했다.) 아빠도 실수가 많은 사람이지. 아빠는 완벽하지 않아. 하지만 하나님은 완벽하시지. 그래서 실은 아빠도 하나님이 필요해! 그래서 아빠도 죄를 짓고 늘 실수를 하기 때문에 예수님이 필요해!"

이렇게 표현한다고 아이들이 부모의 잘못이나 실수 때문에 부모를 업신여길까? 절대 그렇지 않다. 오히려 자녀들은 그런 부모를 믿게 될 것이다. 오히려 '나도 저런 실수를 해도 용서받을 수 있겠구나.' 생각할 여지를 갖게 된다. 아울러 비록 심각한 잘못과 죄를 지어도 용서의 기회를 알기에 부모에게, 하나님에게 고백할 줄 알게 된다. 감추지 않고.

이 단계에 대해 게리 토마스는 죄책감에 대해 너무 힘들어하지 말고 죄책감을 대면하여 해결하라 권한다. 그는 말하길 죄책감은 계속 머물러야 할 주차장이 아니라 씻어 새롭게 되는 세차장으로 여기라 말한다. "죄책감을 계기로 나의 부족함을 확인하고 그 부족함 때문에 하나님의 용서를, 능력 주시는 성령을, 은혜의 공급을 바라본다면, 죄책감은 영적인 세차장이 된다."고 한다.[7] 이러한 이유로 자녀에게 자신의 부족함을 말하고, 이어 하나님의 필요를 말해 주라. 그러면 자녀들도 이 영적인 세차장에서 자신을 돌아보고 하나님께 나아가는 복을 함께 누리게 될 것이다.

네 번째 단계는 이렇게 하나님을 소개했으면 마지막으로 자녀에게 아빠의 실수와 잘못을 용서해 달라 요청해야 한다. "아빠를 용서해 주겠니?"라고 물어보라. 어쩌면 시간이 걸릴 수 있는 사안이다. 하지만 부모가 잘못을 했으면 그것이 무엇이 되었든 반드시 용서를 구해야 한다. 그래야 자녀도 다음에 자신의 잘못을 인지했을 때 그 잘못에 대해 부모에게 용서를 구할 수 있다. 본 그대로 따라 하는 자녀들의 특징을 고려하면 반드시 필요하다. 무엇보다 이 과정을 통해 실수와 잘못에 대해 부모도 용서를 받음으로 문제가 되었던 그 부분에서 자유로울 수 있다. 그리고 한 가지 문제나 실수에 대해 마무리를 지어야 또 다른 부모와 자녀의 개선된 관계로 발전할 수 있을 것이다.

자신을 향한 내려놓기 1: 시간 쓰기 훈련

말씀을 명심해야

이제 자신을 향한 내려놓기를 생각해 보려 한다. 신명기 6장은 우리에게 자녀 교육에 있어 내려놓음이 필요함을 암시한다. 특별히 6~9절에 나온 내용을 찬찬히 뜯어보면 그중에서도 시간과 관련하여 우리 부모들에게 많은 생각을 하게 한다. 우선 6절은 "오늘 내가 네게 명하는 이 말씀을 너(아버지/ 부모)는 마음에 새기고"라는 말에서 시작한다. 우선은 자녀를 신앙으로 양육하려면 부모 자신이 말씀을 마음에 새겨야 한다는 것이다.

여기서 마음에 새긴다는 말이 이목을 끄는데, 이 말은 생각보다 깊은 뜻을 내포하고 있다. 마음에 새긴다. 이것을 한자어로 '명심(銘心)'이라고 한다. 우리는 단순히 어떤 내용을 안다고 마음에 새겼다, 명심한다고 말하지 않는다. 이것은 우리가 아이들에게 무언가 가르칠 때 확연히 드러난다. 아이에게 놀이터 가는 길을 가르쳐주며 "명심해!" "꼭 기억해야 해!"라 말하지 않는다. 그냥 "지난번에 갔던 길 알지?" 정도로 가볍게 일러준다. 대신에 놀이터에서 모르는 어른을 만났을 때, 위험한 기구를 탈 때 어떻게 해야 하는지에 대해서는 단단히 이른다. "명심해! 놀이터 갔다가 모르는 사람을 따라가면 안 돼!" 마음에 새기라, 명심하라 가르친다. 마음에 새기는 것, 명심하는 것은 이런 용례로 사용한다.

하나님은 하나님의 자녀인 우리에게도 이렇게 말씀하신다.

"네가 자녀를 가르치려면 우선 나의 말을 명심해! (마음에 새기고) 그러고 난 다음, 자녀 교육이 있는 거야!" 지금 하나님은 말씀을 단순히 아이에게 길을 가르쳐 주듯 "이것 하면 좋아."라는 식으로 정보를 제공하려 말씀하지 않으신다. 오히려 "이것 하지 않으면 큰일 나! 정신 바짝 차려! 이것 아니면 길이 없어! 명심해!"라며 부모와 자녀의 삶 전체에 결정적인 영향을 주는 말씀을 하고 계신 것이다. 그래서 마음에 새겨야 하는 '하나님의 말씀'은 단순한 '정보 제공용'이 아닌 '삶의 실천용'임을 잊지 말아야 한다. 당연히 아이에게뿐 아니라 부모에게도 그렇다.

이런 면에서 '삶의 실천용'인 말씀을 부모가 마음에 새기려면, 우선 부모가 시간과 노력을 기울여 말씀을 읽고 가까이해야 한다. 그래야 읽은 말씀이 마음의 중앙은 아니라도 최소한 마음의 언저리라도 머물 것이 아닌가. 이것이 신앙교육의 전제다. 부모가 마음에도 없는 소리를 하라 하나님은 말씀하시지 않으셨다. 부모의 마음에 있는 말, 마음에 사로잡힌 말, 늘 삶의 기준으로 염두에 두고 실천해야 할 말, 명심한 말씀을 나누라 하신다. 자, 그렇다면 다음의 내용을 스스로 물어보자. 두 가지 질문이다.

① "내 마음에는 어떤 말이 있는가? 하나님의 말씀인가, 내 생각과 가치관인가?", "나는 하나님의 말씀을 '명심'하고 있는가? 마음에 새기고 있는가?"
② "나는 마음에 있는 말, '명심'한 그 말씀을 아이에게 가르치고 있는가?", "혹 아이에게 마음에도 없는 소리를 하고 있지는 않은가?"

평소 말씀도 보지 않으면서, 말씀에 시간도 쓰지 않으면서 아이에게만 말씀대로 살라 가르치고 있지 않은가? 이것은 마음에도 없는 소리를 하는 것이다. 자신의 마음에는 말씀이 없으면서 아이에게 말씀을 읽으라 하는 것은 하나님의 원래 의도를 상당히 왜곡한 것이다. 신명기 6장 6절의 말씀은 자신의 마음에 있는 말을 하라 명한다. 나의 마음에 말씀이 얼마나 들어찼는지 들여다보라. 그리고 자녀의 신앙교육에 대해 깊이 생각해 보라. 나의 마음에는 하나님의 말씀, 하나님의 뜻이 들어차 있지 않은 빈 깡통이면서 아이에게는 말씀을 채워라, 말씀의 은혜를 받으라 말하는 것은 어불성설이다. 나의 마음에는 얼마만큼의 말씀이 들어차 있는가? 나의 마음에 있는 소리는 어떤 종류의 것인가?

내 시간을 누구를 위해 사용하는가? 나 혹은 자녀?

이렇게 보면 우리 부모가 어디에 시간을 최우선으로 써야 할지 금세 드러난다. 우리 부모가 자녀를 양육하기 전에 써야 할 시간의 대부분은 우리 자신의 생각이 아닌 하나님의 생각으로 자신을 채우는 것이어야 한다. 마음에 말씀이 꽉꽉 들어차도록 하는 것, 그것부터 해야 한다. 내 생각과 고집, 내 마음에 있는 것들, 세상의 기준이나 가치관을 내려놓는 것부터 시작해야 한다. 그렇게 내려놓고 비운 마음에 하나님의 말씀을 그득 채워야 한다. 우선 이렇게 질문을 던져 보자.

"나는 나의 자녀가 어떤 사람이 되었으면 좋겠는가?"
"그것은 나의 기준인가, 아니면 하나님의 기준인가?"

필자가 미국에 있을 때의 일이다. 신학교 근처의 한인 교회에서 중고등부 교사로 잠시 봉사한 적이 있다. 이때 필자의 반에 4명의 한인 중학생이 있었는데 하루는 이렇게 질문을 하며 수업을 시작했다. "앞으로 뭐가 되고 싶어? 서로 이야기해 볼까?" 그때 4명 중 세 명의 대답이 대동소이했다. "부자가 될 거예요.", "돈을 많이 벌래요.", "돈을 많이 버는 직업을 얻을 거예요." 그들의 대답이었다. 단 한 명만 복싱선수가 되겠다고 답했는데 그 아이만 유일하게 집사님의 자제였다. 나머지 부자가 되고 싶다던 세 명은 근처의 신학교를 다니는 목회자의 자녀들이었다. 충격 그 자체였다.

대부분 학생이 맘몬 즉 돈을 추구하는 삶을 살겠다는 것이 놀라웠고, 그들이 전부 목회자의 자제라는 것 또한 충격이었다. 무엇이 그들로 하여금 그렇게 답하게 했을까? 모르긴 몰라도 빈한한 신학생을 아버지로 둔 가정의 삶이 그들로 그렇게 만들지 않았나 싶다. 아버지들이 신학교에서 하려는 것과 가정의 상황이 정반대로 향하는 것 같아 씁쓸했다. 흔히 하는 말로 중이 제 머리 못 깎고 도끼가 제 자루 못 찍는 격이리라. 필자도 예외가 아니라 생각한다. 아이들과 악전고투하지만, 자녀의 신앙교육이 어디 말처럼 그렇게 쉽던가. 그래서 시간을 잘 써야 한다.

어떻게 시간을 쓸까? 두 가지 방향이 있다고 생각한다. 첫째는 전술한 것처럼 부모인 우리가 스스로 우리의 기준이 아닌 하나님의 기준으로 마음을, 생각을 꽉 채우도록 시간을 쓰는 것이다. 어찌 되었든 말씀과 가까이하고 말씀에 자신을 노출하도록 애쓰는데 시간을 써야 한다. 이미 이 책의 6장에 많은 부분을 할애하여 서술하였으니 참조하길 바란다. 문제는 둘째 방향이다. 첫째가 하나님의 말씀을 자신에게 채우는 것이었다면, 둘째는 부모 자신에게 채운 말씀으로 자녀의 마음도 채워 넣는 작업으로 넘어가야 한다. 부모가 해야 할 시간 쓰기 훈련의 핵심이 여기 있다. 즉 나의 시간을 나의 외양을 가꾸고 포장하는 데 쓰는 것을 내려놓고, 나의 내면을 가꾸고 나아가 자녀의 영적 성숙을 위해서 쓰는 것에 사용해야 한다는 말이다.

시간 사용에 대한 반성

이 대목에서 신명기 6장 7~9절을 살필 필요가 있다. 7절부터 보자.

> [7]네 자녀에게 **부지런히 가르치며** 집에 앉았을 때에든지 길을 갈 때에든지 누워 있을 때에든지 일어날 때에든지 이 말씀을 강론할 것이며 [8]너는 또 그것을 네 손목에 매어 기호를 삼으며 네 미간에 붙여 표를 삼고 [9]또 네 집 문설주와 바깥 문에 기록할지니라

자세히 들여다보면 말씀을 부지런히 가르치되, 때와 장소를

가리지 말고 가르치라고 말씀하고 있다.

여기서 '부지런히'라는 말에 주목해 보자. 여러분은 자녀의 영적 성숙을 위해 어떻게 시간을 쓰고 있나? 다음 중 어디에 해당하는지 "부지런히 가르치라"는 표현에서 "부지런히"를 대체할 당신의 형용사를 번호에서 찾아보라. 앞으로의 계획이나 혹은 희망사항으로서의 자녀교육이 아닌 지금 현재 내가 하고 있는 신앙교육의 모습을 적절히 표현한 형용사를 골라야 한다. 참고로 교회학교에서 자녀가 하고 있는 신앙교육은 여기에 해당하지 않는다. 오직 현재 우리 가정에서 하고 있는 신앙교육에 대해 생각해 보고 답해 보자.

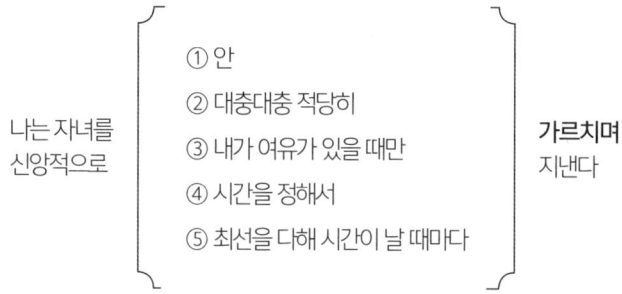

몇 번을 답했는가? ①~②번은 의도적으로 신앙교육을 하지 않는 유형이다. 이런 유형은 부모가 자녀를 위해 시간을 잘 쓰지 않는다. 자신의 시간이 더 중요하고 자녀를 위해 쓰는 시간을 아까워하는 유형이라 할 수 있다. 자녀의 영원과 영혼을 위해 시간 내려놓기를 부담스러워한다. 대신 자신을 위해 쓰기 좋아하는 유형이다. 자녀의 신앙교육보다 중요한 것이 훨씬 많은 부모 유형이라 할 수 있다.

③번의 경우는 부모가 자녀의 신앙교육이 중요함을 알지만 다른 것에 마음이 빼앗겨 시간 내기가 좀체 어려운 경우다. 대부분 믿음의 부모들이 이에 해당하지 않나 생각한다. 중요한 것은 알지만 자신이 감당해야 할 다른 일이 많으니 시간을 내기가 어렵고 시간을 내어도 그리 많이 내지 못하는 경우다. ④번의 '시간을 정해서'는 의도적으로 자녀의 신앙교육에 힘을 쓰는 경우로 개중에는 가장 좋은 유형이다. 매일 혹은 매주 시간을 정해서 가정예배도 드리고, 함께 큐티도 하고, 심지어 등하교할 때 머리에 손을 얹고 기도해 주기도 하는 경우다. 하지만 최선은 따로 있다. ⑤번의 유형이다. 의도적으로 시간을 내어 신앙교육을 하되, 자녀의 신앙교육을 최우선의 과제로 여기는 유형이다. 이제 여러분의 대답에 대해 배우자와 서로 이야기해 보면 좋겠다.

필자가 미국에서 미국인들이 다니는 교회에 출석할 때다. 어느 주일 오전 예배 시간이었다. 초청되어 오신 한 신학교의 총장님이 자신은 자녀들이 어릴 때부터 장성하여 집을 떠나기까지 의도적으로 자녀들과 가지는 시간이 있었다고 한다. 매일 저녁이 되면 자녀들과 조용히 식탁에 모여 「Operation World」라는 책을 펼쳐서 읽고 함께 기도하셨단다.[8] 이 책은 한국에서는 「세계기도정보」로 번역된 책으로 내 5년 혹은 10년 마다 전(全) 세계 대부분의 나라의 기본 정보와 복음화율, 전도전략과 구체적인 기도 제목이 빽빽하게 기록된 일종의 선교 백과사전과 같은 책이다.[9] 365일 하루도 빠짐없이 매일 읽도록 구성되었는데, 그것을 하루도 빠지지 않고 읽으며 세계를 품고 기도하셨던 것이다.

최고다! 이보다 좋을 수 있을까. 최고의 부모가 자녀에게 줄 수 있는 최고의 선물이 아닌가. 비록 좁은 거실에서 기도하지만 온 세상의 창조주께 자신의 가정을 위한 기도를 넘어 복음이 땅 끝까지 전해지도록 기도하는 것, 이보다 위대한 기도가 또 있을까. 그래서 지금도 매일 총장님 부부는 저녁마다 그 책을 읽고 세계선교를 위해 기도하고 있다고 한다. 필자가 이 놀라운 이야기를 듣고 감동이 되어 찬찬히 알아보았다. 그 책을 살 수 있는지. 당시 필자의 아이들은 너무 어려서 깨알 같은 글씨로 기록된 그 책으로 시작할 수 없다는 것을 알게 되었고, 이내 세계선교 기도를 위한 어린이용 교재가 있다는 것을 알고 급하게 구입하여 하루에 하나씩 아이들과 읽고 함께 기도하기 시작했다.[10] 그 주부터.

그러나 처음에는 의욕을 가지고 시작했지만, 시간이 지나자 쉬이 지쳐갔다. 매일 저녁 시간을 정해 아이들의 침상에서 정해진 범위를 함께 읽고 기도하는 일이 그리 녹록하지는 않았다. 우선 필자가 너무 바빴다. 박사과정에 있으면서 학업의 양이 대단히 많아 학교에서 늦게 돌아오거나 온종일 집에서 책을 읽고 글을 써야 했고, 학과의 조교 일을 하며 감당해야 할 일도 적지 않았다. 그러다 보니 꾀가 생기고 핑계가 늘어 그만두고도 싶었다. 그런데 신기하게도 처음에는 필자의 열정으로 시작했지만, 점차 꾀를 내어 핑계를 대는 필자를 향해 아이들이 먼저 "아빠 책 읽어야지. 기도해야지!"라고 일러 주는 것이 아닌가. 그렇게 그 책을 몇 번을 읽고 기도를 했고 어느덧 익숙해질 때쯤 귀국 길에 올랐다.

한국으로 돌아와 바쁜 일상에 젖어 기도하던 것을 까맣게 잊고 있을 때였다. 하루는 둘째 아이의 큐티 책에 자신의 장점과 단점을 쓰는 빈칸이 있었는데, 거기에 그 아이가 이렇게 썼단다.

· 장점: 하나님을 사랑하는 것.
· 단점: 기도 제목이 없다.

필자는 하나님을 사랑하지만 기도 제목이 없는 녀석과 매일 큐티를 하고 매주 가정예배를 드렸던 거다. 그러니 둘째 아이가 가정 예배 시간마다 기도 제목에 대해 "없어!" 간단명료하게 대답했던 거다. 그러던 녀석이 한날은 어째 기억이 났는지 큐티 책의 맨 뒤쪽에 있는 가정예배 순서의 공란에 이렇게 기도제목을 쓰고선 가정예배 시간에 기도 제목을 나누었다. 그 내용이 바로 이렇다.

"북한에 있는 핍박받는 그리스도인들을 위하여"

순간 정적이 흘렀다. 당시 가족들 대부분은 한 주의 삶을 위해, 건강을 위해, 주어진 일을 위해 기도하자 했던 것으로 기억한다. 그런데 바로 그 순간에 저 북한의 핍박받는 성도들을 위해 기도하자 한 것이다. 단점으로 기도 제목이 없다던 그 녀석이 말이다. 어떻게 이것이 가능했을까? 모르긴 몰라도 미국에서 그렇게 매일 저녁 세계선교와 각국의 열악한 상황에 대해 하나씩 나누며 읽고 기도했던 그것 때문이 아닐까 필자는 생각한다. 물론, 북한을 위해서도 우리는 여러 번 기도했었다. 아이들이 어릴 때 필자가 해야 할 일을 내려놓고 아이들과 함께하며 훈련했더니 어느 날 그것이 그렇게 돌아왔던 것이리라. 어제 내가 그렇게 힘겹게 썼던 시간이 오늘 그렇게 돌아올 때 어제의 애씀이 하나도 아깝지 않았다. 감사했다. 이런 복이 우리 모두에게 있기를 기도한다. 그리고 이 복이 지속되길 기도한다.

이제 다시 묻고 싶다. 여러분은 오늘 자녀를 말씀으로 부지런히 가르치기 위해 어떻게 시간을 쓰고 있나? 아니, 내 시간을 어떻게 내려놓고, 어떻게 아이와 쓰고 있나? 기억하자. 기회비용이란 것이 있다. 하나를 취하면 하나는 포기해야 한다. 시간은 더욱 그러하다. 내 시간을 나를 위해 맘껏 쓰면서 자녀의 신앙교육도 잘하기는 정말 어렵다.

필자도 지금껏 자녀와 좋은 관계를 유지하기 위해 그 아이들이 어릴 적부터 매주 4~5시간씩 시간을 내어 놀아 주었다. 온갖 시도들을 해 오고 있다. 신앙고백서 공부, 함께 저녁마다 성경 읽기, 이제 그것도 부족하여 성경을 테마로 그림 그리기를 시작하려 한다. 지금도 저녁이면 퇴근 후 오후 10시 혹은 11시에 얼굴을 보며 대화를 시도한다. 주일 저녁마다 가정예배를 드리고 시간을 내어 교리공부도 함께 한다. 내가 가지고 싶은 시간을 포기하고, 시간의 기회비용을 기억하자. 그래야만 자녀교육이 가능하다. 그래서 내려놓기가 필요하고 내 시간을 내려놓을 때 자녀와도 관계가 형성되고 신앙적인 대화도 가능해진다.

자신을 향한 내려놓기 2: 미디어 훈련

미디어의 폐해 1. 시간의 과소비

우리나라 아빠들이 아이와 보내는 시간이 하루 평균 얼마나 될까? 놀라지 말기를. 대략 6분 정도라고 한다.[11] 이것도 몇 년 전의 통계이니 어쩌면 더 줄었을지 모른다. 겨우 하루 6분 얼굴을 맞대고 있는데 무슨 깊이 있는 대화가 가능할 것이며 신앙교육이 가능할까. 과연 신앙에 대한 대화가 낄 공간이라도 있을까? 왜 그렇게 자녀와 시간을 보내기 어렵냐고 아빠들에게 물으면 대부분은 어쩔 수 없다는 표정으로 말할 것이다. 시간이 없다고. 마음에 여유가 없다고. 당장 아이가 잘 지내는지조차 확인하기 어려운데 신앙적인 대화는 언감생심 꿈도 못 꾼다고.

그런데 정말 그럴까? 정말 시간이 없고 여유가 없어 그럴까? 대부분은 그렇지 않다. 2013년의 연구에 의하면 성인들은 평균 하루에 150번씩 스마트폰을 확인한다고 한다.[12] 바쁜 일과 중에도 스마트 폰을 놓지 않는 것이 현대 성인들의 모습이다. 물론, 자기 일이 있어 받아야 할 전화, 확인해야 할 이메일이 있을 수 있다. 전문 사무직에 종사하는 사람은 평균적으로 304통의 이메일을 하루에 확인한다고 하니 그럴 법도 하다.[13] 그리고 아침 일찍 집을 나와 아이가 잠든 한밤중에야 집으로 들어가기 때문에 시간이 없다고 말할 수도 있다.

하지만 곰곰이 우리의 일상을 살펴보자. 바쁘기는 하지만 실제로는 봐야 할 신문 기사, 소소한 연예인 이야기, 드라마나 영화, 스포츠, 온라인 쇼핑, 여러 정치 소식 등 자신이 꼭 봐야 한다고 생각하는 것은 억지로 시간을 내어 꼬박꼬박 챙겨서 보지 않는가. 그것도 많은 시간을 들여서. 꼭 시간을 내어 만나야 할 사람이나 상황이 생기면 어떻게든 만나려고 상황을 만들지 않는가. 시간의 문제인 것 같지만 실은 마음의 문제이다. 여러분은 하루에 얼마의 시간을 스마트 폰을 보고 확인하는 데 쏟고 있는가? 혹 미디어에 대한 '시간의 과소비'로 인해 정작 소비해야 할 시간이 턱없이 부족한 것은 아닐까? 가장 소중한 사람과 가져야 할 시간을 지나치게 다른 곳에 소비하고 있는 것은 아닐까?

미디어의 폐해 2, 주의 집중력의 감소

여기서 한 단계 더 나아가보자. 스마트 폰을 필두로 미디어가 폭발적으로 늘어나면서 몇 가지 문제가 생겼다. 비단 미디어에 대한 '시간의 과소비'만 있는 것이 아니다. 미디어에 지나치게 노출되면서 여러 문제가 발생하게 되었는데, 첫째는 주의 집중력의 결여와 부족 현상이다. 인터넷에 접속하려는데 시간이 걸리면 금방 짜증을 내고 점점 설교와 강의 시간에 집중 못 하는 사람들이 늘어나고 있다. 둘째는 이로 인해 질 높은 대화나 관계 맺음이 어려워진 것이다. 마지막으로 자신의 내면을 가꾸고 관리하는 일이 더욱 어려워졌다. 미디어에 대한 시간의 과소비, 당신은 어떻게 생각하는가?

필자의 첫째 아이만 봐도 그걸 금방 알 수 있다. 그 아이가 최근에 고등학교를 갔는데, 아침의 일과가 스마트 폰을 수거하는 것에서 시작한다고 한다. 만일 스마트 폰을 일과 중에 사용하는 것이 선생님께 발각되면 벌점과 함께 온종일 '고난의 시간'을 보내야 한다고 한다. 선생님이 가만두지 않기 때문이다. 그렇게 해서라도 아이들에게서 스마트 폰을 떼어 놓으려는 학교의 눈물겨운 노력에 경의를 표한다. 얼마나 아이들이 스마트 폰에 목매면 이럴까. 그만큼 아이들이 스마트 폰에 빠져 수업에 집중하기 어렵기 때문이 아닐까.

가정이라고 예외는 아니리라. 수많은 미디어가 오늘의 가정을 침공하고 있고 대부분의 가정은 속수무책으로 당하고 있다. 하나님나라가 침공하는 것이 아니라 세상 나라의 메시지로 무장한 미디어들이 하나님나라에 속한 가정들을 침공하고 있다. 통계에 의하면 2001년 성인 평균 12분이던 주의 집중력이 2012년에는 5분으로 줄었다고 한다.[14] 스마트 기기의 발달로 인한 정보 과잉이 주의력과 집중력을 감소시키고 있음을 단적으로 보여주는 예라 하겠다.

아이들은 다를까? 많은 연구를 바탕으로 미국소아과학회(American Academy of Pediatrics)는 2세 이하(출생 후 48개월 이내로 많게는 4살까지)에게는 텔레비전과 스크린을 보여주지 말라 권하고 있다.[15] 스크린과 미디어가 영아에게 치명적인 문제를 일으키기 때문이다. 이에 반해 2007년의 한 연구에 의하면 2세 이하의 자녀를 둔 부모들의 90%가 자녀들이 전자 매체를 보는 것을 그냥 둔다고 한다. 여러분은 어떤가? 연구자들은 12, 24, 36개월 된 아이들의 놀이시간에 텔레비전을 켜 놓았을 때 그들의 놀이시간만 줄고, 집중력은 급격하게 감소했음을 발견했다고 한다.[16]

미디어의 폐해 3, 더 큰 자극을 갈망하며, 현실을 외면한다!
휴대전화의 앱으로 농구 게임을 하던 네 살 소년(우리 나이 6세)이 있었다. 농구공을 골대에 집어넣을 때마다 휴대전화가 진동하며 불빛이 반짝였다. 이걸 신기하게 여겨 이 게임을 시작한 아이가 게임에 재미를 붙이자 할아버지와 할머니는 진짜 농구 골대를 사주면 더 좋아할 거라 여겨 아이에게 실물 농구 골대를 사줬다고 한다. 어떻게 되었을까? 아이가 처음에는 열심히 농구 골대에 공을 집어넣었다고 한다. 그런데 아무런 진동도 불빛도 없는 거다. 그래서 결국 아이는 농구 골대를 버리고 다시 휴대전화 속의 앱으로 빠져들었다고 한다.[17]

무엇을 말하는가? 자극적인 스크린과 미디어에 빠지면 덜 자극적이며 육체적이고 실제적인 것은 시시하게 여길 수 있다는 말이다. 그 아이는 현실과 가상 세계 중 현실 세계를 버리고 가상 세계로 가버렸던 거다. 이보다 무서운 일이 있을까. 현실은 부정하고 가상을 더 현실과 같이 여기는 이런 분위기가 점점 많아지면 어떻게 될까? 우리가 살아가는 삶은 시시하고 가상공간으로 모두 도피하지 않을까.

필자도 이와 유사한 경험을 한 적이 있다. 필자가 귀국하고 얼마 되지 않아 서울의 유명한 테마파크 공원에 아이들을 데리고 갔다. 당시 초등학생이었던 두 아이는 정말 재미있게 놀았다. 미국에서는 가볼 수 없는 곳이어서 그런지 즐겁게 놀이기구도 타고 스트레스를 풀며 놀았다. 그렇게 한동안 놀다 쉬려고 테마파크에서 운영하는 오락실 앞을 지날 때였다. 놀이기구는 요란하게 돌아가는 소리가 들리고 앞에는 오락실이 있었다. 그런데 그

앞에서 우리 집 아이 또래의 학생들이 삼삼오오 휴대전화기를 들고 무언가 열심히 하고 있는 것이었다. 스마트 폰으로 게임을 하는 중이었다. 너무나 충격적이었다. 이것이야말로 오늘의 우리 현실을 보여준다 생각했다.

생각해 보라. 지금 아이들 앞에는 즐길 수 있는 수많은 놀이기구가 돌아가고 심지어 오락실이 눈앞에 있다. 그런데 그 놀이기구와 오락실을 뒤로하고 평소 자신을 즐겁게 해 주었던 스마트 폰에 빠져 있었던 것이다. 아마 그 아이들을 데리고 간 어른들은 놀이기구가 아이들을 즐겁게 해 줄 거라 여겼겠지만 실상은 평소에 그들에게 익숙하고 당장 결과와 성취감을 주는 스마트 폰 게임이 더 즐거웠던 것이다. 이렇듯 요즘 아이들은 스크린과 미디어 때문에 인내심을 잃어간다. 그리고 더욱 더 자극적인 것을 추구하고 그것이면 족하다 여긴다. 이를 어찌해야 할까.

미디어를 멀리 하라!

그렇다면 왜 필자의 아이들은 스마트 폰에 빠지지 않고 놀이기구를 타고 즐거워했을까? 답은 간단하다. 아이들이 스마트 폰을 사용해 보지 않아서 그렇다. 당시 우리 집 아이들은 개인 휴대폰이 없었다. 최근에야 첫째 아이만 스마트 폰을 가지게 되었는데 그렇게 한 것을 심히 후회하고 있다. 좀 더 나중에 사 줄 걸 하고.

사실, 필자의 집에는 텔레비전이 없다. 그래서 감사한다. 일곱 살 막내 아이의 친구들은 길거리에서, 마트에서 스마트 폰에 푹 빠져 있지만, 우리 집 아이는 그런 것이 없다. 텔레비전 프로그램도 잘 모를뿐더러 스마트 폰에 익숙지 않아 혼자 두면 스스로 놀이할 것을 만들고 온갖 편지며 글을 쓰며 논다. 물론, 방과 거실을 많이도 어질러 놓아서 힘들고, 시간을 내어 놀아줘야 해 귀찮을 때가 많은 것도 사실이다. 하지만 텔레비전을 그만 보라거나 스마트 폰을 그만하라고 그 아이와 싸우는 일은 없다.

어디서부터 그것이 가능했을까? 실제로 필자가 처음 결혼을 했을 때는 텔레비전도 있었고 집 안에 스크린과 미디어 기기가 많았다. 그런데 어느 날 첫째 아이가 기어 다닐 때 아이가 텔레비전 앞에 멍청히 앉아 있는 것을 보고 결심했다. 이것을 정리해야겠다고. 그래서 이후에 유학을 떠나오면서 정리를 했다. 물론, 유학 기간에 아이들에게 영어를 가르친다고 고물 텔레비전을 두고 집에서 사용하기는 했지만 대부분은 통제했고, 귀국해서는 아예 집에 텔레비전을 없애 버렸다.

부모가 결심하고 내려놓지 않으면서 아이에게 미디어를 멀리하라고 하는 것은 불가능하다. 그래서 부모인 우리가 내려놓았다. 한 날은 필자의 스마트 폰으로 야구 하이라이트를 보고 있었던 거로 기억한다. 그런데 아이가 엄마 스마트 폰으로 동영상을 봐야 한다고 떼를 쓰는 거다. 평소에는 그러지 않았는데 그날따라 떼를 써서 나무라며 안 된다고 했다. 그때 돌아온 말이 무엇이었는지 아는가? 그렇다. "아빠는 보면서…"였다. 그렇다. 내가 내려놓지 않으면서 아이에게 내려놓으라 하기 어려운 것, 그것이 우리 손에, 우리 방에, 우리 거실에 있다! 우리 앞에 있는 TV와 우리 손에 들려 있는 스마트 폰, 우리 방에 놓여 있는 태블릿이 바로 그것이다. 우리가 늘 보는 미디어 기기들이다. 이제라도 자녀를 위해 내려놓을 수 있겠는가?

온몸이 무기?

다시 신명기 6장으로 돌아가 보자.

> ⁷네 자녀에게 **부지런히 가르치며** 집에 앉았을 때에든지 길을 갈 때에든지 누워 있을 때에든지 일어날 때에든지 이 말씀을 강론할 것이며 ⁸너는 또 그것을 네 손목에 매어 기호를 삼으며 네 미간에 붙여 표를 삼고 ⁹또 네 집 문설주와 바깥 문에 기록할지니라

7절부터 보면 삶의 모든 순간을 신앙교육의 기회로 활용하라는 내용이다. '온몸이 무기'라는 말이 있지 않은가. 잘 훈련된 최정예 병사는 그야말로 온몸이 무기다. 마찬가지로 부모가 스스로 잘 훈련되어 있으면 매 순간이 신앙교육의 기회요 온몸이 신앙교육의 교보재가 될 수 있다. 단, 부모가 모범이 되는 삶, 내려놓고 훈련된 후에나 가능한 일이다.

특별히 우리가 앉아 있을 때, 누워 있을 때, 일어나 걸어갈 때

현재 가장 많이 하는 일이 무얼까? 필자가 볼 때는 단연코 으뜸은 스마트 폰을 사용하는 것이다. 불과 십여 년 전만해도 길을 가면서 휴대폰을 본다는 것을 어디 상상이나 했을까? 화장실에 그것을 가지고 간다는 걸 꿈이라도 꾸었을까? 전철에서, 버스 안에서, 집에서 그것을 들여다보며 게임을 하거나 서핑을 하는 것을 기대나 했을까.

그런데 오늘의 우리는 앉았을 때든지, 누웠을 때든지, 일어서서 길을 갈 때도 이것, 미디어와 스크린과 씨름하고 있다. 다른 것은 보이지 않고 그것에만 열중한다. 전철을 탔을 때 주변을 한 번 둘러보라. 전에는 책을 읽거나 졸거나 다른 사람과 이야기하는 사람이 제법 있었다면 이제는 졸거나 휴대폰을 보거나 둘 중에 하나 밖에 없을 게다. 그리고 대부분은 휴대폰에 집중하고 있는 모습일 거다.

심지어 '스몸비(smombie)족'이라는 신조어까지 등장했다. 스몸비족, 스마트폰(smartphone)과 좀비(zombie)를 합쳐서 2015년 독일에서 만든 신조어로 스마트폰을 보며 길을 걷는데 마치 시체가 걷는 것처럼 넋이 빠져 스마트 폰을 보고 걷는 사람을 뜻한다. 얼마나 미디어가 사람을 피폐하게 하는지 모를 일이다. 보도로는 최근 3년간 한 대형 보험사에 접수된 보행지 과실 사고 1732건 중 61%가 휴대전화 사용 때문이라고 한다. 바로 이 스몸비족에 의해 일어난 것이다. 그리고 사고 당사자의 절반 이상이

10대와 20대라고 하니 참으로 안타까운 일이 아닐 수 없다.[18]

그러니 이것을 부모 스스로 줄이고, 내려놓고 이제 자녀들과 함께 미디어를 내려놓는 훈련을 해야 하지 않을까. 미디어 내려놓기. 이것이 부모 스스로 되고, 부모와 자녀가 함께 훈련할 때 비로소 신앙적인 대화, 질 높은 대화가 가능하지 않을까. 여러분은 오늘 앉았을 때든지, 누웠을 때든지, 일어서서 길을 갈 때든지 무엇을 하는가? 스마트 폰을 들여다보는가 아니면 아이와 대화하는가?

혹여 아이를 데리고 마트에 갔다가 칭얼대는 아이를 조용히 시키려 휴대전화를 쥐여주며 아무 동영상이나 아이가 좋아하는 것으로 틀어주고 조용히 시키지 않는가? 아이에게 "이것이 너의 친구다. 이 친구와 대화하거라."라고 몸으로 가르쳐주며 정작 얼굴을 맞대며 그 아이가 칭얼대는 이유를 놓고 씨름하며 아이와 대화해야 할 시간을 포기하고 있지는 않은가?

잊지 말자. 관계는 시간에 비례하고, 시간을 어떻게 쓰느냐에 따라 그 사람과의 관계가 깊어진다. 우리가 하나님과 깊이 교제하려면 하나님과 더 많은 시간을 보내야 한다. 그래서 예수님은 새벽부터 따로 시간을 떼어 하나님과 만나는 시간을 가지셨다. "새벽 아직도 밝기 전에 예수께서 일어나 나가 한적한 곳으로 가사 거기서 기도하시더니"(막 1:35) 자녀와의 관계도 마찬가지다. 자녀와 얼마의 시간을 어떻게 보내는가가 그 아이와 관계의 질을 결정한다. 시간을 내어 자녀와 관계를 맺고 그 관계의 진전을 통해 내가 아는 하나님, 내가 사랑하는 주님을 소개하고 보여 주어야 하지 않을까? 그것에 미디어와 스크린이 방해되고 있지 않은가? 이제 부모가 내려놓을 때다!

"

가정신앙
교 육
설 명 서

―

악전고투하는
부모들에게

제4부 신앙교육의 방법

제 8 장 신앙교육의 방법 1:
　　　　당신의 메시지는?

◦ 경천동지(驚天動地)
◦ 대화 아닌 대화
◦ 너-메시지(You-Message)로 길러진 나!
◦ 나-메시지(I-Message)가 좋다는 교육학자들
◦ 하나님-메시지(G-Message)가 필요한 때

가정신앙교육설명서

악전고투하는 부모들에게

❝
경천동지(驚天動地)

2012년 2월, 뉴욕 타임즈 매거진(New York Times Magazine)에 실화를 바탕으로 한 아주 흥미로운 기사가 실린 적이 있다. 한 중년의 남성이 미국 대형마트인 타깃(Target)에 들어서자마자 흥분한 상태로 매니저를 불러 세웠다. 이유인즉 그 대형마트가 고등학생 딸에게 우편으로 유아용품 쿠폰을 보냈기 때문이다. 부모라면 누군들 이런 상황에 달려가 이럴 수 있냐고 따져 묻지 않겠는가. 십분 그 아버지의 항의가 이해된다.

   이 아버지 역시 이렇게 따져 물었다고 한다. "내 딸이 이 우편물을 받았어요. 그 아이는 아직 고등학교에 다녀요. 그런데 아기 옷과 아기용품 쿠폰을 보내요? 당신네는 고등학생 아이더러 임신하라 부추기는 건가요?"[1] 고등학생에게까지 이런 마케팅을 하려는 것은 과했다는 지적이다. 해도 해도 너무하지 않느냐는 질책이다. 이 아버지의 항의에 놀란 매니저가 그 우편물을 찬찬히 살피니, 아니나 다를까 그 여고생의 이름이 적혀 있고, 우편물 안에는 임산부복, 아기를 위한 용품들, 그리고 환하게 웃고 있는 갓난아기 사진 등이 보였다. 당황한 그는 연신 사과를 하고 그 남자를 진정시켜 돌려보냈다.

며칠이 지나 담당 매니저가 그 중년의 남성에게 재차 사과하기 위해 정중하게 전화를 했다고 한다. 그때 그 중년의 남성이 이 매니저에게 대답한다. "내 딸에 대해 할 말이 있어요. 내가 전혀 알지 못하던 일이 우리 집에 일어났어요. 우리 딸이 8월에 출산해요. 미안하게 되었습니다."[2] 소름 돋는 일이 아닌가. 상황이 완전히 뒤집혔다! 아이는 임신을 했던 거고, 아버지는 사과해야 했다.

어떻게 아버지도 모르는 일을 대형마트는 알고 있었던 것일까? 대형마트 타깃(Target)은 이 일이 있기 오래전부터 빅데이터 분석을 위해 전문가를 고용해 장기간 연구를 했다. 그리고 고객의 25가지 구매 행태를 분석하여 여성의 임신과 출산을 상당히 정확하게 예측할 수 있는 시스템을 이미 구축했다. 평소 향이 나는 로션을 사던 여성이 향이 없는 로션을 구매하고, 잘 사지 않던 미네랄 영양제를 구매하는 등의 변화를 감지하고는 '이 여성은 임신확률이 높다. 그러니 유아용품 쿠폰을 발행해야 한다.' 는 결론을 내리고 고객 데이터베이스를 기반으로 쿠폰을 보냈던 것이다.[3] 그런데 그것이 실제로 일어났다고 하니 놀라울 뿐이다. 이제 세상은 하늘이 놀라고 땅이 진동하는 경천동지(驚天動地)할 일이 매일 일어나는 시대가 되었다.

아버지는 딸이 임신한지도 몰랐는데, 대형마트는 이미 알고 있었다는 사실을 부모로서 어떻게 받아들여야 할까? 무엇보다 무기력한 부모에 반해 세상의 기민함에 한편으로 놀라고 한편으로 두려움이 앞선다. 어떻게 자녀를 양육해야 할지 도무지 갈피를 잡을 수 없다. 이러고 보면 경천동지(驚天動地)할 이 세상에 우리 자녀들을 보내놓고 마냥 '어떻게 되겠지'라고 쉽게 생각하면 큰일이 아닌가. 그리고 아이의 임신 사실을 몰랐던 부모에 반해 미리 알고 발 빠르게 대응하는 세상을 보며 우리 또한 세상을 향해 나아가는 자녀들을 위해 무언가 선제적인 대응이 필요하지 않을까? 이러한 이유로 이 장에서는 자녀 양육을 위한 방법 중 가장 기본이 되는 대화법에 대해 생각해 보려 한다.

사실, 신앙 전수의 대부분은 '말'을 통해 전달된다. 물론 '언어적인' 말도 중요하지만 '비언어적인' 말인 표정이나 몸짓도 포함해서 전달된다. 또한, 논리적인 말도 있지만, 감성적인 언어도 대화에 상당한 영향을 주며, 때로는 경청하며 잘 듣는 것 또한 대화에 포함된다. 이렇게 보면 대화를 통해 신앙을 전수하는 것은 어쩌면 신명기 6장 7절의 '부지런히' 가르치라고 명하신 내용의 핵심이 아닌가 생각한다. 이번 장에서는 이런 대화법, 특별히 신앙적인 대화법에 대해 생각해 보도록 하자.

❝ 대화 아닌 대화

"엄마가 도대체 몇 번을 말해?"(짜증)

"……"(당황)

"이렇게 하면 안 된다고 했잖아! 이제 어떻게 할 거야?"(짜증)

"……"(당황)

"똑바로 하라고 했지?"(화냄)

"……"(주저함)

"대답 안 해?"(목소리 톤을 더 높여)

"…… 응"(어쩔 수 없는 대답)

길을 가다 이런 대화를 가끔 듣는다. 식당에서, 마트에서, 심지어 교회에서도 이와 비슷한 대화를 듣곤 한다. 도대체 대답을 하라는 건지 말라는 건지 알 수 없는 질문이고 대화다. 여러분은 어떤가? 아직 조작능력이 부족한 아이가 흔히 할 수 있는 실수를 본 부모가 아이와 대화할 때 나타나는 경우이기도 하다. 조작능력이 부족하니 실수와 부족함이 보일 수밖에 없고 그러다 보면 일러주었는데도 되지 않으니 지켜보는 부모는 화가 나고 짜증이 날 것이다. 하지만 아이가 아닌가! 반복해서 훈련해도 시간이 오래 걸리는 아이! 손과 발, 행동을 어른 수준으로 끌어올리데 시간이 걸리는 아이! 그런데 조작능력이 부족하다는 인식을 하기 전에 먼저 감정이, 마음이 상하니 짜증이 앞서 이렇게 대응하는 경우가 다반사다.

조작능력이 부족한 아이가 컵을 들다 엎질렀을 때, 여러분은 어떻게 반응하는가? 기억하자. 어설프고 부족하니 아이다! 한두 번, 아니 서너 번 가르쳤는데 숙달하고 잘하면 더 이상 아이가 아닌 명장(名匠)이다. 대가(大家)다. 한 분야의 전문가다! 아이는 아이의 수준으로 생각하고 행동한다. 그런데 그걸 부모들은 소위 '까먹는다.' 그래서 어른과 대등하게 행동하길 너무 일찍부터 바란다. 그러다 보니 대화에 부모의 조급함이 고스란히 드러나고 읽힌다.

위의 대화를 보라. 엄마는 이미 아이가 똑바로 해야 하고, 안 된다고 몇 번 말한 거로 아이가 그 분야의 대가(大家)가 되었어야 한다 말한다. 본인은 어릴 적에 숱한 꾸중과 야단을 맞으며 고쳤을 그 일을 아이에게 단 며칠 만에, 단 몇 번 만에 하라 주문하고 있는 것이다.

위의 대화 속으로 좀 더 들어가 보자. 엄마는 지금 아이가 어른과 대등한 행동을 하도록 강요하고 있다. 그렇다면 대화를 할 때도 어른스레 대해야 할 것 아닌가. 그런데 아이에게 어른스러운 행동을 요구하면서 정작 대화할 때는 철없는 아이 나무라듯 하면 어쩌잔 말인가. 뭔가 문제가 있다고 생각되지 않는가? 그렇다. 만일 아이가 행동을 어른스레 하길 원한다면 대화에서도 어른스레 대해야 할 것이다. 이제라도 행동을 나무라고 싶다면 아이의 수준에서 대화하며 지적해 보자.

실수하니 아이다!

기억하자. 아이와 부모 사이는 위계(위아래)가 있게 마련이다. 그렇다면 위계를 가지고 대화하려면 행동에도 위계의 상위에 있는 부모가 어른스레 행동하고, 위계의 아래에 있는 아이에게는 어른의 너그러움을 보이면 좋겠다. 부모도 한 사람의 어른으로 아이의 미숙함을 책망하기보다 도우려 애쓰는 것이 필요하지 않을까.

> 아이를 나무랄 때 기억해야 할 세 가지
> ① 실수하니 아이다!
> ② 야단을 치려면 어른스레 하고,
>   미숙함을 봐주려면 아이로 대하자.
> ③ 아이가 실수한 이유가 따로 있을 수 있다.

물론, 이렇게 말을 하는 필자도 성급하게 아이를 나무라고 대책 없이 추궁하며 아이에게 닦달할 때도 많다. "아니, 몇 번을 말해줬는데도 그게 안 되냐? 너 그래서 뭘 하겠어?" 필자도 아이가 도저히 대답할 수 없는 질문을 던지며 당황하게 만드는 나름의 고수(高手)다. 사실 필자 나이 정도의 부모라면 그 정도의 내공(?)은 누구나 가지고 있고, 자녀를 당황하게 만들어 코너로 모는 한두 가지 필살기(?)는 가지게 마련이다. 하지만 잊지 말자. 지금 이런 대화는 부모의 분풀이 그 이상도 그 이하도 아니라는 사실을.

  대화는 서로의 수준과 상황에 맞아야 가능하다. 위의 대화에서 알 수 있듯, 아이가 대응할 여지가 없는 말들을 이제 좀 돌아봤으면 좋겠다. 가령, "엄마가 도대체 몇 번을 말해?"라는 질문에는 답이 없다. 사실, 그 질문에 어떤 답을 해도 엄마는 지금 분노의 감정 때문에 아무 소리도 들리지 않을 거다. 무엇보다 아이에게 나무라는 것도 아니고 질문도 아닌 어정쩡한 말을 하면 아이는 어떤 답을 해야 할지 난감할 게다. 오히려 이때는 "엄마가 여러 번 이야기했는데도 되지 않아 엄마 마음이 많이 상하는구나. 너라도 그렇지 않겠니?"라고 아이의 호응을 얻도록 하면 어떨까.

  게다가 아이는 지금 자기 나름대로 최선을 다해 무언가를 했을 수도 있다. 종종 일곱 살 딸아이가 "아빠 도와줄게."라며 필자의 방에 와서 이것저것 정리한답시고 오히려 더 어지럽히고 만다. 거기까지는 괜찮다. 거기다 편지를 써 놓기도 하고 자기 나름에는 아빠를 생각한답시고 이것저것 가져다 놓고는 정리도

하지 않는다. 그 아이가 지나가고 나면 엉망이 되기 일쑤다. 그래서 가끔 화가 나 한마디 한다. "너, 이럴 거면 아빠 방에 들어오지 마!" 그 말에 아이는 서운해서 엉엉 운다. 아이의 마음에 비해 행동이 따라 주지 않은 것뿐인데 아빠는 그 아이의 마음을 몰라 줬기 때문이다. 이런 일이 독자들의 가정에는 없기를.

아이의 미숙한 행동이 짜증을 부르지만, 이유를 알면 오히려 감사해야 할 때도 많다. 아빠를 위해서 한 행동이 아닌가. 그런데 그 순간을 참지 못해 한두 마디 꼭 해야 직성이 풀리는 아빠의 어른답지 못함을 오히려 탓해야 할 것이다. 이렇게 보면 이유를 먼저 묻거나 확인하고 아이를 나무라도 늦지 않을 텐데 늘 생각보다 말이 앞서는 것이 문제다. 이제 이런 우리 부모들 스스로 자신을 좀 돌아보면 좋겠다. 필자부터.

여기다 비언어적인 대화는 또 어떤가? 아빠가 방금까지 "너, 다시는 아빠 방에 들어올 생각하지 마!"라며 있는 화, 없는 분(憤)을 다 내고 있으면 아이로서는 아빠의 눈치만 보며 대화할 엄두도 내지 못할 게다. 무서운 상황, 무거운 분위기, 거기다 아빠의 분노한 표정이 이미 아이가 위압감과 거리감을 느끼도록 하기 때문이다. 이제 아이는 주눅이 들어 자신의 행동에 대한 해명도 못 해보고 자리를 벗어나거나 울거나 혹은 엄마 쪽으로 달아날 것이다. 다시 한번 부모 된 우리 모두가 스스로를 돌아보았으면 좋겠다.

> ## 너-메시지(You-Message)로 길러진 나!

한번은 일곱 살 된 딸 조안이가 엄마와 이런 대화를 나누었다고 한다.

    조안: "엄마, 친구에게 나쁜 말 하면 안 되지?"
    엄마: "응"
    조안: "니(네) 입 냄새가 독하다! 그러면 안 되지?"
    엄마: "응"
    조안: "그래서, '니(네) 입 냄새가 향기롭다'고 말했어!"(자랑스럽게)

이런 수준의 아이와 대화를 하면서 서너 번 일렀다고 행동이 변할 거로 생각하는 것이 어디 가당키나 한가. 그렇다. 아이는 하나만 기억한다. 하나만 알고 하나에만 반응한다. 그래서 무언가 나무라는 상황에 놓이면 아이는 대개 나무라는 내용보다 나무라는 주체인 부모의 기분이나 분위기에 압도되어 내용은 쉽게 잊거나 마음에 두지 않는다. 그냥 분위기가 무거워 대부분은 대답 아닌 대답을 하기도 한다. "응"이라고.

그런데 부모는 그 대답을 강요하고, 기어코 대답하게 하고선 이미 다 가르친 듯 행동한다. 이번에 가르쳤으니 다음번부터는 잘할 수 있다 여기는지 모를 일이다. 실제로 대부분은 다음번에 그와 같은 실수를 반복하면 여지없이 "엄마가 도대체 몇 번을 말해?"라며 꾸중을 하며 대화 아닌 대화를 시도한다. 똑같은 위압적인 분위기로. 아이 입장에서 보면 엄마(아빠)는 지난번에도 자신의 상황이나 마음을 제대로 알지도 못하고 윽박질러 대답을 강요하더니 이번에도 그렇게 한다고 생각할 것이다. 그리고 더욱 위축되고 두려워 어디론가 면피할 궁리부터 하게 될 것이다. 잘못을 교정하기보다.

입장 바꿔놓고 말해 봅시다!

우선, 아이에게 하고 싶은 말이 있을 때, 기억하자. 내가 전할 메시지, 즉 말할 내용을 어떻게 전달하는 것이 아이에게 효과적일지. 이것 없이 단순히 감정에 따라 윽박지르고 나무라고 야단을 친다고 아이가 말귀를 더 잘 알아듣지 않는다. 무엇보다 메시지를 아이에게 곧장 전하고 싶어 '너'라는 말을 써 명령이나 지시를 한다면 그다지 좋은 대화법이 될 수 없다.

다음의 '너-메시지'(You-Message)를 듣고 어떤 반응을 할 수 있을까? 여러분이 아이라 생각하고 내용을 찬찬히 살펴보고 답해 보라.

'내가 아이라면 다음의 12가지 대화에서 뭐라 말할 수 있을까?'

'너-메시지'(You-Message)의 12가지 유형

"(너) 당장 그만 둬!" - 명령하기

"(너) 하지 마! 자꾸 그러면 혼나!" - 경고하기

"(너) 말을 안 듣더니… 그렇게 된다고 했잖아." - 교화하기

"너도 노력하면 할 수 있어." - 논리 들이대기

> "(너) 이대로 해 봐!" – 해법 제시하기, 명령하기
> "너는 항상 이게 문제야!" – 비판하기
> "(너) 잘 ~ 한다." – 비난하기
> "(너) 일부러 그런 거지?" – 비난하기, 분석하기
> "너는 언제나 좋은 아들이야." – 긍정적인 평가
> "(너) 괜찮아, 다 지나갈 거야." – 안심시키기
> "(너) 왜 그랬어?" – 질문하기
> "(너) 대단한 사람 나셨네." – 빈정거리기[4]

아이의 입장에서 생각해 보자. 이 '대화 아닌 대화'에 어떻게 대답해야 할지 난감할 것이다. 떼를 쓰거나 혹은 회피하거나 모른 척하는 것 외에 다른 방법이 있는 유형은 몇 되지 않는다. 그나마 긍정적인 몇 가지는 대답할 여지라도 있지만, 나머지 대부분은 표정 관리도 어려울 지경이다. 좀 더 자세히 들여다보면 '너-메시지'에는 부모는 없고 아이만 있다. 온통 아이만 겨냥하고 아이에게 무언가를 요구하는 것 외에는 아무 내용도 없다.

예를 들어 "(너) 당장 그만둬!"라고 하면 뭐라고 말해야 할까? 명령을 거부하거나 순응하거나 둘 중의 하나지 이유를 대거나 설명의 여지가 별로 없어 보인다. 나머지들도 비슷하지 않은가. '너-메시지'를 들은 아이로서는 어떤 여지도, 이유도, 핑계도 댈 수 없는 상황이 대부분이다. 그래서 '너-메시지'는 가혹하고 때로는 매몰차다. 쥐도 피할 구멍을 주며 몰아야 하는데 12가지 유형 중 일부를 제외하고는 아이가 숨쉬기조차 어렵게 몰아붙인

다. 다음의 부호화와 아이의 해석은 아이가 그것을 어떻게 받아들이는지 잘 보여준다.[5]

<너-메시지'(You-Message) 부호화와 해석>

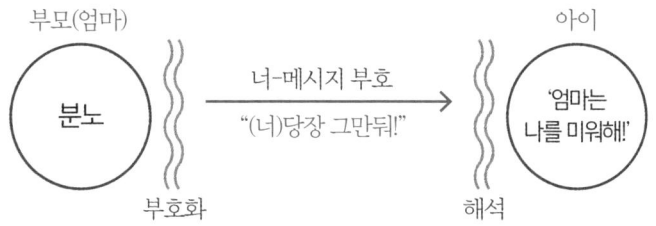

위의 그림을 보면 부모(엄마)는 말로는 "(너) 당장 그만둬!"라고 말하고 있지만, 그것은 부호화되어 표현된 것일 뿐 그 바탕에는 부모(엄마)의 분노와 짜증이 담겨 있다. 이렇듯 부모(엄마)의 분노가 담긴 '너-메시지'를 들은 아이는 그것을 어떻게 해석을 할까? 부호화된 말 그대로 해석하는 것이 아니라, '엄마는 나를 미워해!'라고 다르게 해석한다. 해석의 과정에서 뒤틀린 방식의 이해가 일어나고 있다.

아이와 부모 사이에 이런 부호화와 해석이 반복되어 일어나면 어떻게 될까? 엄마는 엄마대로 짜증이 증폭되어 분노가 폭발하여 아이에게 하지 말아야 할 말과 행동을 할 것이고, 아이는 아이 나름대로 엄마를 오해해서 엄마가 자신을 사랑할 수 있도록 돌출행동이나 엉뚱한 행동으로 엄마의 관심을 끌려 할 것이다. 결국 상황이 더욱 악화할 가능성이 있다.

나-메시지(I-Message)가 좋다는 교육학자들

이제, '너-메시지'에 반대되는 또 다른 형태의 대화 형식에 대해 생각해 보고자 한다. 아이가 "내가 할 거야!"라며 떼를 쓰며 안 되는 줄 알면서도 고집을 계속 부린다고 가정해 보자. 이때 엄마는 한두 번은 참지만 계속해서 떼를 쓰면 짜증이 날 것이다. 그래서 자신도 모르게 감정을 실어 "(너) 당장 그만둬!"라고 '너-메시지'를 전할 수 있다. 이 대목에서 기억해야 할 것이 그런다고 아이가 "알았어." 이렇게 순순히 대답하지 않는다는 사실이다. 대개 "싫어, 내가 할 거야! 내가 할 거라니까."라며 고집을 반복하거나 혹은 떼를 쓰며 더욱 강하게 대응하기도 한다. 그러면 부모는 서서히 아이와 감정싸움에 돌입하게 되고 상황은 악화 일로를 걷게 된다.

바로 이때 '나-메시지'는 상당히 유용하다. 감정이 격해지면 엄마(아빠)는 짜증이나 자신과 상황을 제대로 파악하지 못하게 된다. 거기다 화를 돋우는 아이의 행동이나 말이 반복되어 엄마(아빠)를 곤란하게 만들면 끝내 감정이 폭발하고 험한 말과 행동이 나오게 마련이다. 이렇게 되면 이 장 초반부에 언급한 부모처럼 '대화 아닌 대화'를 하며 명령과 꾸중으로 끝나는 '추궁'과 혼자 이야기하고 답하는 '독백'만 늘어놓게 될 것이다.

아이는 해석 전문가: "엄마 화났어?"

데이빗 스탈은 "당신이 무슨 말을 하든 중요하지 않다. 중요한 것은 당신이 한 말을 아이가 어떻게 해석하느냐 하는 것이다."라고 했다.[6] 그렇다. 아이에게 부모가 한 말은 중요치 않다. 문제는 아이의 해석이다. 이미 '너-메시지'를 통해 아이는 '엄마가 나를 미워해!'라고 단정하며 해석을 해 버렸다. 그러니 아이의 마음에 엄마에 대한 원망과 미움, 두려움이 있기에 다른 말이 들리지 않을 것이다. 그래서 엄마는 자신의 마음이 그렇지 않다는 것을 분명히 '말'해 줄 필요가 있다. 아이를 거부하는 것이 아니라 아이의 잘못을 지적하는 것임을 분명히 하는 것 말이다. 그래야 아이도 제대로 엄마의 말을 해석할 수 있을 것이다. 아래의 '나-메시지'의 부호화가 그것을 잘 보여준다.[7]

<나-메시지'(I-Message) 부호화와 해석>

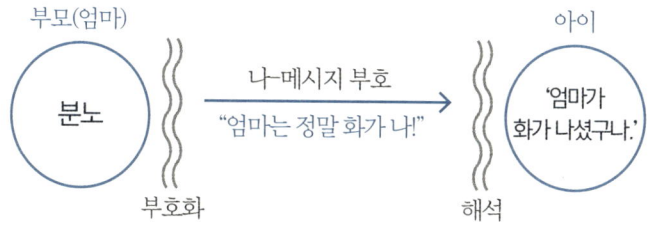

지금 엄마가 분노하고 짜증 난 사실을 부인하거나 감추지는 말이 아니다. 오히려 그 반대다. 본인이 분노하고 짜증이 난 사실을 객관화해서 자신을 들여다보고 아이가 어떻게 해석할지 살피

자는 말이다. 이런 경우가 종종 있지 않은가. 아이가 엄마 눈치를 보면서 "엄마 화났어?"라고 종종 묻는다. 이 말에 엄마의 표정은 짜증과 화가 나 있으면서 자신의 감정을 감추며 말로는 "화 안 났어."라고 대답하곤 한다. 그러면 아이는 혼란스러워진다.

아이도 안다. 자신이 잘못해서 엄마가 화가 났다는 사실을. 그런데 아니라고 하면 아이는 어떻게 해석해야 할지 고민한다. 헷갈린다. 아니, 점점 엄마의 말을 믿을 수 없게 된다. 그래서 부모는 자신의 감정을 스스로 들여다보고 아이 앞에서 솔직할 필요가 있다. 잊지 말자. 아이는 부모의 말을 해석한다. 단순히 말 그대로가 아닌 전(全) 인격을 다해, 전(全) 감각을 동원해서 해석한다.

순서를 기억하자. 아이가 먼저 감지하는 것은 말의 내용이 아니라, 말을 담는 그릇 즉, 부모의 표정과 분위기다. 그다음으로 말의 내용을 감지한다. 같은 이유로 먼저 엄마의 감정 상태를 확인하고자 아이가 묻는 거다. "엄마 화났어?"라고. 이때 부모가 할 수 있는 최선의 답은 솔직한 대답이다. 이제, 솔직하게 감정이 좋지 못함을 말하자. 대신 표현에는 감정을 최대한 누르면서 말해 보자. 그래야 아이도 엄마의 생각과 의도를 바르게 해석할 수 있을 것이다.

눈치 백단의 아이들, 그들은 지금 부모의 감정을 읽고 있다. 말이 아닌 표정과 분위기를 먼저 읽고 다음은 그것이 말과 일치하는가를 본다.

> 눈치 백단의 아이들의 부모 읽기(해석) 기술
> ① 표정(분노) + 말(부인) = 미워한다고 해석(혼란)
> ② 표정(분노) + 말(행동 지적) = 거부한다고 해석(혼란)
> ③ 표정(분노) + 말(분노) = 분노한다고 해석(인정)

①번을 보자. 부모는 지금 분노와 짜증이 났고 표정도 그걸 보여 주지만, 말로는 부인한다. "엄마 화났어?"라는 아이의 질문에 "아니야!"라고 소리 지르며 짜증스레 답하는 경우가 이에 속한다. 표정은 분명히 분노했는데, 말은 아니라고 하면 아이는 굉장히 혼란스러울 거다. 눈치 백단의 아이가 이미 엄마의 감정을 읽었는데, 감정은 분명히 분노로 차 있는데 아니라고 하니 해석을 할 때는 '나 때문인가?' '내가 미운가?'라고 묻고 '그런가 봐'라고 답할 것이다. 해석이 어려워지면 엉뚱한 해석을 하게 마련이다. 자신을 미워한다고.

②번의 경우는 이미 많이 설명했다. 표정은 분노로 가득하지만 그걸 감추고 오히려 말로는 다른 것을 지적하거나 명령한다. 관심을 돌리려는 것이다. 지금 부모의 감정은 좋지 못한데 그건 감추고(화난 표정으로) "(너) 당장 그만둬!"라고 하면 아이는 먼저 감정을 읽고는 엄마가 화가 났다는 것을 알지만 행동을 지적하며 명령하니 어떻게 반응해야 할지 혼란스러울 것이다. 그러고는 엄마는 자신을 거부하면서 이것만 하길 원한다고 해석하게 될 거다.

마지막으로 ③번의 경우는 표정도 화가 났고, 말도 화가 났다고 인정한다. 그러면 아이는 엄마가 지금 자신 때문에 혹은 어떤 일 때문에 분노와 짜증이 났고 그 일이 해소되면 분노가 사라질 수 있음을 알게 된다. 그래서 엄마의 감정이 좋지 못하다고, 화가 났다고 해석한다. 그것이 위의 '나-메시지' 부호화의 모습이다. 단, 감정을 심하게 싣고 화가 났다고 말하면 곤란하다. 분노와 짜증이 발생했고 힘들지만, 그것을 최대한 억제하면서 말해야 할 것이다. 그래서 이때는 이렇게 말해 보자. "그렇게 계속해서 안 되는 것을 반복하다 집안이 어질러지면 엄마는 정말 화가 나!", "엄마는 네가 그렇게 어질러 놓으면 다 청소해야 하는데 그게 너무 힘들어!"

'나-메시지'의 효과와 방법

상황은 조금은 다르지만, 토마스 고든은 그의 책에서 어느 학교 선생님의 이야기를 한다. 말을 잘 듣지 않는 아이들, 반복적으로 장난을 쳐 교실을 엉망으로 만드는 아이들에게 울며 겨자 먹기 식으로 '나-메시지'를 믿기지 않지만 한번 해 봤다고 한다. 그런데 그 결과는 놀라울 정도였다고 한다. 그 교사가 어느 날 실제로 아이들에게 한 말이다.

> "너희들이 페인트를 마구 뒤섞어 세면대와 탁자에 쏟아부으면 나중에 내가 혼자 그걸 치워야 하잖아. 아니면 관리인 아저씨한테 잔소리를 듣든가… 너희들 다 돌아가고 난 뒤

혼자 청소하는 나로서는 너무 벅차다. 너희들이 그렇게 하지 못하도록 막아야 하는데, 도무지 속수무책이라는 느낌이 드는구나."[8]

이렇게 말을 해 놓고도 그 교사는 믿지 않았다고 한다. 아이들이 '내가 알게 뭐람.' 이렇게 반응할 줄 알았다고 한다. 하지만 교사가 그 말을 하고서야 아이들은 교사가 그동안 어려움이 있었고 자신들 때문에 고생했다는 사실을 인지하게 되었다고 한다. 아이들은 천생 아이인가 보다. 그 말이 끝나자 조금은 충격을 받은 듯 교실이 조용해지더니 이내 한 아이가 나와 이렇게 말했다고 한다. "자, 우리 어서 치우자." 그리고선 아이들이 주섬주섬 자신들이 어질러 놓은 것을 치우더란다. 그 이후로 교실은 자연스레 정리가 되었고 아이들이 놀고 나면 정리하는 것이 습관이 되어 있다고 한다.[9] 이것이 '나-메시지'의 효과가 아닐까.

그럼, '나-메시지'는 어떻게 하는 걸까? 그렇게 복잡하지 않다. 다음의 몇 가지 구성요소로 말하면 된다.[10]

① "나는" 혹은 "엄마(아빠)는"으로 시작한다.
② "종이가 바닥에 널려 있는 것을 볼 때면"과 같은 상황을 설명한다.
③ "화가 난다"와 같은 솔직한 감정을 표현한다.
④ "결국 엄마가 그걸 치워야 하니까"와 같이 상황에 대한 결과와 본인의 애로사항에 대해 설명한다.

⑤ "엄마가 힘든 걸 이해할 수 있겠니?"와 같이 이해를 구하는 문장을 추가할 수도 있다.

이것을 한 문장으로 만들면 다음과 같다.

"나는 종이가 바닥에 널려 있는 것을 볼 때면 화가 나!
결국 이 종이들은 엄마가 다 치워야 하잖아.
엄마가 힘든 걸 이해할 수 있겠니?"

하나님-메시지(G-Message)가 필요한 때

사실, 필자의 경우 어릴 적 주로 '너-메시지'를 듣고 자랐다. 부모님으로부터, 선생님들로부터, 동네 어른들로부터. "(너) 왜 이랬어?" "(너) 그만두지 못해!" "(너) 그러면 혼나!" 이런 '대화 아닌 대화'를 듣고 자랐다. 특별히 성장 과정에서 많은 시간을 학교에서 보냈는데, 당시의 초, 중, 고등학교의 분위기와 상황은 더욱 열악했다. 선생님들 대부분이 고압적이었고 수업시간에 고함치며 '너-메시지'로 야단만 많이 들었던 기억뿐이다. 물론, 필자가 그렇게 모범생이 아니다 보니 그런 일은 더 많았을 것이지만 그럼에도 매사에 친절과는 거리가 먼 어른들을 겪다 보니 자연스레 이런 '대화 아닌 대화'가 필자의 머릿속에 남아 있는 모양이다.

왜 그리도 당시의 선생님들은, 어른들은 아이들이 대답할 수 없는 질문들, '대화 아닌 대화'들을 했던 걸까. 지금 돌이켜보면 모두가 유교적인 사회 구조와 어른 중심의 사회적인 분위기, 그리고 일제 강점기를 거치면서 나타난 군사문화의 영향이 아니었나 생각한다. 이런 '너-메시지'의 태도가 필자에게도 고스란히 남아 자녀들에게 그대로 재현할 때가 많다. 별로 좋은 일도 아닌데. 아이가 유리컵을 깨뜨렸을 때 우리 집 아이와 나눈 대화 내용의 한 대목이다.

> 필자: "잘~ 한다. 정신을 어디 다 팔고 그래?" **(빈정거리기)**
> 아이: ….
> 필자: "저리 가. 손 다쳐. 아빠가 치울게."
> 아이: ….
> 필자: (치우면서 부아가 치밀어)
>   "아이고, 매번 이런다니까." **(비난하기)**
> 아이: ….

죄성을 가진 부모가 가장 하기 쉬운 일, 빈정거림과 비난, 책임 전가와 짜증이 이 대화에 고스란히 드러난다. 이런 '대화 아닌 대화'가 아직도 자연스러운 건 필자가 보고 배운 것이 이것밖에 없어서 그렇다고 하면 지나친 억측일까. 하지만 아이들과의 대화가 쭉 이런 식으로만 되는 것은 아니다. 그래도 목회자라고 스스로 반성하고 자제하면서 가끔은 비슷한 상황에서 '나-메시지'가 있는 이런 대화를 하기도 한다.

필자: "아니, 어디 안 다쳤어?" (상황 확인)

아이: "응." (기어들어 가는 소리로)

필자: "조심하지 그랬어?" (약간의 비난)

아이: ….

필자: "아빠가 할 테니까 저리 가 있어. 앞으로는 주의해서 해. 이렇게 위험한 유리컵을 깨면 아빠는 걱정이 돼. 그리고 이것 치우려면 아빠가 얼마나 힘이 들겠니? 그렇지?"('나-메시지' 내용)

아이: "응."

필자: (치우면서) "어떻게 하다 그랬어?"(이유 확인)

아이: "급하게 들다가 그랬어."

필자: "그래. 안 다쳤으니 됐지. 앞으로 조심하자."

아이: "응."

물론, 전자와 같이 '너-메시지'로 대응할 때가 훨씬 많다. 그리고 필자에게도 익숙하다. 하지만 애써 후자('나-메시지)의 상황을 만들려 노력하고 있다. 말 그대로 악전고투(惡戰苦鬪) 중이다. 하지만 이론상으로는 잘 되는데 실전에서는 여전히 짜증과 이전의 습관이 앞서는 것도 사실이다. 그래서 어쩌면 이런 내면의 바닥을 자주 목격하기에 스스로 실망하고 더욱 하나님께 엎드리는지도 모르겠다. 별수 없는 죄인이기에. 영원한 약자인 부모이기에.

하나님-메시지, 모든 상황을 신앙교육의 장으로

무엇보다 우리 부모들이 기억해야 할 것이 있다. '나-메시지'로 대화를 한다고 모든 신앙교육이 완성되는 것은 아니다. 비록 '나-메시지'로 대화를 시도하면 아이와의 관계나 상황은 개선되겠지만 신앙교육의 차원으로까지는 끌어올리기 어렵기 때문이다. 그래서 최근에 여러 일상의 상황, 아주 사소한 일에서 신앙교육의 기회를 만드는 일을 나름대로 시도하고 있다. 일종의 '너-메시지'도 '나-메시지'도 아닌 제3의 길을 시도하려는 것이다. 이걸 필자는 '하나님-메시지'라 이름 붙였다. 영어로는 'G-Message'로 표기할 수 있는데, 대화에 하나님과 성경을 연계시키는 것이다. 이것이 신명기 6장 6절부터의 내용을 구현하는 것이라 생각하기 때문이다. 다시 한번 신명기 6장 6절 이하의 중요한 부분을 상기시키기 위해 「메시지 성경」을 인용해 본다.

> "오늘 내가 여러분에게 전한 이 계명을 여러분 마음에 새기십시오. 이 계명이 여러분 마음에서 떠나지 않게 하고, 여러분 자녀의 마음에서 떠나지 않게 하십시오. 집에 앉아 있을 때나 길을 걸을 때나 어디에 있든지, 이 계명에 관해 이야기하십시오. 아침에 일어나는 순간부터 밤에 잠자리에 드는 순간까지, 이 계명에 관해 이야기하십시오. 이 계명을 여러분의 손과 이마에 매어 표로 삼으십시오. 여러분의 집 양쪽 문기둥과 성문에도 새겨 놓으십시오."(신명기 6:6~9절, 「메시지 성경」)

아침에 일어나는 순간부터 밤에 잠자리에 들 때까지 기회가 되면 아니, 억지로라도 기회를 만들어 어떻게든 성경과 하나님과 연관해서 이야기하는 것, 그것이 신앙교육이며 믿음의 부모가 해야 할 최우선이다. '너-메시지'로는 불가능하다. 아이의 마음을 살 수 없어 아예 신앙적인 대화조차 어렵다. '나-메시지'도 좋은 방법이기는 하나, 신앙적인 대화까지 나아가기 쉽지 않다. 그래서 필자는 '하나님-메시지'를 해야 한다고 말하고 싶다.

'하나님-메시지'는 사실 필자만의 주장은 아니다. 이미 교회교육의 큰 스승이신 헨리에타 미어즈 여사가 자신의 책에서 "의도된 대화법"이라는 용어로 사용하고 있다. 그녀에 의하면 교회학교의 학습 활동을 할 때, 주제가 되는 성경 혹은 하나님의 진리와 활동을 연결하는 말이나 질문을 던져야 한다고 하는데 그것을 "의도된 대화법"이라고 불렀다.[11]

성경/하나님의 진리 ─── 연결 ➡ 교회학교 활동

'의도된 대화법'이 교회학교의 현장에서 성경의 진리와 활동을 연관시키는 것이라면 이제는 교회학교를 넘어 가정의 일상에서 하나님과 연관시키는 신명기 6장을 구현하고자 하는 바람에서 '하나님-메시지'로 불러 본다. 이제 가정의 모든 상황에서 하나님을 이야기하고, 하나님과 연관해서 생각하고 행동하도록 해 보면 어떨까. 신명기 6장의 기록처럼 아침에 일어나는 순간부터 잠이 들 때까지 아이와 신앙적인 대화, '하나님-메시지'를 해 보면 좋겠다. 다시 위의 상황을 적용해 대화를 재구성해 보았다.

> 필자: "아니, 안 다쳤어?" (상황 확인)
> 아이: "응."
> 필자: "우리 조안이가 얼마나 놀랐을까? 안 놀랐어?"
> **(아이의 상황 이해)**
> 아이: "응."
> 필자: "아빠도 놀랐네. 자, 이렇게 위험한 걸 움직일 때는 어떻게 해야 할까?"
> 아이: "몰라. 조심해야지."
> 필자: "하나님이 조안이에게 이렇게 예쁜 손을 주셨는데, 잘못 만져 다치면 하나님도 마음 아프시겠지? 그래서 이런 걸 만질 때는 조심해야 하고, 혼자 할 수 없으면 어른의 도움을 받아야 하는 거야.
> **(하나님과 연관 지어 보기)**

비단 이런 상황에만 '하나님-메시지'를 사용하라는 말은 아니다. 이런 예도 가능하다는 뜻이다. 물론, 다른 모든 상황에서 사용할 수 있다. 다음의 예들이 좋은 예가 될 수 있다.

1. 아이가 그림을 그려 와 자랑할 때
    - 조안이가 그림을 잘 그렸구나! 이렇게 예쁜 그림을 그릴 수 있는 손을 누가 주셨을까?
    - 이 그림 속에 있는 이 산을 누가 만드셨을까?

2. 물건을 어질러 놓아 청소해야 할 때
   ◦ 이렇게 어질러져 있는 것을 청소하는 것을 엄마, 아빠 말고 누가 좋아하실까?
   ◦ 엄마, 아빠가 청소하는 것을 도와주면 어떨까?
     그것이 성경이 우리에게 가르치는 거란다.

3. 형제가 서로 싸웠을 때
   ◦ 너희가 서로 싸우는 것이 마음이 아프구나.
     그런데 엄마(아빠)보다 더 마음 아파하시는 분이 누구실까?
   ◦ 하나님이 이 장면을 보면 얼마나 마음 아파하실까?

4. 정리 정돈을 잘했을 때
   ◦ 아빠(엄마)도 이렇게 정리 정돈을 잘하니 기쁜데, 하나님은 어떠실까?

5. 어려움이 있을 때
   ◦ 어려울 때 우리가 할 수 있는 일이 뭐 없을까?
     엄마(아빠)는 이럴 때 하나님께 기도하는데.

모든 대화에 하나님(예수님)을 초대하라!

우리 속담에 '낮말은 새가 듣고 밤말은 쥐가 듣는다'는 말이 있다. 어떤 비밀스러운 이야기도 끝내는 드러나게 되어 있다는 말이다. 이와 비슷한 구절이 성경에 있는 것을 아는가? 누가복음 12장 2~3절을 보자.

> ²감추인 것이 드러나지 않을 것이 없고 숨긴 것이 알려지지 않을 것이 없나니 ³이러므로 너희가 어두운 데서 말한 모든

것이 광명한 데서 들리고 너희가 골방에서 귀에 대고 말한
것이 지붕 위에서 전파되리라

그렇다. 아무리 감추려 해도 결국은 모든 것이 드러나게 되어 있다. 특별히 부부가 한 말, 지나가다 한 말, 심지어 비밀스레 한 말도 아이가 알고 금세 세상에 드러난다. 필자의 집에서는 불문율 같은 것이 있다. 간단하다. '아이 앞에서는 결정 나기 전에 절대 말하지 않는다.' 이 법칙이 깨어지면 곤란한 일을 자주 당한다.

가끔 아이를 데리러 아이 엄마가 어린이집이나 피아노 학원에 가면, 그새를 못 참고 아이가 떠벌리듯 선생님께 자랑한단다. 그래서 자주 아이 엄마가 선생님께 듣는다. "어머니, 이번에 경주로 여행 가신다면서요?", "이번에 아빠가 외국에 다녀오신다면서요?" 아직 결정난 것도 아닌데 미리 말한 아이의 말 때문에 선물이라도 사서 와야 할 형편이 되기도 한다. 그러나 어찌하랴? 말을 내뱉은 원죄(?)가 있으니. 결정이 되지도 않은 사실을 미리 듣다 보면 당혹스럽기도 한데, 언제 부모가 상의하는 내용을 들었는지 그새를 못 참고 말해 버린 것이다. 우리 집의 새와 쥐는 바로 그 아이인 모양이다.

이렇듯 아이는 말을 잘 듣는데 정작 아이가 유념해서 듣고 지켜야 할 것은 따로 있다. 바로 하나님의 말씀이며, 하나님에 대한 것이다. 한번은 아이와 엄마가 동영상에서 식사하는 장면을 보다가 아이가 대뜸 하는 말이 "엄마, 저 사람들은 기도 안 하고

밥 먹네?" 아이 딴에는 신기했던 모양이다. 우리야 늘 기도하니 그렇게 말을 했을 것이나. 그때 잘 됐다 싶이 이이에게 물었다.

> 필자: "조안이는 평소에 기도하고 밥 먹어?"
> 아이: "응"
> 필자: "어린이집에서도 기도하고 먹어?"
> 아이: "아니."
> 필자: "왜?"
> 아이: "…"
> 필자: "앞으로 기도하고 먹어? 선생님도 예수님 믿는 분이잖아? 선생님과 함께 기도하고 먹자고 그래? 알았지?"

그다음의 내용을 말을 하려고 하다 시간이 지나버려 기회를 놓쳤다. 그다음 하고자 했던 말이 바로 이것이었다.

> **"하나님은 조안이가 기도하는 걸 얼마나 좋아하시는데. 조안이가 기도하면 너무 기뻐서 펄쩍펄쩍 뛰실 거야."**

근래는 별로 보지 못했지만, 예전에는 성도들의 가정에 가면 이런 액자 하나는 꼭 있었다. 예수님 그림과 함께 다음의 멋진 글이 적혀 있는 액자 말이다.

> 그리스도는 이 집의 주인이시오.
> 식사 때마다 보이지 않는 손님이시오.
> 모든 대화에 말없이 듣는 이시라.

그렇다. 우리 집의 주인은 그리스도시다. 그리스도는 늘 우리 집에 찾아오셔서 보이지 않지만, 함께 하신다. 무엇보다 우리 부부, 부모와 자녀가 함께하는 대화 중에도 말없이 듣고 계신다. 그래서 보이지는 않고 말씀은 없으시지만, 조용히 듣고 계신 그분을 우리의 대화에 초대해야 한다. '하나님-메시지,' 즉 모든 대화에 하나님이 어떻게 생각하시고 어떻게 받아들이실지 함께 묻고 대화에 초대하는 이 대화가 우리 대화의 가장 중요한 내용이어야 한다. 왜냐하면 그분은 이 집의 주인이시기 때문이다. 무엇보다 모든 대화에 말없이 듣고 우리의 필요와 상황을 인도해 주시는 살아계신 하나님이시기 때문이다. 이제 이 '하나님-메시지'로 대화를 시작해 보자. 그렇게 되면 자연스레 아이들도, 부모도 대화가 조심스러워지고 좀 더 신앙적인 대화로 발전하게 될 것이다. 모든 대화에 말없이 들으시는 그분이 오늘도 이 대화의 자리, '하나님-메시지'의 대화로 여러분을 초대하신다.

"

제9장 신앙교육의 방법 2: 제자훈련

- 우선순위(優先順位)
- '하나님-메시지'를 넘어 '제자 훈련'으로
- 제자 훈련의 두 가지 방법: 신앙 코칭과 신앙 멘토링
- 신앙 코칭
- 신앙 멘토링
- 내 삶이 곧 유언이다!

가정신앙교육설명서

악전고투하는 부모들에게

> **우선순위(優先順位)**

루이스 캐럴의 '이상한 나라의 엘리스'에 이런 '이상한' 대화가 나온다.

> 엘리스: "여기에서 어느 방향으로 가야 하는지 알려주시겠어요?"
> 고양이: "그건 네가 어디로 가고 싶어 하느냐에 달렸지."
> 엘리스: "어디로 가든 상관없어요."
> 고양이: "그렇다면 어느 방향으로 가든 상관없잖아?"[1]

그렇다. 목적지가 명확하지 않으면 아무 곳이나 가면 된다. 인생도 그렇지 않을까. 어쩌면 우리는 목표와 방향은 정하지 않고 열심히 속도만 내며 달려가고 있는지 모른다. 남들이 '좋은 학교', '좋은 직장', '좋은 결혼', '부자', '성공' 등을 위해 자녀를 양육하니 어쩌다 부모가 되었다고 생각하는 신앙의 부모들도 자신이 해야 할 가장 중요한 것을 잊고 사는지 모르겠다. 믿음의 부모가 중요하게 생각해야 할 것이 따로 있다. '좋은 신앙', '좋은 성품', '좋은 인격', '좋은 사람', '좋은 관계', '좋은 세계관'이 그것이다. 전자가 성취 지향적이라면 후자는 성품 지향적이다. 전자가 결과 중심적이라면 후자는 과정 중심적이다.

속도보다 방향!

코뿔소는 시속 50km의 빠른 속도로 달릴 수 있는 능력이 있다고 한다. 하지만 코뿔소의 최대 약점은 시력이 좋지 못하다는 데 있다. 그래서 코뿔소는 방향을 한번 정하면 보이지 않는 눈으로 전속력으로 달리곤 한단다. 눈을 감고 달리는 것과 무엇이 다를까. 그러니 자신의 앞에 있는 모든 것을 온몸으로 부딪쳐 밀쳐내고 달린다.[2] 거침이 없다. 그러나 거대한 바위를 만나면 어떻게 될까? 만일 그렇게 방향을 잡고 달렸는데 그 끝에 낭떠러지가 있다면 어떻게 될까? 생각만 해도 아찔하지 않은가.

'좋은 학교'에서 시작된 잘못된 방향이 세속적인 '성공'이라는 끝 간데없는 욕망의 바위와 하나님 없는 절망의 낭떠러지로 이끌지 모를 일이다. 그래서 속도보다 방향이다. 서두르기보다 찬찬히 살펴서 방향이 맞는지 틈나는 대로 점검해야 한다. 특별히 믿음의 부모라면 다시금 생각해 봐야 한다. 이 방향의 끝에, 이 길 끝에 무엇이 있을지.

자녀교육에 대해 강의를 하다 보면 그 길 끝에서 세속적인 '성공'은 거두었지만, 하나님 없는 절망의 낭떠러지로 떨어져 가는 자녀, 신앙을 떠난 자녀를 하염없이 바라보며 안타까워하는 교회의 중직자들, 신앙의 부모들을 보곤 한다. 어쩌다 그 지경이 되었을까? 이유는 간단하다. 애초에 방향을 잘못 잡았기 때문이다. 허울뿐인 신앙생활, 명분뿐인 교회 생활을 가르쳤지만 정작 속내는 세속적인 성공과 좋은 학교만 강조했기에 그 길 끝에는 그런 비극이 있었을 게다.

우선순위는 단수(單數)!

이 같은 이유로 자녀 양육에 있어 우선순위는 다양하거나 여러 개일 수 없다. 이 책에서 누차 강조했듯 신명기 6장은 자녀교육(양육)의 우선순위는 하나임을 분명히 하고 있다. 하나님의 말씀을 '부지런히' 가르치는 것, 바로 그것이다. 이를 통해 하나님의 마음에 합한 사람, 하나님의 사람으로 만드는 것이다. 이것을 오늘의 교회들은 예수님의 제자로 만드는 것이라 하고, 그것을 통칭해서 '제자훈련'이라 부른다. 이것이 우리 신앙의 선배들이 바라본 교육의 유일한 목적이자 방향이었고 오늘 우리가 지향해야 할 최선의 길이다. 그것만 되면 아이들은 자연스레 다른 것들('좋은 ○○')을 이루거나 만들어 가게 될 것이다. 물론 세속적인 기준에서의 '좋은' 결과 혹은 '성공'이 아니라 하나님이 주신 달란트를 따라서 하나님의 마음에 '좋은' 방식(과정)으로 말이다.

사실, 1900년대 초반까지 우선순위를 말하는 영어 'priority'는 단수(單數)였다! 복수가 아니라. 늘 하나였다는 말이다. 삶의 우선순위, 교육의 우선순위, 관계의 우선순위는 하나인 단수였다. 그런데 시간이 흐르면서 'priorities'라는 복수를 쓰기 시작했다. 우선순위가 많아진 것이다.[3] 원래 있었던 하나의 우선순위에 이런 이유, 저런 필요가 더해져 복수로 바뀌었던 것이다. 성경 속 신앙의 선배들도 늘 자녀 양육의 우선순위는 하나였다. 그런데 서서히 경제구조가 바뀌고 삶이 윤택해지면서 점점 자녀를 향한 부모의 기대, 바람과 세속적인 욕망이 더해지고 변질하여 '우선순위들(priorities)'이 점차 늘어나게 되었다.

어디서 이런 우선순위들이 많아졌는지를 알 수 있을까? 멀리도 아니고 가까이에서 찾을 수 있다. 자녀가 장성하여 결혼할 때 보면 그 부모들의 '우선순위들'이 적나라하게 드러난다. 처음에는 "신앙이 좋은 사람과 결혼하면 되지." 이렇게 단수로 하나를 말하던 부모들이 어느 순간엔가 신앙은 허울이요 명분이고, 직장도 좋아야 하고, 가문도 좋아야 하고, 생긴 것도 말쑥해야 하고, 됨됨이도 좋아야 한다고 소위 '우선순위들'을 가져다 붙이기 시작한다. 따지고 보면 신앙과는 무관한 것들이 대부분인 것을 하나씩 덧붙인 것이다. 말로는 "신앙이 제일이다.", "신앙이 중요하다.", "신앙만 좋으면 그만이다."라고 하고선 신앙은 점점 후순위로 밀어낸다. 어떻게 보면 신앙은 '있으면 좋은 것' 정도로 느끼는 것은 아닌가 의문스러울 때가 많다.

목적과 방향이 불분명하면 이런 일이 매일 일어난다. 이제 부모로서 솔직해지자. 정말 자녀 양육의 목적이 하나님의 사람을 만드는 것이 맞는가? 자녀교육의 방향이 말씀을 부지런히 가르치는 것이 맞는가? 그것이 구분이 어렵다면 다음의 다섯 가지 진술에 대해 "예"와 "아니오"로 솔직히 답해 보라. 그러면 그 답은 분명해질 것이다.

제자훈련을 위한 다섯 가지 진술

① 신앙교육의 모든 책임이 부모에게 있음을 확신한다.
② 부모의 최우선은 아이에게 복음을 전하고 하나님의 백성으로 살아가게 하는 것임을 알고 구체적으로 시행하고 있다.
③ 아이가 성경을 잘 모르면 잠이 오지 않고 걱정이 된다.
 (성경 과외를 심각하게 고려하고 있다.)
④ 아이의 신앙교육에 대해 부부가 진지하게 논의하고 있으며, 아이의 신앙교육 내용에 대해 꾸준히 점검하고 있다.
 (심지어 담당 교역자와 담임 목회자와도 상담하고 있다.)
⑤ 학교와 학원의 일정이 아이의 예배와 성경공부에 방해가 될 경우 적절한 기준을 가지고 아이에게 하나님을 가까이하는 것이 최우선임을 가르치고 있다.

만일 이 모든 진술에 "예"라고 답했다면 문제가 없거니와 그렇지 않다면 지금 방향이 심각하게 잘못되고 있다. 단언하건대

자녀교육의 우선순위는 하나다. 그리고 하나여야 한다. 이 땅의 100년 인생이 아닌 영원한 삶에 대한 것이어야 한다. 부모가 떠나도 그 아이의 인생을 책임져 주실 수 있는 분에게 아이가 붙어 있도록 해 주어야 한다. 그것이야말로 우선순위이고 최선의 길이다. 이런 면에서 이번 장에서는 어떻게든 자녀들이 하나님께 붙어 있도록 하는 자녀교육(신앙교육)의 방법 중 가장 중요하다고 생각되는 신앙 코칭과 멘토링에 대해 생각해 보려 한다.

'하나님-메시지'를 넘어 '제자훈련'으로

교육(educating) vs. 훈련(training)

지난 장에서 신앙적인 대화로서 '하나님-메시지'에 대해 생각했었다. 하나님에 대해, 하나님의 사람이 어떠해야 하는지 알고 배울 기회를 제공한다는 면에서 긍정적이고 유익하다. 그러나 그것만으로 하나님의 사람이 되도록 양육하는 데는 어딘가 부족해 보인다. 하나님에 대해 말해주는 것은 아이에게 하나님을 인식시키는 것은 할 수 있지만, 그것을 넘어 아이의 삶에 영향을 주고 하나님 때문에 다른 삶을 살도록 하는 데는 또 다른 차원의 교육이 필요하기 때문이다. 인식의 변화와 존재의 변화는 다른 차원이라는 말이다.

지금도 우리 집 아이들과 씨름하고 있는 것이 말씀 묵상 훈련이다. 아이들은 말씀을 묵상해야 하는 것에 대해서는 알고 있다. 인식하고 있고, 아빠가 그것을 가장 중요하게 생각한다는 것도 안다. 심지어 하나님도 기뻐하시는 것임을 잘 알고 있다. 그러나 그것이 잘 안 된다. 시간을 내어 큐티를 해야 하지만, 어쩌다 시간이 날 때 큐티를 한다. 아빠가 닦달하면 그제야 큐티를 한다. 왜 그럴까? 교육은 되었는데, 훈련이 되지 않아서 그렇다. 머리로는 아는데 몸이 따라주지 않아서, 습관이 되지 않아서 그것의 유익을 온몸으로 체득하지 못해서 그런 것이다. 아는 것 위에 할 수 있는 능력, 몸으로 체득한 실력이 더해져야만 가능하다는 말이다. 하나님에 대해 아는 것과 하나님과 교제하는 것은 완전히 다르다. 기도에 대해 아는 것과 기도하는 것이 다르듯. 이것을 필자는 교육하는 것(educating)과 훈련하는 것(training)의 차이라 본다.

　그래서 자녀를 예수님의 제자로 길러내는 것, 하나님의 사람으로 만드는 것은 제자 '교육'으로 되는 것이 아니라 제자 '훈련'으로만 가능하다 믿는다. 이것에 대해 빌리 행크스는 이렇게 말한다. "과거에 교회의 전도가 실패했던 주된 원인은 하나님께서 훈련(training)을 통해 개인의 영적 생활에 스며들도록 의도하시는 것을 교육(teaching)을 통해 전달하려고 시도한 데 있다."[4] 비록 전도의 영역으로 제한했지만, 필자는 이것이 자녀 양육의 영역에도 해당한다고 확신한다. 이런 이유로 교육이 아닌 훈련이 답이다.

훈련하라! 가르친 후에는

지금까지 많은 교회에서 교회학교의 교사들이 신앙을 '교육'했다. 성경을 '공부'했으며, 성경 '고사'로 교육의 내용을 평가했다. 그리고 좋은 성적을 얻으면 포상했고 모두가 만족했다. 그러나 성경 고사 성적과 신앙이 비례하거나 어떤 연관성이 있는지 필자는 잘 모르겠다. 물론, 필자도 성경을 공부했고 성경시험도 여러 모양으로 수도 없이 쳤다. 하지만 성경 고사를 치르기 위해 공부했을 때보다 예수님이 좋아서 성경을 읽었을 때 더 은혜가 되었던 것 같다. 더 기억되고 삶으로 실천하려고 더 노력했던 것 같다.

실제로 아주 규모가 큰 어린이 성경 고사 대회에 가 보면 성경 고사의 목적과 결과가 어쩌면 이렇게 반비례하나 하는 한탄을 하게 되는 경우가 많다. 성적이 잘 나와 대단한 상을 받고선 잘난 척하는 아이들도 많이 보았고, 반대로 성적이 생각에 미치지 못하여 나라 잃은 듯 슬퍼하는 아이들도 많이 보았다. 그들은 과연 누굴 위해 성경 고사를 준비했을까? 그리고 그들을 가르친 교사들은 어떤 결과가 좋은 것이라 가르쳤던 것일까? 경쟁이 아닌 하나님을 알아가는 것, 그것만으로도 충분히 만족할 만하지 않은가. 여하튼 성경 지식이 정도가 그의 신앙을 가늠하는 깃대가 아닌 것은 분명하다.

여기서 잠깐 잠언 22장 6절을 살펴보자.

마땅히 행할 길을 아이에게 **가르치라** 그리하면 늙어도 그것을 떠나지 아니하리라
Train up a child in the way he should go, Even when he is old he will not depart from it. (NASB)
Train up a child in the way he should go: and when he is old, he will not depart from it. (KJV)

이 구절이 지금껏 많은 혼란을 가져왔다고 생각한다. 여기서 '가르치라'고 하는 구절을 그 뜻 그대로 '가르치라' 즉 영어로 'teach'로 이해했겠지만, 대부분의 영어 성경은 이 구절을 'train up'(훈련하라)으로 번역하고 있다. '가르치라'가 아닌 '훈련하라'로 번역한 것이다. 히브리어 원어 성경에도 이 구절을 '훈련하라'는 뜻의 '하노크'라는 말로 쓰고 있다. 그렇다. 원래는 '가르치라'라는 말보다 '훈련하라' 혹은 '연습하라'는 말이 오히려 더 적합하다. 그래서 이렇게 번역해서 읽을 수 있다.

"마땅히 행할 길을 아이와 함께 훈련하라!"

이렇게 보면 마땅히 행할 신앙(의 길)은 지식을 전달하여 가르치는 것이 아니라 삶에서 숙달하고 자연스럽게 살아갈 수 있도록 훈련해야 하는 것이 맞다. 그와 같은 이유로 가르침(teaching)이 아닌 훈련(training) 즉 연습하고 단련시켜야 하는 것이 신앙교육의 핵심이다. 같은 논리로 빌리 행크스는 교육은 이념과 개념의 전달을 요구하지만, 훈련은 습득된 기술의 단련을 요구한다고 지적한다.[5]

주말에 한 번씩 아이들이 돌아가면서 식사 기도를 한다. 물론, 자발적으로 하기보다 필자의 요청으로 돌아가며 한다. 훈련을 위해서이고 서로를 돌아보도록 하기 위해서이다. 한번은 막내 일곱 살 조안이가 이렇게 기도를 했다.

"하나님 아버지, 감사합니다. 이것 먹고 건강하게 해 주시고,
쑥쑥 크게 해 주세요. 예수님 이름으로 기도합니다. 아멘."

지금껏 큰 오빠가 기도하던 내용 그대로다. 물론, 얼마 전부터 아이의 큰 오빠는 이대로 기도하지 않는다. 쑥쑥 크게 해 달라는 말은 빼고 한다. 수없이 '기도에 대해' 가르쳐도 기도를 할 줄 모르던 막내 아이가 오빠가 기도하던 그것을 관찰하고 경험하고 익숙해지면서 조금씩 따라 하기 시작한 거다. 그렇다. 기도에 대해 아무리 많이 일러주어도 직접 기도해 보지 않으면 아이들은 기도할 줄 모른다. 그래서 관찰하고 실제 삶에서 체득하며 배우는 '훈련'이 필요하다.

다시 은혜로

신앙교육은 훈련으로 가능하며, 훈련은 실제 삶을 바탕으로 해야 한다.[6] 저 멀리 뜬구름 잡는 이야기, 삶과는 전혀 무관한 이야기, 심지어 의미도 모르고 행하는 종교예식(ritual)으로만 끝나면 아이들은 감흥을 느끼지 못하고 오히려 지루해한다. 필자가 그랬다. 어릴 적 가정예배, 금요 구역예배에 가면 졸리기만

하고 무엇을 하는지 전혀 몰랐다. 해야 하니 했고 부모님 때문에 억지로 지루하기 짝이 없는 힘든 시간을 보냈다. 그야말로 그냥 '버텼다'는 말이 적절하다. 물론, 그렇게 버텼기에 지금의 필자가 있다고 하면 할 말은 없지만 즐거운 기억, 행복한 추억과 경험이 아니었던 것만은 분명하다. 구태여 하나님은 그런 추억과 기억을 남기길 원하셨을까? 필자는 그렇지 않다고 생각한다.

한번은 첫째 아이가 다소 충격적인 이야기를 필자에게 했다. "아빠, 오늘 수학 시간에 선생님으로부터 또 '설교' 들었어." 목사의 아들이 이렇게 설교를 비하하다니, 도저히 묵과할 수 없어 한마디 쏘아붙였다. "다시 말해 봐. 뭐라고? 설교를 들었다고? 선생님이 목사님도 아니고, 설교를 해?" 그제야 정신이 들었는지 아들이 고쳐 말했다. 목사의 가정에서 이러니 다른 가정에서는 오죽할까. 어쩌면 우리는 설교 듣는 것 자체가 힘든 시대, 성경 보급은 날로 늘어나고 설교를 들을 수 있는 다양한 매체가 발달했지만, 오히려 말씀이 희귀한 시대에 사는지 모르겠다. 사무엘의 때처럼(삼상 3장 1절). 슬프고 민망한 현실이다. 제발 이것이 우리 가정만의 일이기를.

그렇다. 다시 은혜를 경험해야 하는 시대, 은혜가 흘러넘쳐 그것이 아이들로 하여금 자신과 하나님을 새롭게 보게 해야 하는 시대다. 지금 자녀 세대는 은혜를 잘 모른다. 말씀을 들어도 감흥이 별로 없다. 예배드릴 때 보면 대부분이 '영혼 없이' 앉아 있다. 아무 생각도 의지도 없이 그저 어쩔 수 없이 앉아 있는 것 같다. 물론, 지금 중, 고등학교의 교실 상황이 그렇다는 말을 듣는데 그것이 그대로 예배의 자리로 옮겨 온 것은 아닐까 추측해 본다. 이를 어찌해야 할까? 정답은 은혜를 직접 경험하게 하는 수 밖에 없다.

필립 얀시는 그의 책 '놀라운 하나님의 은혜'에서 은혜에 관한 몇 가지 놀라운 이야기를 들려준다. 그중의 하나. 그가 영화 '마지막 황제'와 관련해서 한 말이 참으로 인상적이다. 영화 중간에 화려하게 살아가는 소년 황제에게 철없는 동생이 묻는다. "만일 황제가 잘못을 하면 어떻게 됩니까?" 그 말에 소년 황제가 답한다. "내가 잘못하면 딴 사람이 벌을 받지." 그리고 곁에 있던 항아리를 깨뜨려 보인다. 황제가 항아리를 깨뜨리니 곁에 있던 신하 하나가 대신 매를 맞는 것이 아닌가. 이 대목에서 필립 얀시가 엄청난 이야기를 한다.

> "예수님은 이 순서를 뒤집으셨다. 종이 잘못하면 왕이 벌을 받는다. 이것이 기독교 신학이다. 은혜란 주는 이가 친히 값을 치렀기에 값이 없는 것이다."[7]

그렇다. 세상은 왕이 잘못해도 종에게 죄를 뒤집어씌운다. 온갖 갑들이 불쌍한 을들을 향해서 '갑질'을 하며 대단한 권력을 가진 양 으스대며 괴롭힌다. 비열하고 잔혹하다. 어찌 보면 비정하고 사람에 대한 예의가 전혀 없다. 그런데 왕이신 우리 주님은 오히려 종이 잘못했는데 대신 매를 맞고 벌을 받으셨다. 그리고 오늘도 우리를 위해 숱한 애를 쓰시며 도와주신다. 왕이 안절부절 못한다. 일껏 문제를 일으킨 종은 아무렇지도 않은데. 이런 놀라운 은혜, 세상은 도저히 이해할 수도, 이해하려고도 하지 않는 그 은혜를 우리 부모들은 경험했고 오늘도 누리고 있다. 아니 만끽하고 있다. 이제 그것을 '영혼 없이', 아무런 감동 없이 앉아 체념의 예배, 시간 때우기 식 예배를 드리는 그들에게 전해야 한다. 그것이 바로 우리가 할 일이다. 예배가 맛있다고. 하나님의 말씀이 놀랍다고. 은혜는 이런 우리도 덮는다고.

그래서 이제 은혜를 말하고 은혜를 경험하도록 해야 한다. 그것도 아이와 함께 말이다. 은혜를 경험해 보면 알게 되고 여호와의 선하심을 맛보면 깨닫게 된다. 이것이 얼마나 크고 대단한지. 얼마나 위대하고 엄청난 것인지. 내가 믿고 있는 믿음이 어떤 것인지. 비록 숱한 젊은이들이 교회를 떠나지만, 최근의 연구는 분명하게 지적한다. 의미 없이 교회에 와서 예식으로만 생각하고 참여하던 이들은 쉽게 교회를 떠나지만 교회에 선포되는 말씀이 그들에게 의미가 있다고 느낄 때, 그들의 삶과 관련이 있다고 깨닫게 될 때 그들은 변화하고 오히려 열심히 교회에 참여한다고. 그리고 믿음은 더욱 견고해진다는 것을.[8]

이뿐일까? 아니다. 가정에서도 이와 비슷한 사회학적 연구들이 많다. 부모의 종교에 대한 바른 가치관이 자녀의 인식적 기초

(cognitive anchors), 즉 생각의 기본을 이룬다고 한다.[9] 부모가 바른 신앙관을 가지면 자녀도 안정감 있는 신앙의 태도와 자세를 견지할 가능성이 높다는 말이다. 가정에서 화기애애한 분위기 가운데 부모와 자녀가 종교적인 대화를 이어가면 부모와 자녀 둘 모두에게 영적인 의미를 찾을 기회가 늘어난다고 지적한다.[10] 한마디로 부모와 자녀의 의미 있는 만남, 은혜로운 시간의 공유, 감동 있는 훈련이 되면 자녀도 반응하게 된다는 말이다. 이러니 이제 은혜를 말하며 신앙적인 대화를 넘어 제자로 만들어 내는 일, 제자훈련으로 '훈련'해야 할 것이다.

❝ 제자 훈련의 두 가지 방법: 신앙 코칭과 신앙 멘토링

그렇다면 자녀를 예수님의 제자로 '훈련'하기 위해서 어떻게 하면 좋을까? 두 가지의 훈련 '과정'이 필요하다. 여기서 훈련 '과정'이라고 한 것은 제자훈련은 한두 프로그램으로 완성되는 것이 아니라 기나긴 하나의 과정이기 때문이다.[11] 수영 기술이나 운전 기술 같은 기술을 익히려면 한두 프로그램에 어느 정도의 시간만 투자하면 된다. 나름의 성취를 이룰 수 있다. 그런데 예술의 경지 혹은 삶과 영원의 경지에 이르는 일은 이와는 결을 달리한다.

피아노 실력을 예로 들면 1~2년 피아노 수련으로 전문가 수준의 실력에 이르는 것은 거의 불가능하다. 예술의 경지에만 이르려고 해도 그런데 영원의 경지는 어떠하랴. 하나님의 사람이 되는 과정은 이보다 더 많은 '과정'이 필요하다. 사람의 전(全) 인격이 바뀌고 삶의 태도가 바뀌며 그의 인생 목표와 방향이 바뀌며 하나님과 깊은 교제의 사람이 된다고 할 때 한두 프로그램을 통해 훈련한다고 되는 것이 아니지 않겠는가. 예수님을 닮은 예수님의 제자가 된다고 할 때 그간의 오랜 잘못된 습관과 태도를 버리고 경건에 이르도록 부지런히 연습해야 하지 않겠는가 말이다. 그래서 우리 신앙의 선배들은 이러한 과정을 평생의 과업으로 삼고 제자의 길, 제자도의 길을 가려 하지 않았는가. 그래서 바울이 스스로를 보며 이 훈련의 과정에 대해 이렇게 고백하지 않는가.

> "내가 이미 얻었다 함도 아니요 온전히 이루었다 함도 아니라 오직 내가 그리스도 예수께 잡힌 바 된 그것을 잡으려고 달려가노라"(빌 3:12)

오랫동안 예수님을 따랐고, 예수님의 뜻을 따라 살아왔고, 복음을 전했지만 여전히 부족하여 정진(精進)하고 있는 바울 자신의 모습을 가감 없이 고백하고 있다. 그래서 바울은 빌립보서를 기록할 당시에도 스스로를 채근하며 달려가고 있다고 고백하고 있는 것이다. 오늘의 부모들과 자녀들은 다를까? 그렇지 않다. 우리 또한 하나님의 사람이 되어가는 이 지난한 훈련 '과정'을 평생에 걸쳐 감당해야 할 것이다. 일생의 과업으로 알고 부모 자신도 해나가야 할 뿐 아니라 자녀들과도 함께 감당해야 할 것이다. 그 과정에는 여러 가지가 있겠지만 이 장에서는 가장 중요한 두 가지를 살피고자 한다. 하나는 신앙 코칭(coaching)이고 다른 하나는 신앙 멘토링(mentoring)이다.[12]

신앙 코칭

우선 신앙 코칭에 대해 알아보자. 여러분은 코칭하면 어떤 이미지가 떠오르는가? 보통은 스포츠팀의 코치를 떠올릴 것이다. 맞다. 한 분야(야구, 축구, 농구 등)의 전문가로 후배 혹은 학생들의 실력을 길러주기 위해 훈련하는 사람이 코치이고, 그 실력을 배양시키고 향상시키는 과정을 코칭이라 한다. 신앙에도 그런 코칭이 필요하다. 왜냐하면 신앙이 저절로 30배, 60배, 100배의 열매로 나타나지 않기 때문이다(막 4:20). 바울이 믿음의 아들 디모데에게 전한 디모데전서 4장 7절을 보라.

> "망령되고 허탄한 신화를 버리고 오직 경건에 이르기를 **연습하라**"(개역한글)
> "망령되고 허탄한 신화를 버리고 경건에 이르도록 네 자신을 **연단하라**"(개역개정)

"저속하고 헛된 꾸며낸 이야기들을 물리치십시오. 경건함에 이르도록 몸을 **훈련하십시오**."(새번역)

"Have nothing to do with godless myths and old wives' tales; rather, **train** yourself to be godly." (NIV)

하나같이 연습하고, 훈련하라고 하지 않는가. 심지어 NIV 영어 성경은 트레이닝(train)하라 하지 않는가. 그렇다. 경건한 사람, 하나님의 사람이 되려면 그에 합당한 훈련이 필요하다. 훈련하려면 당연히 훈련을 받는 사람과 훈련을 시키는 사람, 코치가 필요하지 않을까. 그런 면에서 신앙의 코치가 필요하고 그에 맞는 코칭 받는 사람이 필요하다. 하여, 필자는 이를 신앙코칭의 과정이라 부르고 인생 최고의 신앙 코치는 부모가 되어야 한다 생각한다.

신앙 코칭의 순서

브린 휴즈는 코치의 역할과 책임에 대해 다음의 다섯 가지를 들고 있다.[13]

> ① 관찰한다.
> ② 문제를 파악한다.
> ③ 훌륭한 시범을 보인다.
> ④ 해결책을 제시한다.
> ⑤ 개선된 행동을 점검한다.

① 관찰한다

브린 휴즈에 의하면 이 다섯 가지 중에서 가장 간과하기 쉬운 것이 ①번의 관찰하는 것이라고 한다. 부모가 자녀에게 신앙을 가르칠 때 간과하기 쉬운 것도 이것이다. 자녀의 은사가 무엇인지, 자녀의 장단점이 무엇인지 살필 줄 알아야 한다. 심지어 자녀가 신앙고백을 했는지, 구원의 확신은 있는지 살피는 과정, 그것이 바로 관찰이다. 무엇에 마음이 빼앗겨 있고, 무엇에 온 관심이 있는지 살피는 과정이 필요하다. 바울이 믿음의 아들 디모데에게 망령되고 허탄한 신화에 마음이 빼앗기지 말라 하지 않는가.

여기저기에 성도들의 마음을 뺏는 것 천지요, 아이들의 마음을 미혹하는 것들만 보인다. 아무래도 안심이 되지 않고 마음을 홀리는 음란한 여인 같은 것들뿐이다. 이러니 잠언을 기록한 지혜자가 그의 아들에게 이런 것들을 조심하라! 엄히 경고하는 것이 당연하다. 미혹하는 것이 너무 많아서. 잠언 7장 21~27절까지의 「메시지 성경」의 내용을 보자.

> "젊은이는 그 여자의 달콤한 말에 홀려 버렸다. 어느새 여자 꽁무니를 뒤쫓는데, 그 모습이 도살장으로 끌려가는 송아지 같았다. 숨어 있던 사냥꾼의 유인에 걸려들어 화살을 맞은 수사슴이요, 하늘과 작별인사도 못 한 채 무작정 그물로 날아드는 새 같았다. 친구여, 내 말을 명심하고 단단히 새겨들어라. 그런 여자와 놀아나지 마라. 그 집 근처에는 얼씬도 마라. 그 여자에게 홀려 희생된 사람이 셀 수 없이 많다. 그

여자는 가엾은 남자들을 수없이 죽였다. 그 여자는 지옥으로 가는 길 중간에 살면서, 네 몫의 수의와 관을 마련한다."

무시무시한 말 아닌가. 음란한 여인으로 상징되는 세상의 매력적인 것들, 그 숱한 것들이 결국은 지옥으로 가는 길 중간에서 우리 자녀들 몫의 관을 짜놓고 걸려들기만을 기다리고 있다. 이 얼마나 무서운 말인가. 그래서 조심 또 조심해야 한다. 그래서 잘 관찰해야 하고, 꺼진 불도 다시 보듯, 자녀들의 심령에 잘못된 것이 깃들이지 않도록 기도하고 살펴야 한다.

② 문제를 파악한다

두 번째는 자녀가 하나님의 사람이 되도록 하는 데 방해가 되는 것, 문제가 되는 것, 혹은 게으르게 만드는 것을 하나씩 찾는 과정이다. 다음의 질문을 스스로 해 보라.

문제 파악을 위한 다섯 가지 질문

① 당신의 자녀에게 있어 신앙생활에 방해가 되는 것들에는 어떤 것이 있는가? **(포괄적 문제)**
② 당신의 자녀는 신앙훈련을 어느 정도 하는가? **(훈련의 정도)** 혹 전혀 하지 않는 것은 아닌가? **(훈련 부족)**
③ 가정에서 믿음의 중요성에 대해 얼마나 말하고 있는가? **(동기부여)**
④ 자녀의 시간 대부분은 어디에 사용하는가? **(시간 사용)**
⑤ 영적, 육적, 정신적 훈련이 균형을 이루는가? 아니면 지적 훈련에만 집중하는가? 학교공부에만 매몰된 것은 아닌가?

---

③ 훌륭한 시범을 보인다

세 번째는 시범을 보이는 것이다. 농구 코치가 슛을 어떻게 해야 할지 모른다면 그 코치 밑에서 배우고 싶겠는가. 최소한 농구 코치가 되려면 농구공은 어떻게 잡고, 슛은 어떻게 하며, 자세는 어떠해야 하는지 시범 정도는 보일 수 있어야 하지 않을까. 손은 어떻게 쓰고, 몸의 균형은 어떻게 만드는지 하나하나 살펴 시범을 보여 주면서 학생이 스스로 할 수 있도록 가르치는 사람이 코치다. 이런 면에서 코치는 스스로 실력이 있어야 한다. 가르치는 내용에 대해 마스터해야 한다. 이해하고 본질을 꿰뚫어야 한다는 말이다.

기도를 가르치는데 본인은 기도할 줄 모른다면 보는 아이도, 가르치는 부모도 민망할 뿐이다. 말씀 묵상, 성품 계발, 공동체 훈련, 예배와 전도 훈련, 제자도 등 그 무엇 하나도 그냥 되는 것은 없다. 알아야 면장을 한다! 내가 먼저 마스터해야 한다. 섬김을 가르치려고 하면서 본인은 섬길 줄 모른다면 이보다 안타까운 일은 없다. 가령, 부모가 주일 헌금과 십일조도 제대로 드리지 않으면서 성경적 재정 관리와 하나님의 공급하심을 말할 수 있을까? 이런 면에서 교회에서 지금 하고 있는 다양한 훈련의 과정을 잘 배워보자. 그래야 부모도 자녀에게 시범을 보일 수 있다. 되도록 최선을 다해 열심히 배워두자. 그것이 부모가 자녀를 위해 할 수 있는 최소한의 준비이다.

④ 해결책을 제시한다 & ⑤ 개선된 행동을 점검한다

이렇게 시범을 보이고 나면 이제는 자녀가 스스로 훈련하고 연습하게 해야 한다. 기도도, 전도도, 말씀 묵상도, 심지어 예배와 섬김도. 그러면 네 번째 단계인 해결책을 제시하는 단계에 이른다. 사실, 아이들에게 시범을 보여주고 실제로 훈련을 하게 해도 한번에 기도를 마스터하고 한번에 말씀 묵상 전문가가 되지 않는다. 시간이 필요하고 숱한 부족함이 보이게 되어 있다.

여기서 코치가 해야 할 가장 중요한 일이 나온다. 바로 가르치는 대상의 문제점에 대한 해결책을 제시하는 것이다. 사실, 코칭을 받는 사람은 자신에게 무엇이 문제인지 잘 모른다. 슛을 쏘지만, 무엇이 문제인지 슛을 쏘는 자신은 보지 못한다. 하지만 전문가인 코치는 몇 번만 보면 그 선수(학생)의 문제가 무엇인지 훤히 꿰뚫어 볼 수 있다. 그래서 문제 있는 부분에 대해 지적해 주고 고치도록 코칭을 할 수 있다. 이제 그것을 들은 선수(학생)가 할 일이 무엇일까? 부단히 잘못된 자세와 태도를 고치고 반복해서 훈련하는 것뿐이다. 어느 정도 시간이 흐른 후, 코치는 다시 그 선수(학생)를 불러 자세와 태도를 살피고 또 조금씩 교정을 해 주면서 발전적으로 변화를 돕게 된다. 이것이 코칭이며 코치의 일이다.

신앙 코칭을 해 보면(코칭의 예)

필자가 미국에 있을 때만 해도 아이들에게 용돈이라는 개념이 별로 없었다. 필자 자신이 유학생 신분이라 돈이 없었을 뿐 아니라 미국은 아이가 혼자 어디 가서 돈을 쓸 수 있는 상황이 아니었기 때문에 용돈이 전혀 필요치 않았다. 그냥 필요하면 필자가 사주면 되었고 필자에게 필요하다고 말하면 되었다. 그런데 한국에 돌아오니 상황이 달라졌다. 귀국 후 얼마 되지 않아 부모님과 가족, 친지들을 만나면서 그동안 수고했다며 필자의 아이들에게 어른들과 친척들이 용돈을 주셨다. 수고는 필자가 했는데 용돈은 아이들이 받았다(?). 그렇게 용돈을 받은 아이들 주변을 보니 근처에 다양한 문방구, 마트, 편의점이 그들을 유혹하고 있었다.

바로 그때, 재정 훈련을 해야겠다 싶어 아이들을 불렀다. 첫째와 둘째가 아직 초등학생 때였다. 우선, 첫째 아이에게 전체 받은 용돈이 얼마였는지 확인하고는 우선 십일조에 대해 말했다. 아빠가 이미 십일조 생활을 하는 것을 알고 있는 아이라, 하나님이 주신 것에 대한 감사의 마음으로 십일조를 하는 것은 당연하다고 가르쳤다. 이때 필자는 아이에게 부탁하거나 애원하지 않았다. 해줬으면 좋겠다는 식으로 말하지 않았다. 너무도 당당하게 십일조는 모든 성도가 당연히 해야 하는 의무요 필수라 강조했다. 결코 선택이 아님을 말한 것이다. 왜냐하면 아빠도 그렇게 지금껏 시범을 보였고, 그렇게 아이와 협상을 하거나 애원해야 할 성질의 것이 아니라 생각했기 때문이다.

감사하게도 아이는 기꺼이 십일조를 하기로 했다. 문제는 그 다음이다. 애초에 필자는 아이에게 십일조 훈련을 시키기 위해 용돈에 대한 말을 꺼낸 것이 아니었다. 십일조는 당연한 것이고, 그다음이 있었다. 필자가 말을 꺼내며 다음의 대화를 이어갔다.

> 필자: "온유야, 아빠와 엄마가 결혼하고 지금까지 돕고 있는 단체가 있는 것 알지?"
> 아들: "응"
> 필자: "그 단체에서 보내온 사진에 나온 아이들 봤지? 얼마 안 되는 돈이지만 유학 생활의 어려움 가운데서도 도왔던 것 알지? 왜 그랬을까?"
> 아들: ….
> 필자: (약간의 시간을 주고는) "돈은 있다가도 없어지지만, 그 아이들은 그렇지 않아. 너는 배부르게 먹지만 지금도 전(全) 세계에 고픈 배를 안고 잠드는 아이들이 수천만 명이야. 우리가 조금이라도 도와야 하지 않겠니? 용돈이 생겼으니 생각해 봐."

그렇게 말을 하고선, 시간을 줬다. 필자의 아이들에게 어떻게 했을 것 같은가? 그때 눈치 빠른 첫째 녀석에게 아이 엄마가 물었다. "지금 있는 돈의 몇 퍼센트나 돕는 데 썼으면 좋을까?" 엄마 눈치를 보던 녀석이 대뜸 "한… 20%?"라고 말하는 거다. 깜

짝 놀란 엄마가 둘째 녀석을 보니, 이 녀석이 지레 답한다. "한…
50%?" 믿음 없는 엄마는 10% 정도를 생각했는데 이 녀석들은
돈을 몰라서 그런지 그렇게 대답했다. 결국 엄마가 말려 전체 금
액의 10%에 합의를 보고 후원하는 단체에 전화해 아이들 계좌
를 만들었다. 그리고 그때 이후로 명절이나 다른 특별한 날에 용
돈이 많이 생기면 10% 이상씩 꼭 후원한다. 물론, 십일조는 기
본이고.

   여기서 순서가 보이는가? 먼저 관찰을 통해 아이들에게 어떤
훈련이 필요한지 살펴보았다. 재정적인 훈련이 전혀 되어 있지
않은 점을 보았고, 평소에 재정적인 시범을 보였던 것을 예로 들
어 아이들에게 다가갔다. 그리고 아이들에게 묻고 서로 협의를
거쳐 재정 훈련을 하게 하고, 그 과정을 부모가 도왔다. 후원하
는 단체를 연결해 주고, 그 후원한 내용을 아이들의 책상에 붙여
주었다. 그리고 자신들이 어떤 일을 했는지 확인하게 했다. 마지
막으로 그렇게 한 걸 칭찬하고 재정 훈련이 되도록 다음 기회에
도 부지런히 챙겼다. 지금도 동일하게 십일조와 후원을 하도록
확인하고 점검하고 있다.

   물론 매번 이런 훈련이 쉽지만은 않다. 특별히 요즘, 고등학교
1학년, 중학교 1학년인 녀석들이 돈의 가치를 알고는 조금은 망
설인다. 그러나 섬김과 재정의 훈련이 몇 년간 되어 있어 아직은
남을 돕는 것을 많이 어려워하지는 않는다. 며칠 전에는 이런 일

도 있었다 한다. 추석을 즈음하여 아이들이 외할머니를 찾아뵈러 외가에 다녀왔다. 당연히 예상했던 부수입(어쩌면 주 수입)이 생겼다. 이모와 외할머니께 용돈을 받은 것이다. 집에 와서 아이 엄마가 일곱 살 막내 조안이에게 물었다. "조안아, 십일조하고, 저금도 해야지?" 그때 아이가 대답한다. "싫어!" 엄마가 묻는다. "왜?" 그 말에 아이가 대답한다. "십일조하고 오빠들처럼 가난한 아이들을 도와야지." 평소 십일조와 단체에 후원하는 오빠들을 보고는 배웠던 것이다. 이제 이 아이도 재정 훈련을 해야 할 모양이다. 그리고 감사하다. 이런 아이들이 있어서.

❝ 신앙 멘토링

멘토링은 코칭에 비해 보다 고차원적인 훈련의 기술이다.[14] 전술한 것처럼 코칭은 코칭할 대상의 문제를 파악하고 수행해야 할 일, 능력을 개선하고 발전시키는 것에 집중한다. 당연히 기도 훈련, 묵상 훈련과 같은 현재 수행해야 할 과제에 집중한다. 그러나 멘토링은 멘토링할 대상(자녀)의 현재의 훈련이나 수련보다는 그의 인격과 가치관, 생각 전체의 변화를 통한 미래의 비전, 삶의 방향 등에 영향을 미치는 것에 집중한다. 즉 코칭은 현재의 과제가 주 관심이라면 멘토링은 현재를 넘어 장래의 방향과 비전, 진로와 더욱 밀접한 관련이 있다 하겠다.

이런 면에서 코칭을 하는 코치는 엄한 선생님이나 조교와 비슷하게 현재의 일, 행동, 습관이나 삶의 방식 개선에 집중한다면, 멘토링을 하는 멘토는 가까운 친구이자 늘 곁에서 격려해주며 도와주는 형이나 언니 혹은 선배, 따뜻한 조언자와 비슷해서 평생에 걸쳐 함께 울고 웃으며 지속적으로 그의 미래와 비전에 대해, 인생의 방향에 대해 함께 고민해 준다. 같은 맥락에서 에드먼드 챈은 제자훈련과 관련된 멘토링을 삶의 여정 속에서 지혜를 전수한다는 의미로 "함께하는 순례 여정(pilgrimaging together)"이라 부르기도 한다.[15] 어쩌면 자녀와 함께 하나님의 사람이 되어가는 기나긴 순례 여정이 바로 신앙의 멘토링이라 할 수 있겠다.

브린 휴즈는 코칭과 멘토링의 차이를 아래의 도표로 제시했는데 참고할 만하다.[16]

	코 칭	멘 토 링
초점	숙련, 기술, 발전 기회들	태도, 가치와 비전, 전인
기간	일반적으로 단기간, 측정 가능한 결과에 초점을 맞춤	가끔 몇 년씩 지체될 수 있음
접근법	지위, 능력, 시범	관계, 신뢰, 질문, 의견 제시
스타일	지시적이고 경험적임	비지시적이며 반성적임
결실	쉽게 평가됨	규정하거나 평가하기가 힘듦

이렇게 보면, 멘토는 태도와 가치와 비전과 관련이 있고, 관계와 신뢰를 바탕으로 한 영적인 감독이나 상담자, 혹은 영적 부모의 역할을 하는 사람임을 알 수 있다. 그래서 결국 믿음의 부모

가 자녀를 제자 훈련하려면 재정 훈련과 같은 특정한 과제를 훈련하는 코칭도 해야겠지만 궁극적으로는 자녀의 태도와 가치와 비전에 영향을 주고 지속적으로 훈련할 수 있는 멘토링 또한 반드시 해야 할 일이다. 단순히 코칭을 통한 한두 영역의 훈련을 넘어서 전인적인 훈련과 양육이 되도록 부단히 자녀들을 살펴야 하고 이를 위해 좋은 지지자이자 영적인 감독이 되어야 한다는 말이다.

신앙 멘토링의 순서

브린 휴즈는 멘토링을 위한 멘토의 역할과 기초에 대해 다음의 몇 가지를 갖춰야 한다고 한다. 즉, 다음의 내용에 따라 멘토링을 할 수 있다는 말이다.[17]

① 상호 관계와 신뢰를 바탕으로 한다. (신뢰 형성)
② 여러 문제와 상황을 살핀다. (상황/ 문제 분석)
③ 질문을 던진다. (질문과 대화 시작)
④ 멘티(자녀)의 말에 귀를 기울이며 보다 명확한 설명을 더 한다. (경청과 설명)
⑤ 해결책과 그 결과를 제시한다. (해결책 제시)
⑥ 계획하며 실행하는 그들을 지원한다. (후원과 지원)
⑦ 그들이 가장 잘하는 일을 하도록 그들을 돕는다. (달란트 발견 및 후원)

① 상호 관계와 신뢰를 바탕으로 한다. (신뢰 형성)

멘토링은 멘토링을 시행하는 멘토(mentor)와 대상자인 멘티(mentee)가 있어야 가능하다. 그런데 멘토와 멘티가 신뢰의 관계가 구축되지 않으면 올바른 멘토링이 이루어지지 못한다. 필자가 처음 박사과정에 들어갔을 때 학과 사무실에서 필자의 멘토라며 2년 차 박사과정 학생을 소개해 주었다. 박사과정에 적응할 수 있도록 도와주고, 학과의 다른 박사과정 학생들과도 활발하게 교류하며 박사과정을 잘 진행하도록 하려는 의도에서 수년간 지속된 멘토링 프로그램의 일환이었다.

하지만 안타깝게도 그 멘토는 개인적인 사정으로 학기 중간에 학교를 그만두게 되었고 필자는 졸지에 멘토가 사라져 상당히 애를 먹었다. 학교를 그만둔 멘토와 연락이 끊어졌기 때문이다. 돌이켜보면 필자의 멘토는 자신의 학업도 제대로 감당하지 못하면서 필자를 멘토링하려 했던 것이다. 관계에서도, 기본적인 자질에서도 부족함이 있었고, 결국은 상호간에 이렇다 할 결과도 얻지 못하고 어설프게 끝나버린 멘토링이 되고 말았다.

부모와 자녀사이라고 예외는 아니다. 부모의 자질이 부족하면 아이를 멘토링하는 데 상당한 애로를 겪는다. 자녀의 문제, 인생 상담, 장래의 비전에 대해 두무지 관심도 없고 이해도도 떨어지는 부모라면 멘토링은 애초에 불가능하다. 무엇보다 신앙 멘토링을 하려면 부모 자신이 예수님의 좋은 제자가 되어야 한다.

그래야 어떻게 하나님의 자녀로서 살아갈지 자녀에게 가르칠 수 있지 않겠는가. 다른 말로 예수님의 제자가 되기 위해 부단히 노력하는 부모가 되어야 제대로 된 신앙 멘토링을 할 수 있다. 자녀가 볼 때, 부모가 신앙적으로 본받을 만하고 자신과 바른 관계가 되어야 의논을 해도 하고, 장래의 문제에 대해서도 논의할 것이 아닌가. 이 점에서 부모가 자식의 존경과 사랑을 받아야, 다른 말로 신뢰할 수 있어야 멘토링이 가능하다 하겠다.

② 여러 문제와 상황을 살핀다. (상황/문제 분석)
& ③ 질문을 던진다. (질문과 대화 시작)

멘티가 멘토를 찾아올 때는 절박하다. 멘토에게는 지난 시간의 별 것 아닌 것처럼 느껴지는 것이라도 멘티에게는 매우 긴급하고 중요한 일일 수 있다. 당연히 여러 문제와 상황을 멘티의 관점에서 말하고 듣게 되면, 멘토는 더욱 정확한 이해를 위해 질문을 하게 된다. 첫째 아이가 검정고시를 치고 고등학교를 가다 보니 학교에 많은 일이 일어난다. 근래에는 학교의 선생님이 '공부' '공부' 하면서 학생들을 너무 비인격적으로 대한다고 불평이다. 공부 잘하는 아이와 그렇지 못한 아이를 구분하기도 하고, 공부로 모든 것을 평가하려는 것이 불합리하다는 것이다. 내심 이런 선생님 밑에서 계속 공부를 해야 하는지 고민인 것 같다.

먼저 상황을 살피기 위해 아이 엄마가 물었다. 그런 태도와 생각이 첫째 아이만 그런지 아니면 다른 아이들도 그렇게 생각하는지, 그리고 그런 비인격적인 태도의 예가 무엇이 있는지. 또한 그럼에도 불구하고 계속 고등학교에 다닐 것인지. 아이가 어떻게 답했을까? 간단하다. 다른 아이들은 무덤덤하게 받아들이고 있고, 본인만 민감하다고 한다. 물론, 그럴 것이다. 왜냐하면 그 아이들은 한국의 학교에 익숙하겠지만 우리 집 아이는 평소 그런 대접을 별로 받아본 적이 없어서이다. 그럼에도 아이는 학교에 다니겠다고 한다. 선생님이 아니라 친구들이 좋아서 그렇단다. 그러면 됐다고 엄마는 일러주면서 그런 과정이 자라는 과정이라 했단다. 결국, 아이 엄마는 아이 스스로 해결하게 하고 나아가 그것이 힘들면 언제든 도와줄 수 있다 알려주고 대화를 마무리 지었다. 이처럼 상황을 살피고 질문을 하다 보면 보다 진전된 대화로 발전하게 된다.

④ 멘티(자녀)의 말에 귀를 기울이며 보다 명확한 설명을 더 한다. (경청과 설명)
& ⑤ 해결책과 그 결과를 제시한다. (해결책 제시)

멘토링의 기본은 대화이고, 대화의 기초는 경청이다. 잘 들어야 잘 이해하고, 잘 이해해야 제대로 된 대안을 찾아갈 수 있다. 문제를 분석하고 상황에 적합한 대안을 제시하려면 고민이 있어 찾아온 자녀의 말에 귀 기울일 줄 알아야 한다 그러나 주변을 살펴보면 점점 자녀와 부모 사이에 대화가 끊기고 있다. 앞 장에서 언급했듯 대한민국 아빠들이 자녀와 가지는 시간이 얼마였나? 하루 6분이다! 이 정도의 시간으로는 경청은 고사하고 기본적인 대화소차 하기 어렵지 않겠는가. 하지만 지금부터라도 시간을 확보하고 자녀의 말에 귀 기울여 보자. 그래야 그다음이 있다.

잘 듣고 나면, 잘 설명해 주어야 한다. 일명 해결책을 잘 제시해야 한다. 하지만 대부분의 경우는 부모의 입장에서 해결책을 주려 한다. 그러다 보면 자신의 한계에 부딪히게 된다. 그래서 순서를 조금 다르게 생각하면 좋겠다. 최우선의 해결책을 먼저 하나님의 입장에서 생각해 보고 답해보자. 그다음으로는 자녀의 입장에서, 그리고 가장 마지막으로 부모의 입장에서 설명하면 좋겠다.

어떤 때는 부모 입장에서 아이를 설득하고선, 다른 사람들이 어떻게 생각할까 걱정하며 다른 사람들, 이웃 어른들의 입장에서 자녀들을 설득하고 이해시키려 한다. 이것만큼 어리석은 일도 없다. 그 아이의 인생의 설계자는 하나님이시다. 그래서 하나님의 입장에서 가장 먼저 살피고 이해시켜야 하고, 그런 다음 아이의 입장에서 설득하는 과정이 필요하다. 그다음이 부모다. 중요한 것은 하나님의 생각에서 시작하는 것이다.

아울러 부모가 모든 문제에 해결책을 다 제시하려고 애쓰지 않아도 된다. 이미 자녀가 답을 가지고 있는 경우도 있고, 자녀가 답을 찾아가는 과정일 수도 있기 때문이다. 다만, 곁에서 부모가 멘토로서 어떻게 그 문제를 헤쳐나갈지 지켜보고 함께 지지하고 해결 할 수 있는 기준과 방향, 하나님의 인도하심을 함께 바라봐 주면 그걸로 족할 때가 많다. 곁에 있는 친구처럼, 영적인 스승처럼. 기도하면서.

⑥ 계획하며 실행하는 그들을 지원한다. (후원과 지원)
& ⑦ 그들이 가장 잘하는 일을 하도록 그들을 돕는다. (달란트 발견 및 후원)

둘째 아이가 종종 자신이 쓴 글을 가져온다. 그 아이가 가장 좋아하는 가수가 악동뮤지션인데, 그들의 노래를 듣고는 자신도 작사하겠다고 열심히 글을 써서 아빠에게 보여 준다. 필자가 봐도 그럴듯한 것도 있기는 하지만 대부분은 여전히 많은 시간이 필요하겠다 싶다. 그래도 아이에게 용기를 주기 위해 글을 계속 써 보라 한다. 그러면서 지나가는 말로 이렇게 말했다. "글을 다 완성하면 아빠가 책을 하나 만들어 줄게." 그랬더니 이 아이가 어디서 그런 용기가 생겼는지 이제 책에 실을 거라며 매일 책상에 앉아 글을 쓰고 있다. 그리고는 매일 보여 준다. 이제 그 약속을 한 필자가 서서히 두려워지기 시작한다. 물론, 판매될 책은 아니겠지만 그래도 완성이 되면 책처럼 보이게 만들어주면 좋겠다 싶다.

아직은 아이의 달란트를 다 모르지만 다양한 시도들을 하면서 아이를 격려하고 있다. 이 아이에게 하나님이 주신, 부모가 모르는 달란트와 꿈과 끼가 있을 테니 기도하며 격려하고 될 수 있으면 그 꿈을 꺾지 않으려 한다. 이러다 보면 놀라운 일이 있지 않을까?

신앙 멘토링을 해 보면 (멘토링의 예)

이미 한차례 이야기한 내용을 조금 더 자세하게 설명하며 멘토링의 예를 들어보려 한다. 작년으로 기억한다. 늦게 귀가하여 거실에 들어서니 집안 분위기가 어째 썰렁한 거다. 아니나 다를까 큰 폭풍이 지나간 다음이었다. 사춘기 첫째 녀석이 엄마를 속이고 거짓말을 한 거였다. 물론, 그 나이에 그런 일이 한두 번 없는 집이 어디 있겠냐마는 필자의 집에서는 쉽지 않은 주제, 흔하지 않은 일이라 아내가 많이 놀랐고 한바탕 아이와 입씨름이 있은 다음이었다.

어떻게 할까 고민을 하다, 잠시 기도의 시간을 먼저 가졌다. 인도하심을 바라고 "아버지 하나님, 어떻게 하면 좋을까요? 그냥 두자니 쉽게 넘어간다고 여길 것 같고, 뭐라고 야단을 치자니 너무 늦은 시간에 어떻게 해야 할지 모르겠습니다. 지혜를 주십시오."라고 조용히 기도했다. 그리고 나니 시간이 벌써 저녁 10시를 넘어서고 있었다.

그렇게 밝지 않는 목소리로 아들 녀석을 불렀다. 잘못한 것이 있어서인지 못내 미안한 기색을 하고 아이가 필자의 방으로 들어왔다. 앉으라고 하고선, 물었다. 어떻게 된 거냐고. 아이는 묵묵부답이다. 그래서 필자의 이야기를 먼저 했다. 거짓말이 그 아이에게 주는 영향에 대해, 그리고 그것에 대한 아빠의 우려와 걱정을 먼저 말했다. 여전히 아이는 묵묵부답이다. 이럴 때 어떻게 하는지 누가 정답을 좀 가르쳐줬으면 좋겠다 싶었다. 어쩔 수 없이 계속 분위기를 이어가려 안간힘을 썼다. 원래는 이런 일이 있으면 어떻게 해야 하는지 네가 물으러 와야 하는데 그렇지 않아 아빠가 너를 부르고 이 시간은 이야기를 좀 해야겠다고 말했다.

이야기가 지속되었다. 처음에는 일방적으로 필자가 이야기하는 시간이 대부분이었다. 거짓말을 한두 번 할 수 있고, 속일 수도 있다며 이해한다고 했다. 사람이니 실수하고 사람이니 감추고 싶다고도 했다. 다만, 거짓말이 습관이 되고 쉬워지면 걷잡을 수 없어진다는 것도 말했다. 알고 있다는 눈치였다. 그러면서 재차 어떻게 된 것이냐고 물었다. 그때 비로소 아이가 조금씩 이야기하기 시작했다. 벌써 한 시간이 지난 다음이었다. 아이는 핑계 반, 이유 반의 이야기로 조금씩 입을 열기 시작했다. 본인은 그럴 의도가 아니었는데 저도 모르게 거짓말이 되었고, 그러다 보니 상황이 커졌다고 한다.

이해한다며 다시 이야기를 이어갔다. 이제 필자가 왜 그 아이를 불렀는지 진심을 보여야 할 차례라 생각했고 정말 하고 싶었던 이야기를 꺼냈다. "아빠는 네가 잘 되길 바란단다. 그리고 어떻게든 너를 위해 무엇이든 해 주고 싶어. 그런데 말이야 아빠는 너와 평생 있어 줄 수 없어. 너보다 일찍 죽을 거야. 미안하지만.

사실 그러고 보면, 아빠가 너를 위해 해 줄 수 있는 게 그렇게 많지 않아. 그래서 아빠가 너를 위해 해 줄 수 있는 최선이 뭘까? 생각해 봤는데 그건 바로 아빠를 대신해서 아빠가 떠나도 너를 지켜주고 너와 함께 하실 수 있는 분에게 너를 붙여주는 거야. 그분이 너를 지키도록 해 놓고 가는 거야. 그게 아빠가 지금 할 수 있는 최선이야."

이 이야기를 하면서 힘들었을 때 예수님이 필자를 만나 주신 이야기를 꺼냈다. 주님을 만난 이야기를 한 거다. 그리고 어떻게 필자를 지금껏 인도해 주셨는지를 말했다. 물론, 그 내용 중에는 이미 아이도 아는 것이 많았다. 특별히 미국 유학 시절 힘들었을 때, 하나님이 우리 가정을 어떻게 인도해 주셨는지 그 아이도 함께 경험했기 때문이다. 그리고 이렇게 이야기했다.

"그런데 오늘 네가 한 일은 아빠만 실망스러운 것이 아니야. 너와 평생 함께하실 분, 너를 끝까지 책임져 주실 분, 그분에게도 엄청난 실망을 시킨 일이야. 그건 알고 있어?"

그 말에 아이가 주르륵 눈물을 흘리기 시작했다. 한동안 말이 없던 그 아이가 연신 어깨를 들썩이더니 끝내 잘못했다고 말한다. 끝내 아빠인 필자마저 울리고 말았다. 그렇게 함께 울고 조용히 기도하는 시간을 서로 가졌고 필자가 기도하며 이야기를 마무리 지었다. 물론, 이후에 엄마에게 가서 용서를 구하는 시간을 가지도록 필자가 주선했고 썰렁하던 분위기가 조금은 누그러졌고 다음날, 언제 그랬냐는 듯 다시 밝은 집안 분위기로 돌아왔다.

순서를 되짚어 보자. 처음부터 아이가 찾아오지는 않았다. 문제가 있었지만, 그냥 넘기려 했다. 하지만 필자가 아이를 불렀다. 윽박지르기보다 야단치기보다 상황을 확인하려 함을 명확히 했다. 아울러 질문을 던졌다. 거짓말을 했다는 엄마의 말만 듣고 나무랄 수는 없는 일이 아닌가. 그리고 필자의 이야기를 하며 아이가 이야기할 분위기를 만들었다. 그리고 상황에 대해 듣고 명확히 설명했다. 필자의 의도는 분명하다고. 아빠를 위한 것도, 엄마를 위한 것도 아닌 바로 아이 자신을 위한 것임을 분명히 설명했다. 그리고 해결책을 제시하며 함께 회개의 기도를 했고, 엄마에게 용서를 구하도록 했다. 마지막으로 그것을 하도록 지원하고 앞으로도 그렇게 될 것을 아이가 알도록 용기를 줬다.

그 일이 있고 아이가 좀 바뀌었을까? 그렇기도 하고 아니기도 하다. 어떨 때 보면 바뀌었고, 어떨 때 보면 한참 부족해 보인다. 그래서 이 아이를 보면 늘 "공사 중"이라는 팻말이 떠오른다. 어딘가 부족해 보이고, 어딘가 마땅찮은 구석이 있어서 자세히 살펴보면, 그래도 나름 애쓰고 있고, 고치고 있다 싶어 감사하다. 나름대로 수고하고 애도 많이 쓴다. 시간이 나면 큐티도 하고 규칙적으로 기도하며 자신의 인생을 돌아보기도 한다. 그래서 "공사 중"이고, 그래서 "공사 중"인 아이를 이 모양 저 모양으로 돕고 싶고, 도와야 한다. 그것이 신앙의 코칭이며 신앙의 멘토링이 아닐까 생각한다. 이런 지난한 훈련과 고민, 애씀이 우리 부모들에게 지속적으로 있어야겠다 싶다.

❝ 내 삶이 곧 유언이다!

이 이야기로 책을 마치려 한다. 필자가 미국에 있을 때 미국의 유명한 복음주의자이자 전도자인 찰스 콜슨(Charles Colson)이 돌아가셨다. 그분이 돌아가신 후, 그분을 기리며 기념으로 드리는 예식을 보고는 많이도 울었다. 그분의 죽음이 슬퍼서가 아니라 이런 부모도 있다는 것이 놀랍고 은혜가 되어서 울고, 이런 부모가 되지 못한 필자의 한심함 때문에도 울었다. 많은 감동과 회한과 함께.

그분의 따님인 에밀리 콜슨이 약 7분 정도 아버지를 기리며 연설을 했는데 지금도 그 내용이 잊히지 않는다. 에밀리 콜슨이 말한다.

"안녕하세요. 저는 에밀리 콜슨입니다. 제가 척(찰스) 콜슨의 딸이었다는 것이 얼마나 큰 축복인지 모릅니다. 저는 예수님이 제 아버지를 변화시키셔서 그리스도인이 되게 한 것을 똑똑히 보았습니다. …(바쁜 중에도) 아버지는 매일 아침 자신의 오피스의 의자에 무릎을 꿇고 기도하시는 것을 보았습니다. 아버지는 속주머니 속에 기도 제목 카드를 가지고 다니셨는데 그중에는 평생 성장을 위한 목표 리스트가 적혀 있고, 매일 기도해야 할 사람들의 이름이 적혀 있었습니다. 내 아버지는 그야말로 성경이 말하는 새로운 피조물이 되셨던 겁니다. …제 아버지는 우리의 조언자이자, 멘토이며, 친구이고, 기댈 어깨가 되어 주었고, 끊임없이 용기를 주는 분이셨습니다."[18]

필자의 자녀들이 필자가 죽었을 때 이런 고백을 했으면 좋겠다. 이런 부모였다고 고백할 수 있었으면 좋겠다. 무엇보다 필자의 자녀들이 부족하지만 필자를 통해 생명의 구주를 알았다고 고백했으면 좋겠다. 그리고 생명의 주님을 만난 필자가 어떻게 그리스도 안에서 새로운 피조물로 살았는지 고백할 수 있었으면 좋겠다. 그리고 그들에게 좋은 조언자이자 멘토이며, 코치이며, 친구이고, 기댈 어깨였다 회상할 수 있었으면 좋겠다.

문득 찰스 콜슨의 장례식을 떠올리며 그와 유사한 믿음의 사람 김약연 선생님의 생의 마지막 말이 떠오른다. 평생을 독립운동과 다음 세대를 키우는 일을 하다 돌아가신 목사이자 민족 운동가인 그분이 마지막으로 제자들에게 남긴 한마디. "나의 삶이 곧 유언이다!" 부디 이 글을 읽는 모든 믿음의 부모들, 특별히 악전고투하는 믿음의 부모들도 이런 말을 남길 수 있었으면 좋겠다. "나의 삶이 곧 유언이다!" 그 소망과 그 소망에 따른 삶이 있기를 기대하며 기도한다.

"

가정신앙
교육
설명서

―

악전고투하는
부모들에게

에필로그

마무리하며,

> 66

귀국 후 지난 몇 년간 여러 일이 있었지만, 이 책의 발간과 함께 그 모든 수고가 정리되는 것 같아 감사하고 또한 기쁘다. 돌이켜 보면 자녀를 신앙으로 양육하는 것만큼 큰 투자도 없는 것 같다. 세상 무엇이 사람을 남기는 것에 비할까. 어떤 이는 상즉인(商卽人), 즉 장사가 사람을 남기는 것이라고 했다지만, 신앙교육이야말로 사람을 남기는 것이 아닐까. 그리고 이 땅 100년의 생을 위해 자녀를 남기기보다 영원한 나라의 영생을 위해 자녀를 남기는 것이 더 복되고 귀한 일이 아닐까. 이보나 가치 있고 가슴 벅찬 일이 또 있겠는가 말이다.

   부족하나마 이 일에 협력할 수 있어 감사하고 또한 기대된다.

사실, 예상되는 일, 뻔한 일에 시간을 투자하는 것은 그다지 흥미 있는 일이 아닐 거다. 시간이 지나도 별반 변화나 진전이 없을 것이기 때문이다. 사람은 잘 변하지 않는다지 않는가. 나이가 들어갈수록 그것을 온몸으로 체감하고 있다. 어제의 '나'보다 오늘의 '나'를 바꾸기 더 어려운 것 같다. 실은 어제의 '나'는 전혀 바꿀 수 없는 존재인데도 어제는 그래도 좀 변화의 시도라고 했는데 오늘은 꿈쩍도 않는 나를 볼 때면 한심하기도 하고 안타깝기도 하다. 이런 일이 나만의 일이기를 바라지만 그렇지만은 않은 것 같다.

하지만 아이들을 보라. 어디로 튈지 모르는 탱탱볼처럼 여기로 튀고 저기로 달려가는 종잡을 수 없는 신인류가 바로 그들이다. 변화무쌍한 상황에 우리 어른들보다 빨리 반응하고 대처한다. 어른들은 변화에 대해 두려움을 가지고 어깃장을 놓지만, 아이들은 마냥 신기해하며 변화를 즐기기까지 한다. 이런 아이들이기에 말씀을 제대로 가르치고 훈련하면 놀라운 변화를 보인다. 자녀들을 자세히 보라. 그들은 지금도 그들이 믿고 있는 바에 따라 살아가려 애쓴다. 네댓 살의 꼬맹이들에게 건널목을 건

널 때는 손을 들고 건너야 한다고 가르쳐 놓으면 그것을 '명심'하여 그대로 따른다. 하지만 어른들은 어떤가? 그걸 알지만 지키려 하지 않는다. 심지어 빨간불에도 쉼 없이 횡단보도를 향해 달려나간다. 어떤 위험이 있을지 모르고. 주변을 둘러보라. 무단횡단을 하는 대부분은 어른들이다!

이런 이유로 변화에 민감한 아이들이 있어 좋고, 이런 아이들을 맡겨 주심에 감사한다. 하나님이 맡기신 아이들을 하나님께 돌려드리는 것, 그것이 신앙교육이다. 원래도 하나님의 것이었고, 나중에도 하나님이 챙겨보실 아이들, 그 아이들을 맡은 부모 여러분, 그래서 감사하고 그래서 긴장되며 기대되는 일이 자녀양육이다. 이 긴 여정을 시작한 여러분, 함께 힘을 내시길 기도한다. 그러나 반드시 기억해야 할 것은 이 아이들이 나중에 하나님나라의 큰 일꾼이 되고, 그 일에 내가 사용되고 있다는 사실이다. 흥분되고 놀라운 일이 아닌가.

단련(鍛鍊)이라는 말은 쇠붙이를 때리고 때려서 연단할 때 쓰는 말이다. 처음의 쇠뭉치는 아무짝에도 소용없지만 오랜 기간 장인의 손에 맞고 깨지면서 서서히 훌륭한 칼로 변화된다. 그렇게 단련된 칼은 결국 적을 향한 놀라운 병기가 되고 나라를 구하고 민족을 구하는 훌륭한 도구가 된다. 어쩌면 하나님은 오늘도 우리 가정이라는 용광로에서 구워낸 철광석 원석인 자녀들을 인간 막대기와 채찍으로 제련하고 단련하여 하나님의 도구, 하나님의 최종병기로 사용하시려는지 모른다. 이 음란하고 악한 세대를 향한 도구로 말이다.

과거에도 그러했고, 현재도 그러하지만, 미래에도 하나님은 사람을 통해 일하실 것이다. 바라기는 그렇게 하나님이 사용하실 사람 중에 우리 집 아이들이 있었으면 좋겠다. 그리고 그 일에 우리 집 아이들이 잘 사용되었으면 좋겠다. 그렇게 되려면 지금부터 하나님이 잘 사용하시도록 "부지런히 가르치며"(신 6:7) 준비시켜야 하지 않을까. 이미 이 책에서 언급했듯이 세상의 훌륭함은 별로 중요치 않다. 중요한 건 하늘나라에서의 훌륭함이다. 하나님의 성품을 닮아가는 것, 그리고 세상의 '머리싸움'보다는 '꼬리싸움'을 보다 잘하는 아이들로 훈련되어 자랐으면 좋겠다.

이 일을 위해 부족하나마 부모인 내가 사용되었으면 좋겠고, 이 책을 읽는 믿음의 부모들이 사용되었으면 좋겠다. 그리고 믿음의 가정에서 자라는 모든 믿음의 자녀들이 하나님 앞에서 신실하게 자라 하나님의 아름다운 최종병기로 잘 단련되었으면 좋겠고, 그들이 다음 세대를 잘 짊어지고 갔으면 좋겠다. 이를 통해 '코람데오'의 정신이 이 사회 곳곳에 침투되어 사회가 바뀌고 세상이 뒤집어지며, 복음이 온 땅에 편만하길 소망한다. 이 일에 우리의 자녀들이 새롭게 부름을 받아 사용되길 소망한다. 그리고 그 배후에 나와 우리 믿음의 부모들이 있었으면 좋겠다. 그리고 나중에 하나님 앞에 섰을 때, 우리 모두 숙제 검사하시는 그분 앞에서 "저의 숙제는 이렇습니다."라고 우리의 숙제들인 자녀들을 내세울 수 있었으면 좋겠다! 그 시작을 이 책에서부터 했으면 더욱 좋겠다!

지은이 **박신웅**

주

제 1 장

1) 신승범, "부모, 신앙교육의 주체인가?" 「기독교교육논총」 48. (2016), 307.

2) Brian Haynes, *Shift: What it takes to finally reach families today* (Loveland, CO: Group Publishing, 2009), 36.

3) 보디 보우컴, 『가정아, 믿음의 심장이 되어라』, 이명숙 옮김 (서울: 미션월드, 2008), 53.

4) Alvin L. Reid, *Raising the Bar: Ministry to Youth in the New Millennium* (Grand Rapids, MI: Kregel Academic, 2004).

제 2 장

1) "[알고 쓰는 말글] 알아야 면장 한다" accessed September 19, 2018. http://news.khan.co.kr/kh_news/khan_art_view.html?code=990100&artid=201408202130345

2) 비록 의도하지 않았는데도 학습이 일어나는 경우가 없지는 않지만, 대부분의 경우 의도성이 있어야 교육에 대한 평가와 그에 따른 발전을 논할 수 있다. 이런 면에서 교육의 의도성에 대해 정의한 정범모의 정의가 가장 광범위하게 사용되고 있는 것도 사실이다. 정범모, 『교육과 교육학』(서울: 교육과학사, 1968), 27.

3) 조경원, 이기숙, 오욱환, 이귀윤, 오은경, 『교육학의 이해』(서울: 이화여자대학교 출판부, 1990), 18; 한기연, 『한국현대교육철학: 기초주의 탄생과 성장』(서울: 하우기획출판, 1996), 80.

4) 안데르스 에릭슨, 로버트 풀, 『1만 시간의 재발견: 노력은 왜 우리를 배신하는가』, 강혜정 옮김(서울: 비즈니스북스, 2016).

5) 위의 책, 48.

제 3 장

1) "I Can't Hear You, Your Actions Are Too Loud!" accessed September 19, 2018, http://jimshaffergroup.com/communications/i-cant-hear-you-your-actions-are-too-loud/

2) "갑질" accessed September, 19, 2018, https://opendict.korean.go.kr/dictionary/view?sense_no=1295950

3) "아버지의 기도" http://goodplus.org/html/poem18.htm accessed September, 12, 2018.

제 4 장

1) 게리 토마스는 자녀를 우리 마음의 거울이라고 한다. 게리 토마스, 『부모학교』, 윤종석 옮김(서울: CUP, 2014), 47.

2) 호아킴 데 포사다, 『마시멜로 이야기』, 정지영 옮김, (서울: 한국경제신문, 2005), 64.

3) 게리 토마스는 이와 유사한 질문 하나를 소개한다. 메헤니라는 목사님이 부모들에게 하는 질문인데 내용은 이렇다. "엄마 아빠가 어디에 가장 열정이 있는 것 같으냐?" 이 질문에 대한 답을 통해 그 부모의 평소의 모습을 알 수 있다고 한다. 그의 답을 들어 보자. "답으로 복음이 떠오르지 않는다면, 아이들에게 비친 우리의 진짜 관심사는 자식의 행동 때문에 창피당하지 않는 것, 집을 깨끗이 치우는 것, 자식을 일류 학교에 보내는 것, 크리스마스 편지에 자식의 전 과목 A를 자랑하는 것일 수 있다." 게리 토마스, 『부모학교』, 46.

4) 일반적으로 고지론 하면 소위 그 사회의 엘리트와 지식인을 복음으로 변화시켜 사회에 보다 큰 영향을 미쳐야 한다는 이론으로 한때 '고지론과 미답지론의 논쟁'을 불러왔던 이론이다. 누가 언제부터 이런 이론을 말했는지는 알려지지 않으나 대개 실패한 이론으로 성경의 원리가 낮은 데로 임하는 것에 비해 높은 곳을 지향한다는 면에서 많은 비판을 받고 있다. 하지만 여전히 그 영향력은 강력하여 높은 곳에서 더욱 많은 영향력을 끼쳐야 한다며 많은 부모의 호응을 받는 것도 사실이다. "코스타와 고지론" accessed September, 22, 2018. 참조 http://www.newsm.com/news/articleView.html?idxno=4306

5) "nachalah" accessed September 19, 2018, http://biblehub.com/hebrew/5159.htm 이것에 대해 NIV 성경도 "Sons are a heritage from the Lord"라고 번역하고 있다.

6) "아들 의대 보내려고" 시험지 빼돌린 '의사 엄마'" accessed September, 19, 2018,

   http://news.chosun.com/site/data/html_dir/2018/07/13/2018071302011.html

7) 게리 토마스, 『부모학교』, 235.

제 5 장

1) "一鼓作氣 (일고작기)-단숨에 적을 해치우다" accessed September, 19, 2018,
   http://www.joongdo.co.kr/main/view.php?key=200412190009

2) 데이비드 플랫은 자기를 기꺼이 희생하며 예수님을 따르는 진정한 예수님의 제자는 하루아침에 만들어지지 않는다고 강력하게 말한다. 왜냐하면 그것은 관계적(relational)이기 때문이라고 한다. 관계 맺음의 어려움을 안다면 이 말을 이해할 것이다. David Platt, *Radical: Taking Back Your Faith from the American Dream.* (Colorado Springs: Multnomah Books, 2010), 93.

3) 조나단 도슨, 『복음중심의 제자도: 제자 삼는 기술이 아닌 그리스도의 복음으로』, 전의우 옮김(서울: 국제제자훈련원, 2012) 131에서 재인용.

4) 맥스 루카도 글, 세르지오 라르티네즈 그림, 『너는 특별하단다』, 아기장수의 날개 옮김(서울: 고슴도치, 2002).

제 6 장

1) 이 구절의 말씀을 필자는 '마땅히 행할 길, 신앙의 길을 아이일 때 가르치라'로 읽는다. 신앙교육의 긴급성을 나타내는 말로 읽는 것이다. 그리고 이 구절에 변화 가능성을 본다. 아이일 때 가르치면 변화할 수 있다고 보는 것이다.

2) 이 말은 라틴어로 "homo unius libri"라는 말로 알려져 있다. 한 책만 아는 편협한 사람이라는 뜻으로 사용되어 오다 존 웨슬리(John Wesley)가 1765년 5월 14일, 존 뉴턴에게 쓴 편지에서 자신은 1730년 이후로 다른 책이 아닌 성경을 연구하는 한 책의 사람이 되었다고 말하는 데서 인용되기 시작했다. Robert C. Fennell, *The Rule of Faith and Biblical Interpertation: Reform, Resistance, and Renewal* (Eugene, Oregon: Cascade Books, 2018), 97.

3) 하워드 마샬, 스티븐 트레비스, 이안 폴, 『서신서와 요한계시록』, 박대영 옮김(서울: 성서유니온선교회, 2012), 12.

4) 루 프리올로, 『네 자녀를 노하게 하지 말라』, 김명숙 옮김(서울: 미션월드, 2006), 89.

5) 현대인의 성경은 사무엘상 1장 6절을 이렇게 번역한다. "브닌나는 한나가 자식을 낳지 못한다는 약점을 이용하여 그녀를 몹시 괴롭히고 업신여겼다."

6) NIV 성경과 NASB 성경은 공히 한글성경에 '적수'라 번역된 단어로 'her rival(그녀의 라이벌)'이라고 번역하고 있고, KJV는 'her adversary' 즉 '그녀의 적'으로 표현하고 있다.

7) E. M. 바운즈, 『기도의 본질』, 홍성국 옮김(서울: 생명의말씀사, 1994), 23.

제 7 장

1) 게리 토마스, 『부모학교』, 윤종석 옮김.(서울: CUP, 2014), 29.

2) 위의 책, 67-76. 게리 토마스는 "죄책감이 주는 선물"이라 표현한다.

3) 위의 책, 68.

4) 루 프리올리, 『네 자녀를 노하게 하지 말라』, 김명숙 옮김(서울: 미션월드, 2006), 52.

5) 이것에 대해 게리 채프만과 제니퍼 토마스는 "미안해요"라는 말이 마법의 주문과 같다고 한다. 상대방에게 변명을 대거나 이유를 들어 감정을 상하게 할 것이 아니라 오히려 그의 감정에 맞춰 미안하다는 말을 먼저 하라고 한다. 이때 기억해야 할 것이 "하지만…"으로 시작하는 변명을 대지 않는 것이라 그들은 말한다. 변명과 이유 거리를 찾는 나쁜 습성을 버리라는 말이다. 게리 채프만 & 제티퍼 토마스, 『5가지 사과의 언어』, 김태곤 옮김(서울: 생명의말씀사, 2007), 28-39.

6) 이것에 대해 게리 토마스는 이렇게 아이들에게 말하라 한다. "애들아, 너희들과 똑같이 왜 아빠한테도 구주가 필요한지 알겠니? 하나님의 은혜가 없다면 우리는 다 무력하단다." 게리 토마스, 69.

7) 위의 책, 69.

8) Jason Madaryk, *Operation World: The Definitive Prayer Guide to Every Nation*, (New York : IVP Books, 2010)
9) 제이슨 맨드릭, 패트릭 존스톤, 『세계기도정보』(전4권), (서울: 조이선교회출판사, 2011).

10) Daphne Spraggett, *Window on the World: When We Pray God Works*(New York: IVP Books, 2007).

11) "아이와의 시간 하루 6분…'아빠 육아'는 선택 아닌 필수" accessed September, 19, 2018.
https://news.sbs.co.kr/news/endPage.do?news_id=N1004343323

12) 조셉 맥코맥, 『브리프: 간결한 소통의 기술』, 홍선영 옮김(서울:더난 출판사, 2015), 151.

13) 위의 책, 32.

14) 위의 책, 36.

15) 게리 채프먼 & 알린 펠리케인, 『스마트폰에 빠진 아이들, 어떻게 가르칠 것인가?』, 윤은숙 옮김(서울: 생명의말씀사, 2015), 21.

16) 위의 책, 22.

17) 위의 책, 40-41.

18) "보행자 과실 사고 61%는 '스몸비족'…사상자 절반 10~20대" accessed September, 19, 2018.
http://news.jtbc.joins.com/html/211/NB11634211.html

제 8 장

1) "How Companies Learn Your Secrets" accessed September, 3, 2018.
https://www.nytimes.com/2012/02/19/magazine/shopping-habits.html?_r=1&hp=&pagewanted=all

2) 위의 사이트.

3) "부모도 모르는 딸의 임신, 대형마트는 알고 있다" accessed

September, 4, 2018,
http://www.hani.co.kr/arti/economy/economy_general/729868.html

4) 토마스 고든은 '너-메시지'와 '나-메시지'를 구분하면서 '너-메시지'의 12가지 유형을 이야기한다. 그의 12가지 유형에 대해 필자의 버전으로 재해석해서 대화 내용을 만들어 보았다. 토마스 고든, 『교사 역할 훈련』, 김홍옥 옮김(서울: 양철북, 2003), 200-201. 참조.

5) 토마스 고든의 '너-메시지' 부호화에 대한 그림을 종합하고 해석해서 필자가 이해한 방식으로 조정하여 그림을 그렸다. 위의 책, 202-203. 참조.

6) 데이빗 스탈, 『어린이들을 예수께로: 어린이들과 일대일로 믿음에 대해 대화하는 방법』, 김윤아 옮김 (서울: 프리셉트, 2008), 39.

7) 토마스 고든의 '나-메시지' 부호화에 대한 그림을 종합하고 해석해서 필자가 이해한 방식으로 조정하여 그림을 그렸다. 토마스 고든, 203. 참조.

8) 토마스 고든, 204-205.

9) 위의 책, 205.

10) 토마스 고든은 '나-메시지'의 구성 요소를 다음의 세 가지로 말한다. (1) 받아들일 수 없는 행동의 설명, (2) 부모의 감정, (3) 아이의 행동이 부모에게 미치는 실제적이고 구체적인 영향. 토마스 고든, 『부모 역할 훈련』, 이훈구 옮김(서울: 양철북, 2003), 159-164. 이것에 대해 보다 구체적으로 영어로 워크북 형태로 표현된 것이 있는데 내용을 보면 다음과 같다. '나-메시지'를 영어로 표현하면 "I feel _____ when you because _____"로 표현할 수 있는데, "나는 네가 (무엇

을) 할 때 (어떤) 감정이 든다. 왜냐하면 (어떤) 이유 때문에." 로 번역할 수 있는데 이 내용을 필자는 보다 구체적인 표현을 위해 총 5가지 요소로 설명해 보았다. Raychelle Cassada Lohman, *The Anger Workbook for Teens: Activities to help you deal with anger and frustration*(Oakland, CA: New Harbinger Publications, 2009), 103-104.

11) 헨리에타 미어즈, 『주일학교의 모든 것: 영아부에서 성인부까지』, 조계광 옮김 (서울: 생명의말씀사, 2013).

제 9 장

1) 게리 켈러, 제이 파파산, 『원씽: 복잡한 세상을 이기는 단순함의 힘』, 구세희 옮김 (서울: 비즈니스북스, 2014), 186에서 재인용.

2) "코뿔소" accessed September, 23, 2018. https://news.joins.com/article/3893222

3) Greg McKeown, *Essentialism: The Disciplined Pursuit of Less*(New York: Crown Business, 2014), 16.

4) 빌리 행크스, '7장 제자훈련과 교회,' 『제자훈련』, 빌리 행크스와 윌리엄 쉘 엮음, 박광철과 황을호 옮김(서울: 생명의말씀사, 2001), 114.

5) 위의 책, 115.

6) 빌리 행크스의 경고의 메시지를 들어 보자. "유감스럽게도 대부분의 교회에서는 도제 형식의 훈련이 주는 장점은 도외시한 채 초신자들을 가르치기만 한다. 어떻게 하면 이것이 바뀔 수 있을까?" 위의 책, 119. 후안 카를로스 오르티즈의 비슷한 주장을 들어보자. "제자훈련은 지식이나 정보를 교류하는 것이 아니라 삶의 교류다. 예수님이 관심을 가지신 것은 정보가 아니라 삶이다." 브린

휴즈, 『코칭 멘토링 제자훈련』, 김태곤 옮김(서울: 생명의 말씀사, 2007), 33에서 재인용.

7) 필립 얀시, 『놀라운 하나님의 은혜』, 윤종석 옮김(서울: IVP, 2000), 76.

8) Thom S. Rainer & Sam S. Rainer III, *Essential Church?: Reclaiming a Generation of Dropouts*(Nashville, TN: B&H, 2008).

9) E. W. Ozorak, "Social and Cognitive Influences on the Development of Religious Beliefs and Commitment in Adolescence," *Journal for the Scientific Study of Religion*, 28(4),(1989), 448-463.

10) C. J. Boyatiz, "The Co-construction of Spiritual Meaning in Parent-Child Communication," In D. Ratcliff (Ed), *Children's Spirituality: Christian Perspectives, Research, and Applications*(Eugene, OR: Cascade Books, 2004), 182-200.

11) 브린 휴즈는 제자훈련, 즉 제자로 만드는 것, 특별히 자녀를 하나님의 사람으로 만드는 일은 단순히 한두 프로그램을 잘 도입하면 되는 일이 아니라 하나의 거대한 과정이라 한다. 브린 휴즈, 33.

12) 이것에 대해 브린 휴즈는 제자훈련이라는 화살통에 두 개의 화살이 있는데, 그것이 바로 코칭과 멘토링이라 말한다. 위의 책, 40.

13) 위의 책, 43.

14) 멘토링은 1970년에 미국의 기업체에서 개발되어 시작하다 1990년대부터는 다양한 분야에서 프로그램을 도입하여 발전하여 오늘에 이른다. 멘토링은 멘토(교수, 부모, 지도자 등)가 자신의 경

험과 지혜를 활용하여 멘티(학생, 자녀, 따르는 사람 등)가 자기 통찰을 하는 과정에 보호, 지지, 지원하여 스스로 가치, 비전, 신념 및 인생 전반에 대해 발전시켜 나가도록 돕는 일련의 과정을 말한다. 허예라, 김선, 이금호, "우리에게는 어떠한 멘토링이 필요한가? 의과대학생을 위한 멘토링 프로그램의 연구동향 고찰," *Korean Journal of Medical Education*(2013) 25(1), 5-13, pp. 7-8.

15) 에드워드 챈, 『의도적으로 제자훈련하는 교회』, 박주성 옮김(서울: 국제제자훈련원, 2017), 49-50.

16) 브린 휴즈, 53.

17) 브린 휴즈의 멘토의 역할에 대한 내용을 논리적인 순서에 따라 재배치하여 설명하려 한다. 위의 책, 54. 참조

18) "Emily Colson Speaking at Charles W. Colson Memorial Service 5-16-12," accessed September 19, 2018, https://www.youtube.com/watch?v=8HX-g_o95sA